¡Despertad Hijos!

Volumen 4

¡DESPERTAD, HIJOS!

Volumen 4

Diálogos con Sri Mata Amritanandamayi

Mata Amritanandamayi Center, San Ramon
California, Estados Unidos

¡Despertad Hijos! — Volumen 4
Adaptación de Swami Amritaswarupananda

Publicado por:
Mata Amritanandamayi Center
P.O. Box 613
San Ramon, CA 94583
Estados Unidos

———————————— *Awaken Children 4 (Spanish)* ————————————

Primera edición por MA Center: septiembre de 2016

En España: www.amma-spain.org

En la India:
    inform@amritapuri.org
    www.amritapuri.org

Este libro se ofrece humildemente a
los pies de loto de
Sri Mata Amritanandamayi
la inmanente luz que brilla
en el corazón de todos los seres.

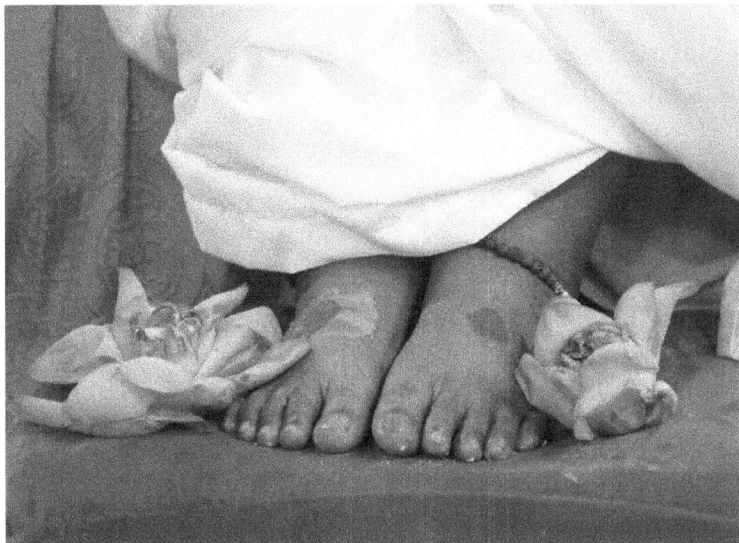

Shoshanam pâpapankasya dîpanan jñânatejasâm
Guru pâdôdakam samyak, samsârârnava târakam

El agua bendita que ha lavado los pies del Gurú, elimina los
pecados, enciende la Lámpara del Conocimiento y nos ayuda a
cruzar el océano de la transmigración.

Ajñâna mulaharanam janmakarma nivâranam
Jñâna vairâgya siddhyartham gurupâdôdakam pibet

Destruye la ignorancia del Ser, pone fin al renacimiento y a las
acciones que son su causa. Debería beberse el agua bendita de los
Pies del Gurú para obtener la Iluminación y el Desapasionamiento.

Contenido

Prefacio

¡Renacimiento! Muere lo viejo y nace lo nuevo, una nueva vida, una nueva visión. Esta es la verdadera bendición de un *Mahatma*. Pero morir así significa volver a la vida, vivir en vida, no en muerte; una vida llena de vitalidad, paz y alegría. Este regreso desde la muerte no es para llorar, ni para preocuparse, ni para ponerse nervioso por cualquier cosa, sino para sonreír de corazón, para reír de felicidad mientras lo contemplamos todo, incluso la muerte. Los *Mahatmas* quieren que experimentemos esa paz y alegría eternas. Desean sinceramente que lleguemos a ser como ellos y se esfuerzan mucho para conseguir este objetivo.

Nuestra amada Madre Amritanandamayi dedica su vida entera a despertar a sus hijos de su sueño interior. Esta es la única razón por la que ella habla, actúa y está aquí, en este mundo plural, con este nombre y esta forma. Pero, recordad, no seáis calculadores, ni demasiado analíticos, ni lógicos, porque dejaréis escapar su verdadero Ser.

Amma nos enseña a estar en el corazón, no en la cabeza. Con un corazón lleno de amor se la puede conocer, ver y experimentar. Por lo tanto, mientras leéis este libro, poned vuestro corazón en primer plano. Cuando alguien le preguntó a la Madre: "Amma, ¿qué papel juega el razonamiento en la espiritualidad?" Ella contestó: "Acabar con la razón, ese es su papel."

La Madre es amor: amor por Dios, ese amor que es nuestra verdadera naturaleza. Amma dice: "El intelecto no puede experimentar amor, porque el amor es silencio y el intelecto hace mucho ruido. Sólo la fe puede conocer el amor porque la fe vive en el corazón. Así pues, sólo la fe que surge del corazón puede absorber el silencio del amor." Permanezcamos en el corazón para que, al menos, podamos alcanzar una ligera noción de ese océano de amor.

El amor y la compasión puros que se manifiestan en una interminable corriente a través de esta Gran Maestra y Madre, se pueden experimentar de igual manera a través de todas y cada una de las palabras que ella pronuncia en sus enseñanzas. Amma seguirá conversando hasta que dejemos de hablar, hasta que nuestras mentes dejen de parlotear. Cuando nos callemos, nos daremos cuenta que la Madre no ha dicho nada, que ha permanecido inmóvil y en silencio. Hasta entonces, escuchemos entusiasmados, con el corazón y el alma, con *sraddha* (fe) y *bhakti* (devoción) la voz de esta Gran Maestra.

Introducción

Este libro contiene una traducción del *divya upadesha* (consejo divino) de la Sagrada Madre del inglés al castellano. Al presentar las enseñanzas de la Madre al mundo, se está otorgando una enorme bendición. Queda en manos del lector santificar su vida leyendo con atención estas palabras y practicándolas con sinceridad cada día.

Para acercarnos a esta traducción con la actitud correcta hay que recordar algunas cuestiones. En primer lugar, la mayoría de estas conversaciones han tenido lugar entre la Madre e hindúes, tanto personas corrientes como buscadores espirituales, en el contexto cultural de la India. Además, la Madre da su consejo según el grado de comprensión de cada persona con la que está hablando. A menudo, la traducción al inglés no ha conseguido transmitir todo lo que la Madre ha expresado en su lengua materna, el malayalam. Debemos tener estos factores en cuenta a la hora de leer sus palabras para poder alcanzar una comprensión más profunda.

Es casi imposible hacer justicia a la grandeza de lo que la Madre es. Cuando decimos que la Madre es el *Satguru* (el gurú supremo), deberíamos comprender que este ser no es un maestro ordinario. Un maestro comunica la sabiduría que pasa por su comprensión intelectual, perfectamente respaldada por su propia experiencia. Sin embargo, el *Satguru* habla directamente desde el estado de unidad. Emplea el pensamiento lógico como una herramienta, pero su pensamiento puede resultar paradójico. De este estado de plenitud, ebrio de Dios, de unión mística con lo divino, el gurú derrama palabras sabias. En ocasiones, estas palabras y declaraciones pueden resultar chocantes a un buscador que no esté preparado. Esto ocurre porque el gurú no siempre tiene en cuenta todos los valores y las proyecciones que se asocian a determinados conceptos, sino que revela la verdad de lo que ve, a menudo con intención de impulsar al buscador hacia la visión correcta.

Así sucede con los impactos místicos. El ejemplo de la Madre dando *darshan* es testimonio de ello. El hecho de que la "joven dama", independientemente de lo mística o gurú que pueda ser, abrace con tanta ternura a todos los que se acercan a ella, hombres inclusive, es sin duda, poco habitual y excepcional en la sociedad tradicional. De esta forma tan maternal, el misticismo de la Madre se toma toda la libertad para evitar normas socioculturales y expresar su naturaleza íntima en acción, en unidad y a través de su infinita compasión por todas las criaturas. Cuando este mismo misticismo hace un comentario aparentemente denigrante sobre los "placeres mundanos", no esconde ningún juicio de valor. Visto desde el estado de felicidad suprema en el que ella vive, los placeres mundanos pueden parecer censurables. Si algunas de las declaraciones que hace el gurú resultan sorprendentes, es porque las contemplamos, irremediablemente, a través de los incontables velos de los valores sociales, principios morales, proyecciones, prejuicios, malentendidos, reacciones psicológicas e, incluso, principios mal aplicados. ¿Se le puede, honestamente, llamar a esto "ver"? Nuestra reacción natural es la de proyectar estos velos sobre el gurú. Cuando somos incapaces de digerir una de las ideas que el gurú derrama sobre nosotros, decimos: "Este gurú es maravilloso, pero ¿cómo puede hablar de forma tan excéntrica?" Como buscadores, es nuestro deber abrirnos con paciencia, atrapar las gotas de sabiduría y recibir las enseñanzas, trabajando con ellas hasta que la madurez nos ayude a comprenderlas correctamente.

El misticismo puede también, en ocasiones, emitir palabras que parecen incoherentes y que expresan ideas incompletas. Traducir esas palabras es una tarea particularmente delicada, porque, muchas veces, nos sentimos tentados, por pura ignorancia, a darles coherencia. La aparente incoherencia de esas declaraciones revela su sentido más profundo cuando meditamos sobre ellas.

En segundo lugar, el lenguaje que la Madre utiliza es directo y terrenal. A menudo se nos olvida que la verdad que proviene del estado de realidad ilimitado del gurú sigue revestida todavía por el lenguaje que éste habla. El *Satguru* es la realidad, pero esta realidad se manifiesta en un cuerpo y, como tal, nace en un lugar concreto y en un momento concreto, con todos los condicionantes culturales que esto conlleva. El mismo lector se ve limitado por su propio lenguaje, su propio contexto sociocultural y el esfuerzo de su propia gente por liberarse del peso de las proyecciones y de los juicios de valor. Por ejemplo, el término "personas mundanas" que la Madre utiliza carece de las connotaciones y de los juicios de valor morales que posee en nuestro idioma. Sus palabras comunican con cercanía e intensidad el propósito de transmitir lo esencial, sobre todo, al hablar a los *sadhaks* (aspirantes espirituales). Cuando se trata de explicar algo a un buscador, la Madre no tiene pelos en la lengua. De este modo, comprendemos que el consejo de renunciar a disfrutar de los placeres mundanos es un buen consejo para alguien cuyo único objetivo es realizar a Dios.

En una conversación distinta con una persona corriente, el consejo de la Madre adquiere un tono completamente distinto: "La Madre no dice que debas renunciar a todos los deseos. Puedes disfrutarlos, pero no pienses que esta vida es sólo para eso." Recordemos que en el lenguaje de la Madre, la palabra "mundo" significa literalmente "lo que se ve", en oposición a la realidad invisible o a Dios. Saber esto nos resultará de gran ayuda para interpretar la palabra "mundano" cuando ella la utilice. Cada vez que la Madre contrasta lo espiritual con lo terrenal, se refiere a la actitud con la que llevamos a cabo nuestros actos. Los actos espirituales son los que nos conducen a Dios por medio de la acción desinteresada y la pureza. Los actos mundanos nos alejan de Él porque los hacemos por egoísmo.

En tercer lugar, es obvio que para alguien que ha viajado y se ha relacionado con culturas muy diferentes de la suya, no sólo cambia el lenguaje sino que los cambios también ocurren en su modo de relacionarse con el mundo y en la manera con la que se acerca a las cosas, a través del entramado de sentimientos y pensamientos. Las enseñanzas de la Madre se han extraído de conversaciones mantenidas con ella. A veces, repite lo que dice para enfatizar una cuestión particular o para crear una cierta impresión en los que la escuchan. En consecuencia, es posible que encontremos algunas ideas repetidas en esta colección de joyas.

En lo que concierne a su preocupación por las mujeres, la Madre, que ha tomado un cuerpo de mujer, da un mensaje muy oportuno. En verdad, nadie excepto esta mujer mística, confidente íntima de miles de mujeres devotas, conoce la grave situación de las mujeres en general y de la mujer hindú en particular, dentro del, tan a menudo, desvirtuado contexto tradicional que asfixia sus vidas. Ella no sólo anima sino que exhorta a las mujeres a utilizar su naturaleza innata para desarrollar la espiritualidad.

Por último, la Madre nos habla desde el elevado estado de *sahaja samadhi*, el estado natural de un maestro Auto-Realizado establecido en la realidad absoluta. En muchas ocasiones, ella enseña y expresa la glorificación de lo divino mediante cantos devocionales. A pesar de haber incluido la traducción de algunos cantos, las palabras no son capaces de transmitir la calidad de su canto extático. Hemos intentado transmitir las joyas que se han derramado sobre nosotros, rogando, humildemente, la gracia y el entendimiento correcto para hacer plena justicia a la sabiduría de este ser que con tanta compasión nos ha tendido la mano para llevarnos de nuevo a ella. El reto de la traducción consiste en reflejar la visión trascendente de la Madre en nuestro idioma para quien no es un entendido en la materia. El ingrediente indispensable en este proceso es la mente contemplativa del lector. Ojalá que al abandonar cualquier vestigio de superficialidad, nuestra mente e intelecto se hagan sutiles para asimilar la eterna sabiduría de las palabras de la Madre. Que al practicar con firmeza, podamos gozar de la experiencia directa del Ser Supremo sin mayor dilación

Capítulo 1

Cómo Trascender la Dualidad

En los trópicos de la costa sudoeste de la India, el sol estival a menudo es abrasador durante el día. Sin embargo, incluso en el periodo más caluroso del verano en Kerala, el ashram y sus alrededores no se ven muy afectados por el intenso calor. Un toldo hecho con hojas de cocotero proporciona sombra abundante y la brisa que sopla constantemente del cercano Mar de Omán refresca el aire.

Aunque los primeros seguidores espirituales de la Madre habían venido a quedarse con ella bastantes años antes, el ashram empezó oficialmente en 1981. En aquellos primeros años, antes de que nadie soñase con un ashram ni con discípulos o devotos de todo el mundo, los días y las noches que pasaban junto a la Madre eran una continua sucesión de aventuras maravillosas y de enseñanzas íntimas, descubriendo las múltiples facetas de esta Madre enigmática y, a través de ellas, el propio ser.

Desde 1982, los residentes del ashram siguieron un programa regular, a medida que llegaban cada vez más aspirantes espirituales para vivir allí. Los residentes se levantaban a las cuatro de la mañana para cantar el *Lalita Sahasranama*, los mil nombres de la Madre divina Sri Lalita, y se reunían por la mañana y por la tarde para meditar y recibir clases sobre las antiguas escrituras. El programa diario finalizaba con los *bhajans* de la tarde, cuando el crepúsculo dejaba descansar al sol en el océano.

Todos los días llegaban devotos para ver a la Madre. Aunque no había establecido un horario para estos *darshans*, la Madre se aseguraba de ver a todos los que llegaban. A pesar de que todavía había ocasiones en las que ella se reunía con los devotos al aire libre, bajo los cocoteros, el *darshan* se solía celebrar en una cabaña especialmente construida para ese propósito.

16 de abril de 1984

A las nueve de la mañana, el ashram emanaba paz y tranquilidad. Los residentes todavía meditaban en la sala, y el melodioso canto de un ruiseñor aportaba un toque de delicadeza a la serena mañana. La santa Madre salió de la sala de meditación donde había permanecido sentada con los brahmacharis observando su meditación. Con las manos entrecruzadas detrás de la espalda, la Madre comenzó a caminar de arriba abajo delante del templo. Tenía un aspecto majestuoso. Uno de los residentes se acercó a la Madre y se quedó a su lado, como si tuviera algo que decir. En cuanto ella se percató, se detuvo y se colocó delante de él.

Dijo: "Amma, la gente está ofendiendo a Amma y al ashram, con cotilleos y tonterías. Dicen que no está bien que Amma abrace a la gente. ¿Cómo podemos hacerles entender que Amma es una con el Ser Supremo?"

La Madre contestó: "Los que están destinados verán y entenderán. Los otros no están familiarizados con una Madre que considera a todos los hijos como suyos. Por eso, a pesar de sus críticas, la Madre no les culpa. Hijo, son así y no pueden ser de otra manera. Es su naturaleza.

La gasolina se puede utilizar tanto para que un coche ande como para quemar una casa. Las personas que utilizan la gasolina para quemar sólo desean destruir. No ven el aspecto creativo de la gasolina. La mayoría sólo ama por motivos egoístas y no conocen el amor incondicional de Amma. No saben que el amor se puede expandir hasta abarcar todo el universo. Sólo están familiarizados con una capacidad de amar limitada. La vida de la Madre consiste en aportar felicidad y paz a la gente, pero ellos no lo entienden. Una aguja se puede utilizar para coser o para herir a alguien. La gente vive con muchos conflictos y división. El objetivo de la Madre es unir los corazones de las personas con Dios para que formen unidad con Él. Sin embargo, quienes critican el ashram quieren hacer daño a la gente.

Las personas juzgan las cosas de acuerdo a su carácter y tendencias mentales, y éstas son limitadas. Debido a esta limitación, la mayoría de las veces emiten juicios erróneos y pasan por alto la esencia de las cosas.

Mientras que un médico ayurvédico ve el gran valor medicinal de una planta, ésta no es más que una hierba para quien recoge pasto para las vacas. De la misma manera, la gente tiene distintas opiniones según sean sus *samskaras* (ilusiones) particulares. Cada persona contempla y juzga el mundo a través de los cristales de sus *vasanas* (tendencias acumuladas). El color de los cristales varía de acuerdo con el carácter de la persona. Sin embargo, la gente se identifica de tal manera con estos *vasanas*, que piensa que sólo sus juicios son correctos.

Las personas ignorantes que carecen de una base espiritual o que ni siquiera tienen tendencias espirituales, no verán ni entenderán lo que la Madre hace. Viven en un estado de ignorancia total, inconscientes de todo esto. Oremos al Señor para que los perdone. Sin embargo, los que están destinados a conocer, conocerán. Vendrán aquí, superando los obstáculos."

"Amma, ¿qué hace que la gente viva en la ignorancia? ¿Por qué están ciegos? ¿Qué empaña su visión?", preguntó el residente.

"Lo que dificulta su visión no se encuentra en el exterior, sino que es su propia mente", respondió la Madre. "La ignorancia es una mente llena de pensamientos; mientras que la misma mente vacía de pensamientos es *Atman*, el Ser. Las personas se identifican hasta tal punto con el cuerpo que se pierden la realidad, el principio esencial. Ven las olas y se olvidan del océano. Sólo ven las nubes y se pierden el vasto y espléndido cielo. Ven la flor y se enamoran de ella, pero pasan por alto la planta. Las olas van y vienen, aparecen y desaparecen, pero el océano sigue siendo el mismo. Algo similar ocurre con las nubes del cielo y la flor de la planta. La gente se pierde la realidad, el substrato, que es el principio activo y esto es una gran pérdida. Olvidarse de él, es la mayor pérdida.

La dualidad sólo existe cuando os identificáis con el cuerpo. Una vez que se trasciende esta identificación, toda dualidad desaparece. En el estado de unidad suprema, el recipiente (el cuerpo), se rompe, y el espacio que hay dentro del recipiente se hace uno con el espacio total. No hay más condicionamientos, sólo existe el Uno. Cualquier diferencia, como hombre y mujer, sano y enfermo, rico y pobre, guapo y feo, puro e impuro, desaparece. Entonces, veréis y experimentaréis la electricidad más que la bombilla o el ventilador o el frigorífico, que no son sino objetos alimentados por la electricidad. Una vez que esto ocurre, ¿cómo se puede decir: 'Voy a hacer sólo esto, no aquello' o 'voy a recibir sólo a mujeres, no a hombres'? Cualquier diferencia desaparece en este estado de no-identificación con el cuerpo."

En este momento, la Madre se sentó en el porche delantero del templo, y prosiguió: "Hasta el sentimiento de que hay hombres y mujeres es relativo puesto que en todo hombre hay una mujer y viceversa. Las personas son mitad hombres y mitad mujeres. Algunos hombres son más femeninos que masculinos y, por supuesto, lo contrario también es cierto. Nuestras acciones y pensamientos revelarán rasgos masculinos o femeninos. ¿Qué es un verdadero ser humano? Alguien dotado de auto control y fortaleza mental. Pero, ¿quién no tiene alguna debilidad? Incluso un dictador, que puede parecer una persona firme, es débil, ya que gobierna, tortura y mata porque teme por su propia seguridad. El miedo es la mayor debilidad.

Los elementos que componen los cuerpos de los hombres y las mujeres son los mismos. Dios empleó un poco más de carne para hacer a la mujer, eso es todo. ¿De qué hay que avergonzarse por considerar de igual manera a los hombres y a las mujeres, si se está completamente establecido es ese estado no dual de la realidad? Hijo, la Madre no tiene ese sentimiento de 'hombre' o 'mujer.' El único sentimiento de la Madre es que todos son sus hijos. Debería haber al menos una persona que abrace a todos y cada uno, considerándolos sus hijos, ¿no es cierto? ¿Quién más hace eso? La Madre no puede cambiar su naturaleza innata por miedo a lo que la gente diga."

Uno de los brahmacharis preguntó: "Amma, ¿puedo ir al templo de Mukambika y volver dentro de unos días?"

Amma le advirtió: "Hijo, ¿por qué vas de aquí para allá? Esta es otra tendencia mental. Crees que por ir a Mukambika o a cualquier otro lugar sagrado estás satisfaciendo un deseo divino y que, por lo tanto, no te perjudica. Por supuesto que no es perjudicial, si lo haces con fe y con la actitud correcta. Sin embargo, cuando surge un deseo de este tipo, deberías observar muy de cerca la mente para asegurarte que es un deseo auténtico. Casi siempre, el deseo no es sino el producto de tus ansias de viajar y hacer turismo. Pero no me lo puedes confesar y, por eso, lo disfrazas de una peregrinación con un propósito divino.

Se trata de un *vasana* muy fuerte en muchas personas. Creen que están haciendo lo 'correcto' cuando, en realidad, lo único que quieren hacer es satisfacer sus deseos. Divertirse, hacer turismo y viajar son *vasanas* muy comunes que seguirán surgiendo, aunque se abandone un estilo de vida y se elija otro. La única diferencia es que la mente lo expresará de otra forma. Sin embargo, el *vasana* básico seguirá siendo el mismo. Es como renunciar al chocolate y pasarse al helado. El objeto cambia, pero el deseo sigue siendo el mismo. No sabéis con qué habilidad os engaña la mente.

Tened cuidado y usad vuestra capacidad de discernimiento en esas ocasiones.

Una vez que aceptáis a una alma perfecta como vuestro gurú, dejad de vagar, tanto mental como físicamente. Quedaos con el gurú, rendíos a él o ella. De eso se trata. Desechad toda preocupación y no deis vueltas innecesarias a incidentes y experiencias del pasado. Viajad con vuestra mente y cuerpo hacia él o ella, hacia su Ser real. Éste es el viaje verdadero.

Cuando os encontréis en presencia de un maestro Auto-Realizado, intentad manteneros firmes e inamovibles, pase lo que pase. Deberíais dejar todo a la voluntad del gurú. Tendréis problemas si vais de un sitio para otro, lejos del maestro, con la intención de satisfacer vuestros deseos. Hace falta mucha auto-entrega."

A continuación, un devoto hizo una pregunta: "Amma, ¿por qué las almas realizadas muestran en su infancia deseos, como querer columpiarse o jugar con juguetes, si antes de incorporarse en un nuevo nacimiento renunciaron al cuerpo de su vida anterior?"

La Madre respondió: "Es posible que una alma auto-realizada exprese deseos, pero hay una gran diferencia entre la actitud de una alma auto-realizada y la de un ser humano normal y corriente. Cuando un ser humano corriente desea un objeto, crea una cadena porque se apega a ese objeto, y esta cadena de apegos se hace cada vez más larga y continúa atándolo. Pierde el control. Le atormentan sin cesar todo tipo de deseos, tanto necesarios como superfluos, útiles o inútiles, ya estén permitidos o prohibidos. Su mente se convierte en un auténtico mercado.

También una alma realizada tiene deseos en algunas ocasiones, pero su naturaleza es de otro calibre muy distinto, porque ejerce un control total sobre sus deseos. Puede que lo veáis comer, dormir y vestirse como una persona normal y corriente, pero no se engancha a nada de lo que hace y puede entregarlo todo con facilidad. Es como un niño que no siente apego por nada y que pasa con facilidad de una actividad a otra, dejando un objeto cuando otro le interesa más. Si una alma realizada toma otro nacimiento, después de despojarse del cuerpo que tenía en su vida anterior, puede que tenga deseos en su infancia, y pida esto o aquello. Sin embargo, aunque sea un niño, conservará su condición de testigo y será plenamente consciente de su verdadero Ser. Es posible que actúe como el resto de los niños; pero, ¿qué hay de malo en ello? Un niño debe actuar como tal, ¿no es así? Un niño debería ser travieso, enredar, jugar y llorar pidiendo de mamar; si no lo hiciera, no sería un niño. Esa inocencia es lo bonito de los niños.

Se dice que cuando Sri Krishna, el omnisciente, era niño, pidió a su padre que le trajera la luna. Era muy juguetón y expresaba sus deseos como lo hace cualquier niño. Sin embargo, era muy consciente de su naturaleza. Esa es la diferencia. Un ser humano corriente no ejerce ningún control sobre su mente; pero una alma realizada, tenga la edad que tenga, la controla al cien por cien. Su mente y sus deseos funcionan sin ningún compromiso, puesto que él los dirige. En el caso de un mortal, la mente y los deseos funcionan a su gusto, sin control. El alma realizada, ya sea un niño o un adulto, crea un deseo a su voluntad y tiene el poder de destruirlo cuando quiera. Otras personas crean deseos, pero son incapaces de acabar con ellos."

Llegó un devoto que había empezado a ir al ashram hacía poco. Hizo una reverencia delante de la Madre y le ofreció la fruta que había traído. Este devoto quería saber más sobre el ashram. Al ver lo jóvenes que eran los brahmacharis, preguntó a la Madre: "¿Se les puede pedir que lleven una vida espiritual a una edad tan temprana?"

"Hijo", le contestó divertida la Madre, "no ha sido por la insistencia de la Madre por lo que estos jóvenes han elegido una vida espiritual. Cuando llegaron por primera vez, la Madre les dijo: 'No tengo fe en vosotros, que os dejáis engañar por una chica normal y corriente.' Y, ¿sabes qué contestaron? 'Hasta que conocimos a la Madre, ni siquiera habíamos pensado en llevar una vida espiritual o hacernos monjes. Pero creemos en ese poder que está dentro de ti y que nos ha transformado sin esfuerzo alguno.' Así pues, hijo, fueron ellos los que eligieron por sí mismos, no la Madre.

¿Crees que se puede arrastrar a alguien a llevar una vida espiritual, si no lo ha elegido de corazón? Nadie puede hacerte comer algo que no te guste. Puede que pruebes un poco por complacer a alguien, pero no te comerás todo el plato. Si comes sólo porque alguien insiste en que lo hagas, la comida no se quedará en el estómago y vomitarás. Si esto sucede con las cosas cotidianas, imagina qué ocurrirá si elegimos una vida espiritual y renunciamos a todo lo demás. Debe surgir espontáneamente. Nadie puede forzar a otra persona a ser espiritual. Es un asunto de prioridades en el que una persona no puede hacer nada más que elegir la espiritualidad. No tiene explicación; simplemente, sucede."

Otro devoto pidió que se le aclarase el tema de la Auto-realización: "Amma, se dice que el 'yo' desaparece cuando se alcanza la Auto-realización. ¿Cómo se produce?"

"El 'yo' deja de existir cuando la mente consigue la concentración perfecta," respondió la Madre. "Lo que provoca los sentimientos de 'yo' y 'mío' es el ego, que no es sino la identificación con el cuerpo y la mente. La mente son pensamientos, y cuando los pensamientos están presentes, estamos en el pequeño ego. Las expresiones no son espontáneas, todo se filtra a través del ego. La estrecha visión del pequeño ego no nos permite ver más que las olas del mar. Cuando erradicamos los pensamientos mediante la práctica espiritual y la meditación constantes, el ego, el 'yo', desaparece. Gracias a nuestra concentración, el ego pequeño queda reducido a cenizas, nos convertimos en lo ilimitado e impersonal; y, de esa manera, podemos comprender el océano de felicidad. Los restos de lo que parece el ego estarán allí, pero no es real. No actúa.

Si le preguntas a un erudito: 'Señor, ¿qué opinión le merece este planeta y la gente que vive en él? Probablemente, responderá: '¡Este mundo está lleno de inútiles!' Además, es muy posible que piense que él es la única persona sabia de todo el planeta. Alguien así tiene el 'ego' más inflado que puedas encontrar. Es un hombre que sólo ve las olas. Ni siquiera es capaz de captar una porción del océano de felicidad, porque sólo ve entidades separadas, sólo individuos, sólo diferencias y división. No puede ver el todo, sólo ve las partes.

Pregunta lo mismo a un *Mahatma* (gran alma) y te responderá: 'Sólo existe el Ser, nada más. Sólo existe Dios. Todo es hermoso, todos son buenos y sabios.' Él contempla el Todo, la Unidad. El *Mahatma* experimenta la unidad en la diversidad, en todas las cosas, en cualquier circunstancia, sin importar ni el tiempo ni el lugar. Para él, todo es una prolongación de su propio ser. No culpa, ni critica, ni odia a nadie. Su pequeño 'yo' ha desaparecido y él se ha convertido en el 'ser grande e impersonal'. Este estado sólo se alcanza cuando el ego desaparece y, para conseguirlo, hace falta una mente unidireccional.

Dios mismo será el sirviente de quien consiga una mente unidireccional. La Madre os lo garantiza, hijos. Intentadlo y veréis qué ocurre."

La rotunda afirmación de la Madre maravilló al devoto. Su mirada permaneció fija en el rostro de la Madre. Después de un rato, dijo: "Amma, ¿cómo empezar."

"Amma se siente muy feliz cuando, en medio de los innumerables problemas mundanos, seguís pensando en Dios y mostráis un gran interés por hacer prácticas espirituales." El consuelo de la Madre le llenó de entusiasmo.

25

Alguien planteó otra pregunta: "Amma, parece que Dios no pensó antes de crear el mundo. Si lo hubiera hecho, no habría tantas complicaciones ni problemas."

"Desde su punto de vista, dijo Amma, el 'Anciano' no ha creado el mundo en absoluto. Él es perfecto. Somos nosotros los que no dejamos de crear sombras y reflejos una y otra vez, convirtiéndolos en reales. Al correr tras ellos, fantaseamos y así creamos nuestro propio mundo de caos y confusión.

Hijo, ¿quién es el responsable de todas estas complicaciones y problemas? ¿Crees que es Dios? Pues, no. Eres tú, sólo tú. Dios creó el día y la noche para hacernos felices y ambos son hermosos, a menos que actuemos de forma incorrecta. El día es el tiempo de actuar y cumplir con nuestros deberes. Y la noche está para descansar y relajarse. ¿Quién es responsable de que alguien codicie las pertenencias de otra persona y robe de noche, o de que alguien sea terrorista y dedique el tiempo a hacer bombas en secreto? ¿Es Dios o la persona quien hace esas cosas? Los animales, a los que se les considera menos evolucionados que los humanos, no tienen problemas como nosotros, a pesar de considerarnos seres inteligentes. Ellos viven en mayor sintonía con la naturaleza. Pero los que no dejan de perturbar la armonía de la naturaleza son los seres humanos, a causa de su arrogancia y egoísmo."

Las Cualidades Espirituales de las Mujeres

Hacia las diez, llegaron unos cuantos devotos con sus familias. Algunos de los niños iban a la escuela primaria y otros a la secundaria. La Madre sagrada los condujo a la habitación que está encima de la sala de meditación y, una vez allí, conversó con ellos, mostrando mucho interés por sus asuntos domésticos y por cómo iban los niños en sus estudios. Igual que una madre cariñosa y preocupada por su familia, la Madre habló con ellos sobre varios temas, llenándoles de cálidos sentimientos de amor y preocupación maternos. Era obvio que las tranquilizantes y afectuosas palabras de la Madre, les colmaron de felicidad y paz. Ella tomó un trozo de bizcocho, lo partió en varios pedazos y lo distribuyó entre los devotos como *prasad* (bendición en forma de regalo).

Poco a poco, la conversación derivó hacia asuntos espirituales. Había más hombres que mujeres y, quizás, teniéndolo en cuenta, la Madre empezó a hablar sobre ellas. "La mujer es *Shakti* (poder). Ella es mucho más poderosa que el hombre. Aunque para una mujer resulte difícil tener una mente decidida, una vez que lo consigue, nada puede detenerla. Entonces, nada la puede derrotar. Es más fácil para una mujer alcanzar la realización espiritual que para un hombre, siempre que ella posea el discernimiento y determinación correctos. Pero, por naturaleza, las mujeres ceden y dan y, a menudo, esto las desestabiliza. Esta inestabilidad debería superarse repitiendo constantemente el mantra personal y recordando a Dios en todo momento. La confianza de una mujer en sí misma es, a menudo, débil, pero puede conseguir que sea tan firme como una roca. Una mujer es capaz de hacerlo porque tiene paciencia. Un hombre no puede criar a los hijos porque no la tiene. Los hombres se impacientan por los resultados. Las mujeres poseen paciencia y amor; pero, en general, carecen de determinación y confianza en sí mismas. Los hombres acostumbran a tener estas cualidades. Por eso, deberían desarrollar la paciencia y el amor. Y, como dentro de las mujeres hay determinación y confianza en sí mismas, éstas deberían intentar despertarlas y fortalecerlas.

Muchas personas viven con el concepto erróneo de que las mujeres sólo sirven para parir y criar a los hijos. Es posible que estas mismas personas piensen también que los hombres son los únicos capaces de gobernar y mandar. Ambas son ideas equivocadas. Una mujer puede gobernar tan bien como un hombre, si despierta las cualidades masculinas que se encuentran dormidas en su interior. Y un hombre puede ser tan cariñoso y afectuoso como una madre, si trabaja sobre ese aspecto femenino que existe dentro de él sin manifestarse. Pero hay que recordar algo muy importante: a la vez que un hombre desarrolla y practica la paciencia y el amor, debería conservar su determinación y confianza en sí mismo. Mientras que una mujer debería mantener su paciencia y amor aunque haya cultivado la determinación y auto confianza.

Las mujeres son las depositarias de un poder infinito. En asuntos espirituales, pueden superar lo que muchos hombres intentan hacer; por lo tanto, no penséis que las mujeres son inferiores a los hombres.

Las mujeres deberían despertar de su sueño, despertar a la conciencia espiritual. Hay un poder espiritual infinito dentro de ellas. No son débiles y deben darse cuenta de ello. Tienen a su disposición dos herramientas muy poderosas: amor y paciencia, las armas más afiladas y poderosas. Estas dos cualidades pueden conseguir cualquier cosa fácilmente.”

“Amma, ¿qué piensas sobre las personas hindúes que tratan de imitar el mundo occidental?”, le preguntó uno de los devotos.

“Hijos, es una pena que la India esté imitando a Occidente. No es nuestra cultura. No nos pertenece. Imitar la cultura occidental es muy peligroso. Sin embargo, mirad a los occidentales; están intentando seguirnos. Ellos quieren espiritualidad, mientras que nosotros ansiamos riqueza material. Si imitáis a los occidentales, copiad sus buenas cualidades, como la sinceridad que muestran en cada trabajo que emprenden y su disciplina interna. Pero, en vez de eso, los imitamos a ciegas. Cada pueblo posee una cultura propia de la cual depende la propia existencia del país. Si no se preserva esa cultura básica, el país se verá abocado a la decadencia. El patrimonio cultural de la India es la espiritualidad, su energía vital. Si ésta desaparece, el país perecerá. Por lo tanto, debería protegerse la espiritualidad. Para salvar a la siguiente generación, los padres deberían despertar. El futuro de sus hijos está en sus manos y les pueden ayudar hasta cierto punto. Los padres deberían intentar inculcar en las mentes de sus hijos el valor de la vida espiritual. Esta es la riqueza más valiosa que los padres pueden dar a sus hijos. Las riquezas materiales perecerán, pero la riqueza espiritual, no.

En la vida de un matrimonio surgirán problemas. Cuando llegue una época de crisis, las verdades espirituales salvarán a un hombre o mujer de la confusión mental y del desasosiego emocional, que son bastante comunes hoy en día en la sociedad actual. A la vez que alimentáis a los niños con comida y cubrís sus otras necesidades, no os olvidéis de alimentarlos también con valores espirituales. Si no lo hacéis, echaréis vuestros hijos a perder en nombre del amor materno o paterno.

En la antigüedad, cuando la gente sentía dolor, hacían *tapas* (práctica espiritual intensa, literalmente 'calor'). Llevaban una vida austera para recordar a Dios. Así, cogían fuerza para hacer frente a sus problemas. Hoy en día, incapaces de afrontar los momentos tristes de la vida, las personas recurren a la bebida y a las drogas. En lugar de encarar los problemas, buscan huir de ellos. ¡Qué pena! No saben qué están haciendo. Al confiar en estas sustancias para eludir sus problemas, están preparando el camino de su propia destrucción.

Cuando alguien se hace adicto a sustancias tóxicas como el alcohol, la marihuana, la cocaína, la heroína o cualquier otra droga, la adicción lo absorbe por completo. Depende tanto de estas sustancias, que no puede funcionar sin ellas con normalidad. Al principio, es posible que disfrute con las drogas y el alcohol. Pero, a medida que empieza a depender de ellas y necesita cada vez más para conseguir el efecto deseado y olvidarse de sus problemas, se da cuenta de que las drogas ya no le dan placer. La adicción a las drogas que crean hábito, fuerza al adicto a confiar en ellas por completo; estas se convierten en una necesidad biológica y la persona se obsesiona con esa necesidad. Es tal su obsesión que descuida a sus seres queridos, a su familia y amigos, así como sus deberes y responsabilidades, con tal de conseguir la droga. Finalmente, se abandona a sí mismo y arruina su salud. Su cuerpo físico se debilita y se vuelve propenso a la enfermedad. Lo que es peor, no se preocupa por sí mismo. Las drogas que crean hábito deterioran el cerebro y dañan el sistema nervioso, además de otros órganos del cuerpo. Si un adicto tiene hijos, pueden nacer con retraso mental o deformaciones físicas. Por lo tanto, padres, cuidad bien de vuestros hijos. No permitáis que caigan presas del alcohol o las drogas. Dadles la educación espiritual necesaria mientras sean jóvenes."

Una mujer devota le dijo humildemente a la Madre: "Amma, te he traído algo de *parippuvada* (un manjar hindú). No está muy bueno. ¿Quieres probarlo?"

Con una sonrisa radiante, la Madre contestó: "Por supuesto. A la Madre le gusta cualquier cosa que la gente le traiga con devoción. Aunque fuera veneno, la inocencia de sus corazones lo convertirán en algo bueno y puro."

La mujer sacó un pequeño recipiente de metal de su bolso y se lo entregó alegremente a la Madre. Retirando la tapa, Amma tomó un pedazo y le dio un mordisco. Sonriendo a la devota, exclamó: "¡Muy bueno! ¡Está exquisito!"

Después, la Madre le dio la otra mitad a la mujer, que no cabía en sí de felicidad. A continuación, dio a los que estaban allí un pequeño trozo. Cuando ya sólo le quedaba un *parippuvada* en la mano, la Madre volvió a partirlo en dos. De nuevo, le dio un pedazo a la devota y, después, le puso la otra mitad en la mano, diciéndole con una sonrisa maliciosa: "Hija, ahora le darás tú de comer a Amma." Se sentó delante de la devota, y abrió la boca. Parecía que la mujer estaba en un sueño o en otro mundo, pues su cara irradiaba asombro y una inmensa alegría. Mientras ponía el bocado en la boca de la Madre, la devota luchaba por controlar las lágrimas. Nada más dar de comer a la Madre, rompió a llorar como una niña.

Entre lágrimas, dijo: "Mientras cocinaba esta comida, acariciaba el deseo de darte de comer. Y cuando tú nos has dado de comer a nosotros, ese deseo ha vuelto a tomar fuerza. ¡Oh, Amma, has hecho realidad el deseo de mi corazón! La mujer no podía controlar su llanto y, entre sollozos, cantó *Ellam Ariyunna Ammayodu.*

No hace falta decirle nada a la Madre que todo lo sabe,
Caminando a nuestro lado,
Ella lo ve y lo entiende todo,
El Ser Primordial
Ve todos los pensamientos del ser interior.

No es posible que alguien haga algo,
Sin su conocimiento.
El Señor Primordial habita en todos.
Adoremos con alegría
La encarnación de la verdad y la conciencia.

Los demás devotos repitieron las estrofas de la canción[1], mientras lloraban en silencio, visiblemente emocionados por lo que había ocurrido. Absorta en su propio mundo, la Madre se sentó con los ojos cerrados.

---

[1] Los *bhajans* o canciones devocionales se realizan, normalmente, con un cantante que dirige y un coro que responde.

Capítulo 2

Viaje a Kanyakumari (Cabo Comorín)

Después del *bhajan* de la tarde, todos se prepararon para ir a Kanyakumari, lugar sagrado y centro de peregrinación, situado en el extremo más meridional de la India, en la confluencia de tres mares: el mar Arábigo, el océano Índico y el golfo de Bengala. Allí está el famoso templo a Devi, dedicado a la Diosa como virgen eterna, al que acuden miles de devotos de toda la India. Los devotos de la Madre habían manifestado su deseo de que ella visitara este lugar. No estaban muy interesados en ver el cabo y, si no fuera por la presencia de la Madre, la mayoría de ellos no iría a verlo por su cuenta. El verdadero secreto que se escondía tras ese deseo, era que tales viajes proporcionaban una oportunidad a los devotos de pasar más tiempo con la Madre. Además, viajar con ella es siempre una experiencia única, algo que los devotos conservan en sus corazones para toda la vida.

Cuando ya estaba todo preparado, se reunieron más de cincuenta personas, entre las que había residentes del ashram y devotos. Los devotos habían alquilado un autobús turístico para este viaje y habían conseguido utensilios de cocina, sacos de arroz y otros ingredientes y objetos necesarios para hacer comida. Todo esto con el fin de evitar, en la medida de lo posible, tener que comer en restaurantes y otros lugares públicos.

Después de cruzar los canales, los *brahmacharis*, con ayuda de los devotos, ataron el equipaje en lo alto del autobús y, finalmente, ocuparon sus asientos. En ese momento, la Madre dijo de repente: "Mirad, hijos, esto no es un picnic, ni un viaje de placer. Considerad lo como parte de vuestra *sadhana* (práctica espiritual). Puede que surjan tentaciones, pero sed conscientes de vuestro objetivo. Por lo que respecta a la Madre, ella no tiene un interés especial en este viaje. Si ha aceptado, ha sido por la felicidad de sus hijos. Considerad este viaje como una oportunidad para viajar dentro de vuestro propio ser. Hablad menos. Tratad de repetir vuestro mantra tanto como podáis. Recordad a Dios o a vuestra amada deidad siempre que tengáis tiempo. No prestéis atención a los objetos o sucesos que podáis ver a ambos lados de la carretera. La mente ya está llena de imágenes; no la carguéis con más. Estamos intentando eliminar las ya existentes. Acabemos con esas y no añadamos más. Si tenéis que hablar, hacedlo, pero con suavidad y moderación. No habléis sobre cosas inútiles. El tiempo vale mucho para nosotros. A la Madre no le preocupa que perdáis un *lakh* (100.000 rupias), pero si ve que sus hijos están malgastando un solo segundo, la Madre se preocupa y entristece. El tiempo perdido no se recupera.

Durante el viaje, se manifestarán muchos de nuestros *vasanas*. Estad alerta e intentad controlar vuestros pensamientos y órganos sensoriales. Hijos, es posible que cuando estéis solos, lejos de multitudes y sin relacionaros con otras personas, no seáis conscientes de las tendencias latentes que están dormidas en vuestro interior. Más bien, os sentís en paz, felices y satisfechos cuando estáis solos o en compañía agradable. Pero si no sois capaces de mantener la paz y la felicidad con personas que no os caen bien o cuando surgen tentaciones, éstas no son auténticas. Nuestro objetivo es estar en paz y felices en cualquier circunstancia. Por ello, hijos, procurad tener un control mental máximo. Poned en práctica la paciencia y el amor durante este viaje. Es una buena oportunidad para que practiquéis estas cualidades. Puede que alguien no comparta vuestro punto de vista o que discuta con vosotros. No reaccionéis; mantened la calma, esto desarmará a la otra persona. Si tenéis alguna queja, contádsela a la Madre, pero no os enfadéis; no empleéis palabras duras.

Si sentís cólera, no la expreséis inmediatamente. Marchaos de donde estéis, sentaos a solas en alguna parte, reflexionad y meditad. Descubriréis que la causa de vuestra cólera no está en la otra persona, sino en vuestro interior. No es la otra persona quien la provoca, sino vuestro pasado. El pasado es vuestro libro de consulta y la cólera está dentro de vosotros mismos. Accidentalmente, alguien la toca y explotáis.

La cólera es como una herida infectada. Cuando alguien la toca, os duele. Y si os dan fuerte, supurará y sangrará, causando más dolor. Sí, la cólera es una herida profunda e infectada. Es una enfermedad y hay que curarla. Necesita de vuestra compasión y atención amorosa. Por lo tanto, cuando alguien se enfade, recordad que se trata de una persona enferma. No lo pongáis más enfermo; no hagáis que su herida sangre y supure aún más. No le hagáis sentir más dolor apretando y estrujando cada vez más. Esto quiere decir que no debemos devolver nuestra ira. Enfadándonos con alguien que está enfadado con nosotros, no estamos curando la herida, sino que la estamos haciendo más grande y profunda. Lo que una persona enfadada necesita es comprensión. Apiadaos de él y aliviad su herida de cólera. Hijos, la Madre quiere que recordéis que este viaje es una oportunidad. La Madre sabe muy bien que cuando estamos en grupo es normal que surjan conflictos y discusiones. Ninguno de vosotros ha alcanzado la Auto-Realización; por eso, puede que os peleéis, pero intentad practicar el amor y la paciencia."

La Madre hizo una pausa y, después, dijo: "Empecemos el viaje." Cuando el conductor puso el motor en marcha, los devotos gritaron a una: *Jai Bolo Satguru Mata Amritanandamayi Devi!* (Victoria a la Maestra Perfecta Mata Amritanandamayi Devi).

Se volvió a oír la voz de la Madre que decía: "Cantad un *bhajan* en honor a Ganesha," y cantaron *Gajanana.*

Oh, el de la cara de elefante.
Oh, hijo de Parvati,
Fuente de compasión, causa suprema.

Destructor de obstáculos,
A quienes los virtuosos sirven,
Conciencia pura de matiz azul oscuro,
El eterno, libre de dolor,
El que da buenos resultados.

Oh, protector de los afligidos,
El que ilumina el ser, el que rebosa felicidad
A quien incluso Indra adora.

Eran las 11 de la noche cuando el autobús empezó a moverse lentamente. Los devotos seguían cantando. Todos estaban muy entusiasmados y felices. Se les veía ilusionados. Las instrucciones de la Madre habían infundido a los devotos el espíritu y la fuerza de una auténtica peregrinación. Esperaban con ansia un maravilloso viaje espiritual.

Para la mayoría de la gente, un picnic es una oportunidad de olvidar temporalmente la rutina diaria y de disfrutar de objetos de placer. Por eso comen, beben y juegan intentando ser felices. Quieren olvidarse de todo, de preocupaciones y tensiones. Para ello, confían en objetos que, en su opinión, les proporcionarán placer. Claro que conseguirán un cierto grado de felicidad y lograrán olvidarse de sus preocupaciones durante un corto periodo de tiempo. Pero después, cuando vuelvan a su vida cotidiana, se encontrarán de nuevo inmersos en preocupaciones y problemas. Y esto no es todo. Al complacer sus deseos, habrán disipado toda su energía y no podrán funcionar eficazmente. Atrapados en un círculo vicioso, acaban peor que nunca, abocados al desastre. Este viaje también parecía un picnic. Pero era un picnic espiritual, guiado y liderado por un maestro perfecto, un conocedor del ser. Con un líder así, no hacía falta escoger un lugar idílico para el picnic, pues un *Mahatma* podía crear olas de vibraciones espirituales por todas partes, sumergiendo a los participantes en la felicidad que emana de ellas. En este picnic, la comida era el nombre divino. En un picnic normal y corriente, la gente busca el placer en objetos externos y dejan que su energía se vaya, porque su satisfacción y felicidad dependen de cosas externas a ellos. Sin embargo, el buscador espiritual conserva su energía confiando en su propio ser, que es la fuente de la felicidad. Mientras en el mundo las personas se debilitan y llegan a hundirse en una vida sin sentido, la gente espiritual tiene la oportunidad de progresar y, finalmente, ascender al estado de felicidad e inmortalidad.

La vida es un picnic y lo podemos hacer en dos lugares. Uno es hermoso y atractivo a los sentidos que perciben el mundo externo, pero este lugar sólo nos ofrece un estado de confusión mental. El otro no es tan llamativo ni tentador por fuera, pero está lleno de una inmensa felicidad y paz para nuestro estado interior. Tenemos libertad para elegir. Tanto la gente normal y corriente, como los buscadores espirituales persiguen la felicidad. Nosotros decidimos si será una felicidad temporal, que culminará en un dolor interminable, o si se trata de soportar durante un tiempo una serie de pruebas que nos conducirán a la felicidad eterna. Un lugar se encuentra en nuestro interior y el otro en el mundo externo. Uno es el camino de la felicidad eterna y el otro el de la felicidad temporal.

Los devotos aplaudieron y siguieron cantando. La noche estaba cubierta por nubes de lluvia. La oscuridad hacía pensar en el azul oscuro de la Madre Kali. La luna se asomaba entre las nubes cargadas de lluvia mientras el viento las dispersaba. Los devotos dejaron de cantar cuando la Madre dijo en alto: "Contad cuántos estamos." Un residente se le acercó y dijo: "Amma, tenemos una lista de todos los que viajan en el autobús." Amma le dijo: "Bien, entonces, pasa lista y que cada uno responda diciendo 'Om Namah Shivaya'". Este brahmachari empezó a decir los nombres uno a uno y los devotos respondieron como la Madre había indicado. Ella se rió y parecía disfrutar mucho. "Como en la escuela," comentó.

Después de pasar lista, la Madre empezó a cantar *Maname Nara Jivita Makum*.

Oh, mente, este nacimiento humano es como un campo,
Si no se cultiva adecuadamente,
Se seca y se vuelve estéril.

Tú no sabes cómo sembrar las semillas correctamente
Ni cómo cultivarlas bien
Y tampoco quieres aprender.

Quitando las malas hierbas y echando fertilizantes,
Cuidándolo bien,
Puedes tener una buena cosecha.

A medida que la Madre cantaba, las nubes fueron desapareciendo. El cielo y la tierra se iluminaron por la resplandeciente luz de la luna. Inmersa en un estado completamente interno, la Madre siguió cantando con la mirada fija en el cielo plateado. *Radha Ramana*.

Oh, amado de Radha, señor de mi corazón,
Destructor del sufrimiento y apoyo para todos,
¿No eres tú, personificación de la conciencia,
el único que ocupa mi mente?

20 de abril de 1984

Sobre las cinco de la mañana del día siguiente, el autobús que llevaba a la Madre y a sus hijos llegó a Kanyakumari. Inmediatamente, se dirigieron a un pequeño ashram propiedad de un swami que sentía un gran respeto por la Madre y que estaba encantado de verla. Todos pudieron descansar de su viaje nocturno.

A las 6 de la mañana, fueron a otro centro espiritual y alquilaron habitaciones. Media hora después, fueron con la Madre a ver amanecer. Ella se puso de pie sobre una roca, mirando al este, mientras, poco a poco, el sol emergía del mar. Los rayos amarillos se fundieron con el resplandor rojo del cielo y, lentamente, esta luz se extendió por el horizonte hacia el este y se reflejó en el mar. La madre permaneció sobre la roca como una estatua, mirando fijamente al sol, contemplando su gloria y esplendor. Su rostro brillaba con una sonrisa radiante. Levantando los brazos, cantó *Vandikyunnen*.

> *Para que bailes conmigo,*
> *Oh, Madre, oh, adorable*
> *Me inclino y me rindo a ti.*
>
> *Eres como el poder de la vida*
> *Dentro de cada alma individual,*
> *Si te fueras, todo se paralizaría.*
>
> *Oh, energía universal, felicidad perfecta,*
> *Ven, ven. Oh, luz suprema,*
> *Quédate, no me abandones nunca.*
>
> *Oh, tú, átomo de átomos,*
> *Que te extiendes por todo el universo,*
> *Que habitas en el loto de mil pétalos,*
> *Ven, ven.*

Tú, que brillas como millones de soles,
Que habitas dentro de mí,
Esa Madre es la única esperanza
Para que me funda con ella.

Los devotos corearon las estrofas. Después, como si se hubieran bañado en la gloria eterna de la luz suprema, se dirigieron con lentitud hacia sus habitaciones. Cada uno de ellos guardaba la visión del sol naciente brillando en el horizonte, los relajantes sonidos de las olas del océano rompiendo en la costa, y el divino sentimiento que la Madre había creado con su presencia física y su canto. Era indescriptible el encanto y la belleza de aquel momento.

Recibiendo el Prasad del Gurú

Más tarde, la Madre y el grupo fueron a la ciudad de Kanyakumari para visitar el templo de Devi. Cerca de la costa, al sur de este templo, vivía Mayi Amma, una *avadhuta* (alguien que está en un estado de felicidad, más allá de la observancia de costumbres sociales).

Unos años antes, durante la primera visita que la Madre había hecho al cabo, un devoto que la acompañaba, tuvo una experiencia maravillosa con esa *avadhuta* que vivía con sus perros. Nadie sabía mucho de ella. Se decía que tenía más de 150 años. Hablaba en raras ocasiones y, si decía algo, apenas se entendía. Era, ciertamente, una persona imposible de comprender.

Justo el día anterior a la primera visita a Kanyakumari, ese devoto en concreto, había ido al ashram y estaba con la Madre mientras ella comía. También habían unos cuantos brahmacharis allí y, según tenía por costumbre aquellos días, la Madre daba de comer a los que se sentaban cerca de ella antes de hacerlo ella misma. La Madre ofreció una bola de arroz a todos los presentes, incluyendo al devoto, que era vegetariano estricto. Como el ashram se encontraba en medio de un pueblo de pescadores y los habitantes, generalmente, comían pescado, éste se preocupó pensando que habría pescado en el arroz y no sabía si aceptar el *prasad* de la Madre. En el arroz no había pescado porque en el ashram sólo se sirve comida vegetariana. La Madre no insistió, así que el devoto no tomó el *prasad*.

Al día siguiente, ese mismo devoto estaba entre el grupo de la Madre que se encontraba con Mayi Amma a la hora de la comida. Mayi Amma también dio *prasad* a todos. Cuando le tocaba el turno al devoto, Mayi Amma apartó el arroz y la verdura que había estado distribuyendo y destapó un plato aparte, cogió un buen pedazo de pescado frito y se lo metió en la boca. ¡Nadie se lo esperaba! Ni siquiera podían imaginarse que hubiera pescado en la *biksha* (limosna) que había recibido. No le había dado pescado a nadie, excepto al devoto que el día anterior había rechazado el *prasad* de la Santa Madre. Todos los demás habían recibido arroz con verdura. El devoto se puso blanco y se sentó, con el pescado entre los dientes, mientras el resto se moría de risa. No podía ni tragarlo ni escupirlo. Se encontraba en un dilema porque, aun siendo vegetariano estricto, ese pescado era *prasad* y, por lo tanto, sagrado. Por fin, se lo tragó con los ojos cerrados.

Más tarde, confesó: "Fue el castigo de Dios por no haber confiado en Amma al rechazar el *prasad* que ella me había ofrecido. Fue una buena lección."

Merece la pena contar otro incidente de alguien que no aceptó el *prasad* de la Sagrada Madre. Ocurrió en 1979, en los días en los que los devotos de las casas vecinas traían comida a la Madre. A ella no le importaba lo que trajeran como ofrenda y, a veces, era pescado para acompañar el arroz. Sabía que para ellos, el pescado era un alimento básico y uno de sus platos favoritos. Sobre este tema la Madre ha dicho: "Mientras los devotos hacen la comida, no dejan de recitar sus mantras y estos hijos la traen con gran *sankalpa*[2] y devoción. ¿Cómo puede la Madre rechazarla cuando su devoción y *sankalpa* son tan puras e inocentes?" Por eso, aunque los habitantes del ashram eran vegetarianos, la Madre aceptaba con cariño la comida favorita de los habitantes del pueblo.

La protagonista de otro incidente era una devota que había ido a recibir el *darsham* de la Madre. Cuando se encontraba sentada a su lado, otra devota de una casa vecina llegó con *biksha* para la Madre. Junto con el arroz, había traído pescado para acompañarlo y, siguiendo su costumbre, la Madre ofreció una bola de arroz con curry a la devota que estaba a su lado. La mujer la cogió con las manos, pero no se la comió. Después de que la mujer se hubiera ido, la Madre comentó a algunos de los devotos que quedaban: "¡Qué pena! Esa hija no se ha comido el arroz." Cuando la mujer regresó a su casa, se puso enferma y no dejaba de vomitar cuando comía o bebía algo. Cada día que pasaba, empeoraba. No podía comer nada y, por ello, se debilitó mucho. A pesar de probar distintas medicinas, nada mejoraba su estado. Pasó una semana enferma, cuando, de repente, se dio cuenta de que estaba así por haber rechazado el *prasad* de la Santa Madre.

Volvió al ashram de inmediato y, justo al entrar en la cabaña del *darsham*, la mujer oyó cómo la Madre le decía a otro devoto las palabras exactas que ella necesitaba escuchar: "El gurú es Dios. Cualquier cosa que el gurú da, debería aceptarse con la mayor reverencia y devoción. Aunque sea un objeto aparentemente insignificante como una piedra o una brizna de hierba, lo deberíamos aceptar como si se tratase de la cosa más preciada. Nadie debería rechazar el *prasad* del gurú, fuera lo que fuera. La gente corriente no puede comprender con qué *sankalpa* da el *prasad* el gurú. Los

---

[2] El poder creativo del pensamiento y de la voluntad manifestados en sentimientos, oraciones, actitudes y resoluciones.

Satgurus saben qué dar y cuándo darlo. Por eso, aceptad cualquier cosa que os den. Nunca rechacéis el *prasad* del gurú."

Al oír estas palabras, la mujer se emocionó. Ahora, estaba totalmente segura de qué le había causado la enfermedad. Se postró a los pies de la Madre y pidió perdón por su conducta ignorante. La Madre la consoló y le dio un trozo de plátano que la mujer comió. Acto seguido, dejó de vomitar. Le había costado una semana entera darse cuenta de la causa de su malestar, pero había aprendido bien la lección. Merece la pena recordar estas anécdotas con la Madre porque ilustran cómo responder ante la presencia de un maestro perfecto.

Después de pasar el día visitando el templo y varios lugares de la costa alrededor de Kanyakumari, la Madre regresó por la tarde al ashram, aceptando la invitación que el swami le había hecho aquella mañana. A las cinco, éste pronunció unas palabras sobre la Madre antes de que el *bhajan* vespertino empezara. Dijo: "Incluso hoy en día hay en este país *jivanmuktas* (almas auto-realizadas) y *avatares* (encarnaciones divinas). Amma es una de esas encarnaciones divinas, pero la gente no tiene ojos para verlo. Las personas que no han heredado de sus nacimientos anteriores la capacidad de reconocerlos difamarán a *jivanmuktas* y *avatares*, impidiendo que el resto se acerque a conocer y a adorar a estas grandes almas. Esto es muy triste."

El *bhajan* duró, más o menos, una hora. Una de las canciones dirigidas por Amma fue *Amme Yennu Loru*.

> *¿Por qué me conmuevo tanto*
> *cuando me acuerdo de la palabra 'Amma'?*
> *¿Por qué me olvido de todo lo demás*
> *cuando pienso en la Madre, mi Madre?*

Ya no tengo ni hambre ni sed,
Me he olvidado también de bañarme cada día
No sé en qué día estamos,
Me olvido de todo cuando pienso en la Madre.

¿Qué es lo que mi mente añora?
¿Por qué tiembla mi cuerpo cuando miro
al mar azul, al cielo azul
y a las nubes blancas?

La dulce forma de la Madre
Es un consuelo para las mentes que sufren,
Ahora, mi único pensamiento es
¿Cuándo la volveré a ver?
¿Cuándo vendrá la Madre?

Después del *bhajan*, el grupo regresó al edificio en el que habían reservado habitaciones. La Madre también volvió, pero se quedó fuera, inmersa todavía en un estado de felicidad, después de su canto extático. Prefería estar sola en ese momento especial. Se alejó un poco del edificio, caminando a solas, y se sentó bajo un árbol. A las diez, el lugar y sus alrededores estaban en calma, aunque había mucha gente allí. Después de media hora, seguían fuera del edificio, esperando poder ver a la Madre una vez más antes de acostarse. En respuesta a sus deseos y oraciones, la voz de la Madre emergió de la oscuridad: "Gayatri-*mol*."[3] Todos dirigieron su atención hacia la Madre, mientras la esperanza se reflejaba en el brillo de sus rostros. "Llama a mis hijos." Con esto bastó. No hizo falta que Gayatri les dijera nada, ya que, inmediatamente,

---

[3] "mol" quiere decir "hija" en el idioma de la Madre, malayalam. En 1984, sólo dos brahmacharinis vivían con la Madre, Gayatri y Kunjumol, y ambas se ocupaban de sus necesidades personales. Había otras mujeres que hacían visitas prolongadas y algunos residentes que tenían casa.

el grupo fue corriendo hacia la Madre. Todos querían sentarse lo más cerca posible de ella y, a empujones, intentaban acercarse cada vez más. Cuando, por fin, todos se habían acomodado, se hizo un silencio que sólo fue roto por las palabras de la Madre. "Hijos, si alguno de vosotros está muy cansado o tiene sueño, no os forcéis. No os sintáis obligados a sentaros aquí porque la Madre os ha llamado. Ella sólo deseaba ver a sus hijos juntos; por eso os ha llamado." Pero nadie quería irse a la cama; sus corazones ansiaban pasar tanto tiempo como pudieran con la Madre.

La Comida Sutil del Gurú

Uno de los devotos comentó: "Tenemos hambre, Amma. Danos algo de comer. ¿Cómo nos puedes pedir que nos vayamos a la cama cuando estamos tan necesitados de comida? No podemos irnos a dormir cuando vas a servir comida."

Amma dijo: "Esta comida es sutil y, para saborearla, hace falta un paladar sutil. Hijos, de hecho, el gurú es vuestra comida. Un discípulo auténtico debería intentar comérselo. Él está esperando que el discípulo se lo trague. Pero la mayoría, no pueden hacerlo porque carecen de la sutileza para ello. Sólo están familiarizados con el cuerpo externo del gurú."

Uno de los devotos preguntó: "Amma, ¿qué quiere decir comida sutil? Y, ¿qué significa 'comerse al gurú'?"

Ella respondió: "No me refiero a que tengáis que morderlo y comerlo." Todos se rieron, incluida la Madre.

Cuando se apagaron las risas, Amma siguió hablando: "La forma real del gurú es algo que va mucho más allá del plano físico de la existencia. Trasciende incluso la Trimurti (la Trinidad: Brahman, el creador; Vishnu, el conservador y Maheshwara, el destructor). Es el principio supremo en sí. Deberíamos ver la forma interna del gurú, su forma sutil, más allá de su forma física y hace falta sutileza mental para conocer y darse cuenta de esa naturaleza sutil del gurú. Mediante *sadhana*, deberíamos intentar alcanzar ese estado mental. Esta comida no es de las que se ingieren por la boca, sino a través del corazón. Comerse al gurú es absorber los más elevados principios en los que habita. Si sólo veis la forma física del gurú, sin intentar comprender su naturaleza interna, estaréis en peligro. Dejad que la Madre os cuente una historia que ilustra esta cuestión.

"Había una vez un maestro que tenía dos discípulos, los cuales siempre competían entre sí. Un día, mientras descansaba, el gurú los llamó para que le dieran un masaje en las piernas. El gurú estaba tumbado y los dos discípulos se sentaron uno a cada lado. El primer discípulo dijo: 'Veamos, la pierna derecha es mía y la izquierda, tuya, ¿de acuerdo?' El segundo discípulo respondió: 'De acuerdo. Y no invadas mi territorio. Si me voy a ocupar de la pierna izquierda, no te metas.' El primero respondió: 'Ni yo ni mi pierna derecha interferiremos contigo y tu pierna izquierda.' Y así, comenzaron el masaje. El pobre gurú no fue consciente de esta división y se quedó dormido. Al cambiar de posición, puso, sin darse cuenta, la pierna derecha sobre la izquierda. Esto bastó para encolerizar al segundo discípulo que, furioso, se levantó y abordó al primero: 'Has roto el acuerdo. Quita tu pierna derecha de mi pierna izquierda ahora mismo. ¡Si no lo haces, vas a ver quién soy yo y de qué soy capaz!' Al oír estas palabras, el primer discípulo también se levantó y dijo con un alarido: '¡Cierra la boca, fanfarrón! ¡Vamos, a ver qué puedes hacer con mi pierna derecha! ¡Hazlo si te atreves!'

Ambos discípulos cogieron dos largos palos. El segundo se dispuso a romper la pierna derecha mientras que el primero se inclinó por vengarse rompiendo la pierna izquierda. Al escuchar la pelea entre los dos discípulos, el gurú se despertó, sorprendido al verles de pie a ambos lados, mirándose con furia y sosteniendo unos palos. Exclamó: '¿Qué es esto? ¿Qué estáis haciendo?' Los discípulos respondieron fríamente: 'Vuelve a dormirte. No es asunto tuyo. Lo podemos arreglar nosotros solos.'

Esto es lo que ocurre cuando no se intenta ver más allá de la forma física del gurú. Hay que esforzarse en ver la verdadera naturaleza del gurú, que va más allá de su forma física y, para percibir esa naturaleza esencial del gurú, hace falta sutileza, sutileza para penetrar en el gurú. De otra manera, se puede acabar en algo parecido al incidente de los dos discípulos intentando romper las piernas del gurú.

La sutileza mental sólo se logra con concentración. Llega cuando la mente se concentra por completo en el principio supremo, cuando cesan todas las olas de pensamiento. En ese estado, vuestra mente es tan abierta y vasta como el cielo raso.

El gurú es quien crea, sostiene y destruye; y, al mismo tiempo, está más allá de todo esto. El gurú es el principio supremo manifestado bajo la forma de alguien que ilumina al discípulo. Al sembrar la semilla de la espiritualidad en el discípulo, el gurú le despierta del sueño de la ignorancia. Por fuera, estamos totalmente despiertos, es decir, nos encontramos en un estado normal, despiertos al mundo de los objetos. Estamos bien despiertos al mundo plural de los objetos y completamente dormidos al mundo real de la conciencia. Desde este punto de vista, uno se puede preguntar: '¿Cómo me puedo despertar de nuevo?' El despertar verdadero es el interno. Aunque todos los días nos despertemos al mundo exterior de los objetos, por dentro, estamos profundamente dormidos. Estamos dormidos, dormidos ante la realidad del ser que se encuentra en nuestro interior. El gurú hace que el discípulo comprenda y se dé cuenta de que está durmiendo, de que se encuentra en un estado de ignorancia. Para eliminar algo, en primer lugar, deberíamos saber que se encuentra ahí. El gurú consigue que el discípulo tome conciencia de su propia ignorancia.

Una vez hecho esto, un *satguru* hace trabajar al discípulo mediante la práctica espiritual para eliminar la ignorancia.

Para ser más exactos, el gurú despierta al discípulo del sueño, le hace consciente de que por dentro está profundamente dormido y, mediante una práctica espiritual rigurosa, despierta la energía espiritual que hay en su interior. Trabajando codo con codo con el discípulo, el gurú rompe el caparazón de su ego y, de esta forma, se convierte en el destructor, el destructor del ego.

Un gran maestro es la encarnación del principio 'más sutil de todos'[4]. Sólo cuando el discípulo se hace tan sutil como el gurú, puede realizar la unidad con un maestro tan perfecto."

La Madre hizo una pausa. Todos podían ver su rostro con claridad mientras se sentaban alrededor de ella bajo el árbol de *nim*. La luna brillaba en el cielo y su resplandor acariciaba la tierra. La luna que realzaba la noche era como la Madre, que embellecía los corazones humanos. En aquel ambiente apacible, parecía que estaban absortos tanto en la forma de la Madre como en sus palabras. Alguien del grupo comentó: "Amma, tú eres ese gurú. Tú eres ese principio sutil."

Amma no le prestó atención. Simplemente, se sentó admirando la luna. Otro devoto le recordó que no había dicho nada sobre el significado de 'comerse al gurú'. Ella no contestó y siguió contemplando la luna. Estaba en éxtasis, pues sus ojos no se movían y permanecían fijos. Al darse cuenta de que la Madre estaba absorta en sus pensamientos, los devotos guardaron silencio. A la Madre le costó un rato volver a la realidad.

Entonces, prosiguió: "'Comerse al gurú' significa fundirse totalmente en él. Deberíais disolveros. El 'yo' o el ego deberían disolverse y desaparecer. 'Comer' se refiere a la desaparición de vuestro

---

[4] *Anoraniyan Mahatomahiyan* en sánscrito, que significa "más sutil que el más sutil, más grande que el más grande."

pequeño ser y a la identificación total con el ser interno del gurú. Esta es la unidad absoluta. Al olvidaros por completo de vosotros mismos, vuestro ser debería entrar y desaparecer en su ser puro. Esto es lo que significa 'comerse al gurú'. Sólo se puede lograr con amor, con el corazón, no con la mente. El amor puede consumir fácilmente al gurú. El amor puede consumir fácilmente vuestro ego. Una vez desaparecido por completo el ego, el gurú entrará en vosotros o, vosotros podréis entrar en él. Ambos son uno y el mismo porque, entonces, no hay obstáculos, nada que detenga el flujo. Este fluir de amor va por los dos caminos y se hace uno. El gurú ya fluye sin cesar, rebosando de amor. Y, mediante el amor, vosotros fluís dentro de él.

En el estado de amor puro e inocente, el amante siempre está hambriento y quiere comerse a su amado. El hambre del amor puro es insaciable. Esta hambre tan intensa se puede ver y experimentar, incluso, en el amor mundano. Sin embargo, en el caso del amor espiritual, la intensidad alcanza su clímax, su punto álgido e ilimitado, ya que este amor lo abarca todo. En un buscador auténtico, este amor es algo parecido a un incendio forestal, aunque todavía más intenso, más voraz. Todo su ser arderá con la intensidad de ese fuego de amor. Él mismo se consume en las llamas de ese fuego y, después, viene la fusión total.

¿Qué pasa cuando coméis algo? El proceso digestivo se hace uno con vuestro cuerpo. La comida se hace una con vosotros; se convertirá en vuestro cuerpo, en vuestra mente e intelecto. De la misma forma, el gurú es vuestra comida espiritual. Coméoslo si podéis. Bebéoslo. Dejad que su luz y amor llenen vuestro cuerpo, mente e intelecto. Si lo hacéis, ya no habrá más cuerpo, ni mente o intelecto. Seréis amor. El gurú está esperando ser consumido. Si tenéis hambre, tragáoslo. Si no tenéis hambre, dejad de comer hasta que la sintáis."

Asombrado por la imaginería, un devoto exclamó: "¡Que dejemos de comer! No es posible que Amma esté diciendo eso, ¿puedes aclararlo, Amma?"

"Hijo, tienes razón," dijo Amma. "La Madre no habla de morirse de hambre físicamente. Dejad que la mente pase hambre. Dejad de alimentarla con pensamientos. Seguimos alimentándola con deseos y pensamientos. Esto se ha convertido en costumbre y la mente cree ahora que es lo mejor. Deberíamos eliminar esta costumbre. La mente debería saber que esta comida nos provocará 'dolor de estómago', si no ahora, más tarde. La mente debería saber que esta comida de deseos y pensamientos es perjudicial y que hay otro tipo de comida que es mucho más sabrosa y sana. Las distintas prácticas espirituales son la comida más deliciosa y sana. Una vez que os hayáis dado cuenta de esto, empezad a alimentar la mente con el nombre divino, *japa* (repetición del mantra), *dhyana* (meditación) y otras prácticas espirituales, y hacedlo con frecuencia. Poco a poco, las ganas de tomar cada vez más de estos alimentos espirituales crecen hasta que, al final, se convierten en un hambre terrible. Querréis tragaros a Dios. Pero para conseguirlo, dejad que la mente pase hambre. Dejad de alimentarla con pensamientos y deseos mundanos."

La Madre se calló. Después de un breve silencio, pidió a Balu que cantase un *kirtan* (canción devocional). *Katutta Sokamam.*

Oh, Madre, no me dejes caer en este
Oscuro y profundo foso de dolor.
No soy ni un erudito
Ni alguien nacido bajo un signo de suerte.
De todas formas, mis pensamientos son intensos
Están fijos en Ti,
Oh, Madre, no te alejes,
Dirigiéndome tan sólo una sonrisa.

Renunciando a todas las demás formas de felicidad
Y recordando sin cesar tu pureza, canto tus nombres
trascendentes.
Oh, buenos augurios eternos,
Me consuelo
Recordando tus palabras
De que este nacimiento está para expiar
Todos los errores de mis nacimientos pasados.

Oh, encarnación de la compasión,
Elimina mi ignorancia.
Restaura en mí la pura inteligencia.
En medio de los placeres mundanos,
Siempre te busco
Y, sin embargo, no soy feliz. Oh, soberana de todos los
mundos,
Dadora de grandeza, enciende la luz
De la visión igualitaria en lo más profundo de mi ser.

Eran cerca de las once de la noche. La Madre dijo: "Hijos, id todos a la cama ahora." Después de postrarse ante la Madre, se levantaron y se dirigieron a sus habitaciones. La Madre, en compañía de Gayatri, se quedó sentada bajo un árbol durante más tiempo. Descansó su cabeza en el regazo de Gayatri y se tumbó en silencio. Eran casi las doce cuando, por fin, se fue a su habitación.

Unos cuantos brahmacharis y devotos no se fueron a dormir cuando llegaron a sus habitaciones compartidas, sino que se sentaron en las camas y empezaron a hablar sobre los temas que ese día habían tratado con la Madre. Esta conversación nocturna se convirtió rápidamente en una disputa, ya que cada cual interpretaba las sabias palabras de la Madre de distinta manera. Mientras la encendida discusión proseguía, alguien llamó a la puerta. Se preguntaron quién podía ser a esas horas, pues ya eran casi la una y media de la madrugada. Pensaron que sería el conserje o un guarda. Dando por hecho que se trataba del vigilante nocturno, abrieron la puerta. ¡Qué sorpresa al ver a la Madre allí de pie y a Gayatri detrás de ella! La Madre estaba seria.

Tras unos minutos de silencio, dijo: "¿Ya habéis olvidado todo lo que la Madre os dijo antes de salir de viaje? Es la una y media de la madrugada; sabéis que no está bien hablar tan alto a estas horas. Sabéis que no sois los únicos que os hospedáis aquí. Hay muchos, muchos otros. ¿Por qué los molestáis con tanto ruido? No hay nada malo en compartir vuestras ideas sobre el *satsang* (conversación espiritual). Pero empezar a discutir sobre esto y creer firmemente que la vuestra es la única interpretación correcta está mal, muy mal. Así cerráis vuestra mente. Compartir ideas es algo muy distinto a discutir. Al compartir, las dos partes escuchan y exponen, dan y aceptan. Esto os aporta una actitud más abierta. Os ayuda a crecer y no hay nada malo en ello. Pero al discutir, habláis, no escucháis. Exponéis vuestras ideas pero no aceptáis las de los demás, aunque expresen algo auténtico. De esta forma, os cerráis, estrechándoos y limitándoos. Esto es peligroso. Además, todo lo que la Madre dice es para reflexionar sobre ello y no para poneros a discutir. Es para practicarlo, no para analizarlo, ni para desmenuzarlo con la mente."

Después de haber dicho esto, la Madre se fue. Los brahmacharis y los devotos se quedaron llenos de remordimiento por lo que habían hecho. No hablaron nada más. Apagaron la luz y se fueron a dormir, sintiéndose un poco tristes por el incidente.

Al cabo de un rato, volvieron a llamar a la puerta. Casi al unísono, se levantaron de un salto y en una fracción de segundo, encendieron la luz. Al abrir la puerta, encontraron a la Madre, allí, sonriendo esta vez. Ella dijo: "La Madre no podía quedarse en su cuarto después de haber reñido a sus hijos. Estaba inquieta. Hijos, ¿os habéis sentido mal?" Rebosaba de compasión.

Respondieron a una: "No, Amma, en absoluto." Y un devoto añadió: "Nos hemos dado cuenta de nuestro error. No deberíamos haber hecho eso. Amma, somos todos unos niños ignorantes, ¡tan ignorantes!" y se echó a llorar.

Con mucho cariño, Amma los consoló y, partiendo en trozos la comida que llevaba en la mano, dio un poco a cada uno y de nuevo pronunció unas palabras de consuelo: "Hijos, no estéis tristes. La Madre sólo hace cosas que son buenas para vosotros, cosas que os harán crecer espiritualmente. No sabe actuar de otra manera. La Madre siente esta libertad con sus hijos; por lo tanto, no puede evitar corregiros cuando cometéis un error porque piensa que lo comprenderéis. La Madre siente que sois ella. Hijos, también deberíais intentar sentir así, que la Madre es parte vuestra. Así, no habrá tristeza ni agitación mental."

Había tanta preocupación y amor en sus palabras, que ni los devotos ni los brahmacharis pudieron controlar las lágrimas. Aquella noche todos lloraron en privado, tumbados en sus camas, guardando en sus corazones el amor inocente de la Madre por sus hijos. Sintieron que la Madre los acunaba en sus brazos hasta que se durmieron.

21 de abril de 1984

A la mañana siguiente, todo el grupo salió para Marutvamala, una colina sagrada. También llamada Colina de la Medicina. Esta pequeña montaña es famosa por las plantas ayurvédicas que crecen en ella. Los antiguos *Puranas* (epopeyas) cuentan que enviaron a Hanuman, el gran devoto siervo del Señor Sri Rama, a recoger algunas plantas divinas para curar a Lakshmana, el fiel hermano de Rama, herido en la batalla contra Ravana en Sri Lanka (Ceilán). Ravana había secuestrado a Sita, la esposa de Rama, y la batalla se libró para rescatarla. Lakshmana se encontraba en coma después de que una lanza arrojada por Ravana le hiriera. Sólo podía volver en sí con plantas recogidas en el monte Kailash. En lugar de perder el tiempo buscando las plantas una a una, Hanuman arrancó toda una porción de la montaña y regresó volando a Sri Lanka. Cuando estaba bordeando el extremo de la India, se le cayó un trozo de la montaña cerca de Kanyakumari y este trozo dio lugar a esta colina de medicina sagrada, Marutvamala. Hoy en día, muchos buscadores peregrinan hasta aquí y suben la colina para hacer ofrendas en el sepulcro de Hanuman. También se pueden ver *sadhaks* (aspirantes espirituales) haciendo *tapas* en las pequeñas cuevas que se hallan dispersas por toda la colina.

Swami Nayanar

No muy lejos de la carretera principal, donde empezaba el camino que lleva a la colina Marutvamala, había una casita en la que vivía otro *avadhuta*. Era un hombre anciano que se llamaba Swami Nayanar. La Madre lo había conocido hacía tres años durante su primera visita a Kanyakumari.

A lo largo de su vida, Swami Nayanar había permanecido en una habitación muy pequeña, en casa de una familia tamil de clase baja. La oscura habitación, de la que se decía que nunca había salido, estaba repleta de sacos, trozos de madera y todo tipo de objetos aparentemente inútiles con los que había hecho imágenes de dioses y diosas. Era un personaje muy extraño, cuyas acciones resultaban incomprensibles a la mayoría de las personas. Sin embargo, se le atribuían muchos poderes divinos. Swami Nayanar había abandonado su cuerpo un año antes de esta visita actual. De hecho, justo después de visitar a Swami Nayanar tres años antes, la Madre había predicho que éste dejaría su cuerpo en dos años.

En aquel primer encuentro de la Madre con este *avadhuta*, ocurrieron cosas muy interesantes. La santa Madre y un grupo de unos veinte devotos volvían a Vallickavu después de haber estado tres días en Kanyakumari. Durante esos días, pasaron la mayor parte del tiempo en *satsang, bhajan* y meditación, en las rocas de la costa y en el templo de Devi junto al océano. A bordo de una camioneta alquilada, el grupo puso rumbo al norte. Apenas habían recorrido diez kilómetros, cuando, de repente, un anciano muy extraño saltó delante de la camioneta haciendo señas con las manos, como queriendo detener el vehículo. La Madre dijo en voz alta: "¡Parad! ¡Es Swami Nayanar!"

La camioneta se detuvo y todos se levantaron de sus asientos. Al ver al swami entrar en una pequeña casa, la Madre y sus devotos le siguieron dentro. La Madre se sentó delante de Swami Nayanar y los demás se apiñaron alrededor. El swami *avadhuta* estaba muy emocionado. Murmuró unas palabras en hindi y, después, señalando a la Madre sagrada, gritó: "¡Kali! ¡Kali! ¡La inmortal!" Mientras seguía gritando estas palabras, el *bhava* (humor) de la Madre cambió de repente.

Sacó la lengua, los ojos se le hincharon y emitió un sonido muy peculiar, parecido al de la letra semilla 'Hrim' cantado constantemente, en una letanía sin interrupción. Mientras manifestaba estos gestos, la Madre levitó. ¡No tocaba el suelo en absoluto! Los dedos de ambas manos representaban *mudras* divinos (gestos yóguicos). La Madre era el vivo retrato del feroz aspecto de la madre Kali y el swami parecía entusiasmado y encantado.

Los brahmacharis y devotos empezaron a cantar un *kirtan* (canción devocional). Todos estaban un poco asustados y preocupados al ver los inesperados cambios ocurridos en el estado de ánimo de la Madre. Algunas mujeres, incluso, se echaron a llorar. Al cabo de un tiempo, la Sagrada Madre volvió al plano físico de conciencia y a su estado habitual. El swami también se calmó. En ese momento, uno de los devotos de la Madre, extendiendo la palma de la mano hacia él, le preguntó: "Swami,

¿me concederás *brahmatvam* (el estado de Brahman)?" Swami Nayanar le cogió de la mano y volviéndosela hacia la Madre, le dijo en hindi: "Pregúntale a ella. Ella es la persona adecuada a la que te tienes que dirigir."

Más tarde, cuando los brahmacharis preguntaron a la Madre por qué había manifestado el estado divino en presencia del swami, ella respondió: "Él deseaba verlo." No supieron qué quería decir.

Ahora, tres años más tarde, cuando la Madre y el grupo salieron del autobús para subir la colina sagrada, la gente del pueblo les saludó. Al ver a la Madre y a sus devotos, la familia con la que Swami Nayanar había vivido se acercó corriendo y se postraron ante ella. Pidieron una foto de Amma y la dirección del ashram con estas palabras: "Hace tres años, cuando todos os fuisteis después de visitar al swami, él dijo: '¿Sabéis quién era? ¡Es Kali, Bhadrakali!'" También nos dijeron que, cuando la camioneta ya se había ido, él había salido de la casa de nuevo y se había quedado allí, mirándola fijamente, hasta que la perdió de vista. Dijeron que el swami nunca había salido de su habitación, ni antes ni después, salvo en esas dos ocasiones, cuando saltó delante de la camioneta para detenerla y cuando salió a ver cómo se iba la Madre.

Uno de los devotos dio una foto de la Madre y la dirección del ashram a la mujer de la casa, algo que hizo feliz a la familia. La Madre y los devotos se despidieron de ellos y empezaron a subir la colina.

Marutvamala era muy hermosa. Había árboles frondosos, rocas y cuevas, que la convertían en un lugar ideal para una vida de ascetismo y contemplación. Todos ascendieron la colina con mucho entusiasmo, hasta los más mayores, que habían venido con el grupo en un coche aparte que seguía al autobús. Eran tan felices de hacer esta peregrinación con la Madre, que no sentían cansancio ni fatiga. De vez en cuando, la Madre se volvía y preguntaba a los mayores: "¿Estáis cansados? Si es así, sentaos y descansad un rato." Ellos siempre respondían: "No, no estamos cansados. ¿Cómo vamos a cansarnos si Amma está con nosotros?" Realmente, sorprendía ver cómo estas personas mayores subían la colina, que en algunas partes del camino era bastante empinada. Mientras caminaba, la santa Madre empezó a cantar canciones devocionales. Los demás respondían felices. La Madre cantaba, con los brazos estirados en éxtasis, a medida que ascendía la colina. Un devoto llevaba en la cabeza una lata llena de plátano frito que colocó delante de la Madre. Ella distribuyó la comida entre la gente. De nuevo, cantó. *Hariyude Kalil.*

Sin caer a los pies de Dios,
Nadie puede apagar el fuego
Del dolor de la transmigración.
Sin inclinarse para siempre ante el gurú,
Nadie obtendrá la dicha de la liberación.

Nadie puede alcanzar al Señor
Sin quedar absorto en el canto del nombre.
Nadie puede alcanzar el estado de liberación
Sin fundirse en la dulzura de la devoción.

El que no medita, ni hace japa
U otras prácticas espirituales,
No participará del néctar de la felicidad.
Sin rectitud y compasión,
No se pueden hacer buenas acciones.

En este mundo, sólo Dios es el amigo
Del devoto y el sostén de los desamparados.
Cuando Él está con nosotros,
¿Cómo nos puede faltar apoyo?

Humildad

El grupo llegó hasta un hermoso templo y todos se detuvieron a descansar un rato. Dos monjes del lugar se acercaron hasta la Madre y se inclinaron ante ella. Dijeron que habían oído hablar de Amma y querían conocerla. Conversó con ellos unos minutos y, cuando se fueron, dijo: "Uno de ellos es un buen *sadhak*. La Madre lo supo inmediatamente, nada más mirarle a los ojos. Además, es muy humilde."

Amma volvió a hablar, recordando a los devotos la importancia de la humildad en la vida espiritual: "La humildad llegará a medida que se progrese en *sadhana*. Humildad es ver a Dios en todo o percibir el propio ser de cada cual en todas partes. Humildad es aceptar la voluntad del supremo. Humildad es entregarse, entregar nuestra voluntad a la de Dios. Una vez que se ha hecho esto, sólo se puede ser humilde, porque uno comprende que cualquier cosa que ocurre en su vida, ya sea buena o mala, es voluntad de Dios. En este estado, desaparecen las reacciones. Ya no se reacciona, sólo se acepta. Por lo tanto, también se puede interpretar la humildad como la aceptación total."

La Madre se levantó de donde estaba sentada y dijo: "Sigamos ascendiendo." A medida que el grupo subía la colina, la Madre dirigía el canto "Shyam Radhe," a lo que los devotos respondían con alegría "Radhe, Radhe." A veces, la Madre cambiaba y cantaba "Radhe, Radhe," y el grupo respondía, "Shyam Radhe."

A pesar de que hacía calor, la brisa refrescaba el ambiente. La Madre seguía cantando "Shyam Radhe." De repente, dejó de cantar y no se movió. Estaba en *samadhi* (estar absorto en el ser o en Dios). Con ambas manos alzadas formando un *mudra* divino, la Madre estaba inmóvil. Tenía los ojos cerrados y una hermosa sonrisa resplandecía en su rostro. Pasaba el tiempo. Poco a poco, recobró la conciencia pero siguió sin moverse un rato más antes de seguir. El silencio prevaleció. Nadie hablaba.

Fue la Madre quien lo rompió. "Hijos, no os olvidéis de repetir vuestro mantra. El periodo de *sadhana* se parece a escalar una alta montaña. Necesitáis mucha fuerza y energía. Los escaladores utilizan cuerda para ascender. Para vosotros, la única cuerda es *japa*. Por lo tanto, hijos, intentad repetir el mantra constantemente. Una vez que alcancéis la cumbre, podréis descansar para siempre."

El calor se hizo cada vez más intenso. Alguien intentó proteger a la Madre con una sombrilla, pero ella se negó: "No, no. La Madre no necesita una sombrilla. ¿Cómo va a taparse ella cuando todos sus hijos están al sol? Además, está acostumbrada. Ya hiciera sol o lloviera, la Madre solía pasar los días y las noches afuera, al aire libre. Sugunanandan-*acchan* (padre) y Damayanti Amma se preocupaban tanto de que la Madre se quedase fuera, que construyeron un refugio para protegerla del sol y la lluvia. Pero ella nunca se quedaba allí. La Madre estaba decidida a trascender tanto el calor como el frío, soportándolos. El calor de los obstáculos no afectará a una persona que constantemente recuerde a Dios."

Mientras el grupo ascendía, la Madre se fijó en algunas personas que descansaban bajo unos frondosos árboles y dijo: "Cuando llegue la hora, las hojas se caerán hasta de los árboles frondosos que nos dan su sombra, y vosotros, que os sentáis bajo ellos, tendréis que sudar y trabajar de nuevo bajo el sol abrasador."

Con esto quería decir que Dios es el único que proporciona sombra eterna y que ninguno de los lugares mundanos donde nos refugiamos, perdura. Estos refugios temporales perecerán antes o después y, de nuevo, nos encontraremos inmersos en un profundo dolor.

La Madre prosiguió: "Sólo unos pocos, muy pocos entre los millones que lo han intentado, han alcanzado el objetivo. En verdad, no será posible alcanzarlo si lo olvidáis mientras estáis sentados bajo una sombra del camino.

Algunos *sadhaks* vienen a preguntarle a la Madre el día, la fecha y hasta la hora de su realización. ¡Pobre gente! No entienden que pensar y darle vueltas a estas cosas nos distraen del objetivo. Hijos, hay autobuses directos y de cercanías. Una vez que el directo sale de su punto de partida, no para hasta que llega a su destino. Se puede deducir que el directo llegará a su destino a tiempo. Sin embargo, el de cercanías se detendrá en cada cruce a coger gente y nadie puede decir la hora exacta a la que llegará a su destino. De manera parecida, la determinación y *lakshya bodha* (intención de alcanzar el objetivo) de algunos *sadhaks* son tan fuertes que estos no descansarán hasta conseguir el propósito. Esos *sadhaks* son como los autobuses directos, y un *satguru* sabe cuando alcanzarán el objetivo. Por otra parte, la mayoría de los *sadhaks* son como los autobuses de cercanías. Les falta determinación y *lakshya bodha*; por lo tanto, es difícil decir cuándo llegarán a su destino. Son como las personas que se sientan a la sombra y se olvidan del objetivo."

Un devoto comentó: "Amma siempre está sentada y somos nosotros los que caminamos, ¿no es cierto?"

"Si la Madre se sienta, todos se sentarán y, entonces, no se llevará a cabo la ascensión a la montaña," fue la respuesta inmediata de la Madre.

Todos entendieron que ella quería decir que la rueda de la creación se parará si Dios deja de actuar.

Algunos *sannyasins* (renunciantes) estaban sentados a ambos lados del camino. La Madre pidió a los devotos que les dieran limosna, diciendo: "Para sustentar el cuerpo, los *sannyasins* necesitan comida. Al darles limosna, hacéis méritos, y para tener una vida feliz en el mundo, hacen falta esos méritos. Dar limosna a quien lo necesita es una forma de ganar mérito. Pero un verdadero buscador espiritual trata de ir más allá y no le importa si lo gana o pierde."

Al fin, la Madre y el grupo llegaron a la cima, que se llamaba Pillattadam. Era un lugar especialmente hermoso, desde el que se podían ver los alrededores. Aquí, había un refugio con una roca que hacía de techo y otras rocas grandes y planas donde uno se podía sentar cómodamente. Justo debajo, había una cueva que ocupaba un *sannyasin*.

Cuando la Madre y todos sus hijos se sentaron en las rocas, ella miró fijamente hacia oriente. El ambiente era sereno y apacible, pues este lugar estaba completamente aislado del mundo exterior. Un fuerte viento soplaba del oeste, pero, después de un rato, se calmó. La Madre parecía estar disfrutando en su propio mundo y el grupo permaneció en silencio. Después de un tiempo, ella cantó. *Kodanukodi.*

Oh, verdad eterna,
La humanidad te ha buscado
Durante millones y millones de años.

Renunciando a todo, los sabios de la antigüedad
Realizaron interminables años de austeridades
Para que el ser fluyera
En tu divina corriente mediante la meditación.

La llama infinitesimal, inaccesible a todos,
Que brilla como el resplandor del sol,
Permanece inmóvil, sin bailar
Incluso cuando sopla el fiero ciclón.

Después, la Madre pidió a Balu que cantase, y cantó una canción que había compuesto en una ocasión en que tuvo que separarse de la Madre durante varias semanas. *Sokamitentinu Sandhye.*

Oh, crepúsculo, ¿por qué estás triste?
¿Estás vagando en las costas
De recuerdos pasados?
Oh, anochecer, bañado en un tinte rojo,
¿También arde el fuego del dolor en tu interior?

Oh, crepúsculo, ¿tienes una Madre como la mía?
¿O has visto a mi Madre
Que irradia la belleza
Y la frescura de la pureza igual que la luna llena?
Oh, anochecer, si la vieras, por favor, transmítele
El mensaje de este hijo desamparado que no puede hablar
Por el profundo dolor que le causa la pena de la separación.

Oh, crepúsculo, por favor, ofrece
Estos pétalos de flores a sus pies
Y, amablemente, transmítele que me postro con humildad
ante ella.
Cuando vuelvas, te confiaré
Las lamentables historias de mis días anteriores.

Después de cantar más canciones, la Madre pidió que cerraran los ojos y meditaran. Ella también los cerró y quedó profundamente absorta. Muchos devotos prefirieron sentarse contemplando a la Madre, puesto que la habían elegido como su amada deidad. Sin embargo, obedeciendo las palabras de Amma, todos volvieron la atención hacia su interior.

El grupo comenzó a bajar hacia la una y media del mediodía, después de haber pasado aproximadamente una hora en la cumbre. Durante el descenso, no se habló mucho, pero los *bhajans* llenaron el aire. La Madre cantó, sobre todo, *namavalis* (sencillas canciones que repiten los nombres divinos). Todos siguieron a la

Madre mientras, alegremente, daban palmadas y disfrutaban del néctar del canto devocional.

El Sufrimiento de los Pobres

Cuando llegaron abajo, la Madre se acercó a algunas cabañas donde vivían familias tamiles extremadamente pobres. Pasó un tiempo con cada una de ellas, conversando con cariño, preguntándoles cómo se ganaban la vida, si recibían ayuda del gobierno y ahondando en otros problemas que tenían. La Madre parecía estar muy interesada y expresó mucha compasión y amor por esas personas, abrazándolas, besando a cada una de ellas y repartiendo, con sus propias manos, algunos caramelos y comida.

Después de dejarlas, la Madre dijo: "Pobres hijos. La Madre siente mucho dolor en su mente al ver el sufrimiento de estas personas. ¿Quién va a cuidarlos? Se habla de ayudar a los pobres, pero no parece que nadie haga algo por ellos. Hijos, comparado con el sufrimiento de estas personas, el nuestro no es nada. Dios nos ha proporcionado comida, ropa y un hogar. Pero estos hijos no tienen nada. Usemos las facultades que Dios nos ha dado con el máximo discernimiento. No debemos decepcionar a Dios malgastándolas. Es posible que estos hijos hayan usado mal sus dones en nacimientos anteriores y, por eso, ahora sufren. Además, es nuestro deber ser compasivos con ellos. De hecho, Dios creó a los ricos para ayudar a los pobres, a los sanos para ayudar a los enfermos y a los seres humanos sin problemas físicos para asistir y servir a las personas con retraso mental y deformaciones."

Un devoto preguntó: "Amma, ¿por qué Dios se calla cuando la gente sufre así? ¿No puede hacer algo para erradicar ese sufrimiento?"

"Sí, Él hizo algo", respondió la Madre. "Él nos creó, con la esperanza de que hiciéramos algo para ayudarles. Deberíamos pensar en ellos e intentar sentir su sufrimiento. Para conseguirlo, deberíamos ponernos en su lugar. Nunca hemos sufrido, por eso, no sabemos qué es. Creemos que nuestros problemas personales son igual de graves e importantes y sólo pensamos en eso. No tenemos en cuenta los problemas de los demás, ni sentimos ninguna compasión por ellos. Ese es nuestro mayor problema. Sólo una persona que ha sufrido de verdad puede comprender el sufrimiento de los demás. Nunca nos hemos sumergido hasta las profundidades del mar para coger perlas y no sabemos lo difícil que es, porque estamos acostumbrados a comprar las perlas en la tienda. Por lo tanto, no tenemos ni idea de la inmensa tarea que hay detrás de todo esto."

En aquel momento, el grupo había llegado al autobús. La Madre fue la primera en subir y los demás la siguieron. Cuando todos se habían acomodado en sus asientos, ella prosiguió: "Hay dos momentos en los que la mayoría de los seres humanos se sienten felices o desdichados. Son felices cuando su enemigo o alguien que no les gusta es desgraciado o sufre. Pero se sienten desdichados cuando se enteran de que a éste le va bien o tiene una vida plena. La Madre os va a contar una anécdota.

Eran dos vecinos enemigos. Un día, uno de ellos fue a comprar madera para hacer algunas reparaciones en su casa. Desgraciadamente, al llegar a casa se dio cuenta de que las dos piezas de madera que había comprado estaban podridas por dentro y se sintió mal por el dinero malgastado. Salió así de casa pero, cuando volvió, se reía y estaba feliz. Su mujer sintió curiosidad y le preguntó: '¿Por qué te ríes así? ¿Qué pasa?' Él respondió: '¿Cómo no me voy a reír? ¿Sabes? Al comprar las dos piezas de madera podrida, no hemos perdido tanto dinero. Pero nuestro vecino sí que ha sufrido una gran pérdida. Él compró veinte piezas de madera en la misma tienda y, ¡no le vale de nada!'" Todos se rieron.

"Hijos, actuamos así," dijo Amma cuando dejaron de reírse. "Nuestro corazón no siente el dolor de los demás. Nos alegramos cuando nuestros vecinos son desgraciados, y nos entristecemos cuando son felices. Sin embargo, los *Mahatmas* reflejan tanto la felicidad como el sufrimiento de los demás y los expresan con sinceridad. Esa es la diferencia entre un mortal y un *Mahatma*. Su corazón siente el dolor y sufrimiento de los demás. El dolor ajeno es el suyo propio y la felicidad del prójimo, la suya también. Pero los seres humanos comunes son completamente egocéntricos. Hijos, intentad escuchar el llanto y conocer el dolor de la gente que sufre."

El autobús se detuvo delante del lugar donde se hospedaban. Eran casi las tres. La Madre se dirigió inmediatamente a su cuarto, mientras que los demás comieron antes de ir a sus habitaciones a descansar. Dos horas más tarde, el grupo se reunió de nuevo y fue caminando hasta la orilla del mar guiados por la Madre.

Entre los devotos, había un erudito de ochenta y cinco años que era una autoridad en gramática y lógica sánscritas. Hablaba sin parar, proponiendo un tema y pidiendo a los demás que le hicieran preguntas. Era muy inquieto y estaba claro que quería presumir de su vasto conocimiento. No hacía más que discutir. Cuando el grupo llegó a la orilla del mar, la Madre lo llamó: "*Pundit mon* (hijo erudito)." Aunque presumía delante de los demás, este anciano tan culto era como un niño de tres años delante de la Madre. Sentía una devoción firme e inamovible por ella. Los años no habían afectado su salud en absoluto. Había practicado *hatha yoga* durante mucho tiempo y, en consecuencia, era muy fuerte, alegre y vigoroso.

Cuando oyó que la Madre lo llamaba, el *pundit* corrió hacia ella. Amma lo miró y sonrió con malicia, ya que había estado escuchando todo lo que él había dicho. Él se inclinó ante ella. Con una mano, Amma le cogió las suyas y, con los dedos de la otra, le dio unos golpecitos juguetones en su calva, como si fuera un tambor. "Hijo has perdido ochenta largos años con el sánscrito y la lógica. Tras tantos años de estudio, deberías intentar moverte de la cabeza al corazón. Es demasiado tarde para que lo hagas solo, por eso la Madre está tratando de sintonizarte, al menos, intelectualmente, tamborileando sobre tu cabeza."

Todos se rieron, menos el *pundit*, que se puso blanco y dijo: "Amma, perdóname por mi ignorancia." Parecía un poco disgustado. Obviamente, las palabras de la Madre le habían hecho reflexionar sobre su vida.

Tras un paseo de un cuarto de hora, llegaron a la orilla del mar. La Madre permaneció inmóvil durante bastante tiempo, mirando a la vasta extensión del mar. Después, pidió a todos que se sentasen y meditasen. Antes de comenzar, la Madre les dio unas instrucciones: "Visualizad una flor de loto totalmente abierta en el océano e imaginad a vuestra amada deidad sentada sobre ella. Tratad de imaginar que la deidad os mira y sonríe, os llama y bendice. Intentad ver con claridad todas y cada una de las partes de vuestra amada forma: los ojos, las cejas, la nariz, los labios, las mejillas, la frente, el pelo, la corona, todo. Si no os gusta esto, podéis concentraros simplemente en el sonido de las olas del océano."

Una vez dadas estas sugerencias, la Madre se sumergió en un estado meditativo. Todos meditaron con ella, sentados ante el océano, mientras las olas rompían sin cesar en la orilla, creando un sonido rítmico. La luz de la tarde se difuminó a medida que el brillo del crepúsculo dejaba paso al anochecer y las gaviotas emitían un grito final para señalar que el día se acababa.

Sadhana, Auto-Entrega y Amor

Después de volver de la orilla del mar, la Madre y sus hijos cantaron *bhajans* en una sala del lugar donde se hospedaban. Un nutrido grupo de personas se acercaron a escuchar a la Madre y a recibir sus bendiciones. Para las nueve, los *bhajans* y el *darshan* habían terminado, y la Madre regresó a su habitación. Algunos *sadhaks* muy sinceros y unos cuantos devotos que querían una audiencia privada con la Madre fueron a verla. Amma se sentó en el porche delantero de su habitación y los invitó a tomar asiento con ella. Ellos se postraron y se sentaron.

Después de charlar unos minutos, uno de los *shadaks* formuló una pregunta: "Amma, ¿cómo deberíamos hacer *sadhana?*"

La Madre contestó: "Hijos, podéis seguir el camino que os plazca. No se puede aconsejar el mismo camino a todo el mundo. La *sadhana* debería recomendarse según las inclinaciones personales y la constitución mental de cada persona. Es como recetar distintos tipos de medicinas a personas con enfermedades diferentes. No se puede recetar la misma medicina a todos. Tanto el medicamento como la dosis difieren de acuerdo con la enfermedad del paciente. Lo mismo ocurre con nuestra *sadhana*. Cada persona tiene una naturaleza diferente y, por lo tanto, hay que instruirle de manera que se le ayude personalmente a progresar en el camino espiritual. La práctica espiritual es una medicina que puede eliminar todas las enfermedades causadas por la naturaleza de la existencia.[5] Pero si la receta no es la correcta puede hacer daño, al igual que un medicamento equivocado para un paciente.

Hacen falta *lakshya bodha* y esfuerzo, a la vez que paciencia. Al principio, uno puede meditar en el aspecto personal de Dios. Pero, más tarde, hay que ir más allá de la forma. Para conseguirlo, no basta con leer y estudiar las escrituras. Además, hay

[5] *Bhava roga* o la enfermedad de la existencia mundana.

que preguntarse: '¿Con qué objetivo leo? ¿Cuál es mi verdadero objetivo en la vida y qué debería hacer para alcanzarlo?' Intentad mantener la mente fija en Dios, sin importar lo que estéis haciendo. Sólo si logramos madurez mental, podemos permanecer en calma, incluso cuando alguien nos riñe.

El camino que hay que seguir depende de la disposición espiritual que cada uno haya heredado del nacimiento anterior. Nuestro nacimiento actual es una continuación del anterior. Cualquiera que sea el camino que sigáis, la mente debería fluir con naturalidad hacia éste. Y hace falta amor. Acercarse a un maestro perfecto es otra forma de encontrar vuestro camino.

Por lo que se refiere a la *sadhana*, lo más importante es mantener el espíritu y practicarla hasta que se alcance el objetivo. Al principio, siempre es un intento premeditado. Tenéis que recordarlo constantemente e intentar hacerlo sin fallar. Ahora bien, *maya* (ilusión, poder ilusorio) es mucho más poderoso, en nosotros, que Dios. Esto significa que las cualidades negativas tienen más poder que las positivas. Por eso, la probabilidad de perder el entusiasmo y abandonar la práctica por completo, o disminuir su intensidad, es mayor que la probabilidad de seguir adelante. Por lo tanto, debéis seguir practicando, con el mayor esfuerzo posible, hasta que surja de forma espontánea."

Otra persona preguntó: "¿Cómo se puede alcanzar la entrega total?"

"*Saranagati* (entrega total) no se puede enseñar con palabras", dijo la Madre. "Es algo que llegará si desarrolláis el amor y la fe. Lo que realmente se necesita es un amor puro e inocente por Dios. La mente debería anhelar hacerse una con Dios.

"Al igual que ocurre con el amor, la entrega no se puede estudiar ni aprender en los libros, a través de una persona en concreto o en una universidad. La entrega llega a medida que el amor crece. En realidad, los dos crecen simultáneamente. Cuanto más amas a una persona, más te entregas a ella. Esto es lo que ocurre en una relación amorosa normal entre un hombre y una mujer. El amante y el amado se entregan a los deseos y a la voluntad del otro a medida que su amor crece hasta alcanzar la plenitud. Los gustos de uno pasan a ser los del otro y viceversa. Entregarse no es sino renunciar a la propia individualidad, a lo que nos gusta y a lo que no, por un propósito más elevado. Incluso en una relación amorosa normal, ambas partes renuncian a lo que les gusta y a lo que no, a lo que constituye su individualidad, por su amor. En el terreno espiritual, el buscador entrega todo lo que tiene al principio supremo, a Dios. Todo lo que alguien puede reclamar como suyo, todos los apegos y todo aquello por lo que uno siente aversión, es producto del ego. También se llaman *vasanas* o tendencias acumuladas. Todas esas cosas que reclamamos como nuestras, en realidad, no nos pertenecen, ya que no las controlamos. Ni la reputación, la fama, la posición, nuestras casas, esposas, maridos, hijos, nada de eso es eterno. Puede que las tengamos ahora pero, ¿quién sabe lo que va a ocurrir después? Sin embargo, no pasa lo mismo con las tendencias acumuladas, con el ego. El ego es nuestro, nos pertenece y nadie más puede reclamarlo. Por lo tanto, la entrega real consiste en entregar o renunciar al ego a los pies del Ser Supremo."

De esta pregunta surgió otra cuestión: "Amma ha dicho que el amor no se puede aprender en una universidad, ni leyendo libros; pero nos sentimos muy inspirados cuando leemos u oímos algo acerca del amor divino"

"Es verdad", dijo la Madre. "Pero si os fijáis bien, veréis que las personas que se sienten tan inspiradas después de leer u oír sobre el amor divino se olvidan pronto de ello y, si se les provoca, puede que sientan todo lo contrario. ¿Sois capaces de sumergiros en las profundidades de este sentimiento de amor divino? ¿Podéis mantener este espíritu de inspiración dentro de vuestro corazón? Si es así, lo que dijiste es cierto. Pero, en la mayoría de los casos, no pasa esto. La gente lee y se siente inspirada, pero luego se olvida. La Madre no quiere decir que leer y escuchar sobre el amor divino no sea importante. No es eso. Pero leer nos aporta una comprensión intelectual del amor y el amor no pertenece al intelecto. El amor está en el corazón. No está relacionado con la lógica, sino con la fe. El amor es religión, mientras que la lógica es ciencia. El amor une, la lógica corta y divide. El amor es unidad; la lógica, multiplicidad. El amor es profundo; la lógica, superficial. La lógica se puede enseñar porque está relacionada con la cabeza, pero no se puede enseñar amor porque es el lenguaje del corazón. Este lenguaje no se puede expresar con palabras. Es un sentimiento espontáneo. Algo intelectual se puede expresar con palabras, pero no los sentimientos del corazón. Preguntad a alguien enamorado: '¿Cuánto quieres a tu amada?' Os responderá: '¡La amo mucho!' o quizás diga: 'La amo con toda mi alma y mi corazón.' ¿Qué sentimiento os transmiten estas palabras? Ninguno."

Alguien hizo otra pregunta: "Amma, ¿cómo se fomenta el amor?"

La Madre respondió: "Hijo, para desarrollar el amor, se debería estar en un lugar donde las circunstancias fueran favorables para ello. La mejor forma es vivir en presencia de un maestro perfecto. El gurú te ayuda creando las circunstancias necesarias para llenar tu corazón de amor. Estas no son sólo externas, sino también internas. El gurú crea tanto unas como otras. Trabaja directamente con los *vasanas* del discípulo, que representan el mayor obstáculo en el sendero del amor. Mediante las circunstancias que crea, primero atrae y vincula al discípulo a su persona. Una vez que el gurú está seguro de que el discípulo está totalmente conectado a él, pasará al siguiente paso que es eliminar el ego. Para que esto se dé, el gurú vuelve a crear situaciones en las que trabaja tanto con el ego visible como con el sutil. Cuando se elimina el ego, tu interior se queda vacío; lo viejo se ha ido y ahora puedes llenarte de amor. Eliminar lo viejo y llenarse con lo nuevo son acciones que ocurren al mismo tiempo.

Las circunstancias que el gurú crea son tan poderosas, tan valiosas y atractivas, que el discípulo empezará a guardar en la memoria cada momento que pase con el gurú y empezará a amar al gurú con su cuerpo, mente e intelecto. El amor del discípulo fluirá tanto a la forma física como espiritual del gurú. Cuando se da cuenta de que el gurú es la pura conciencia que brilla dentro y a través de cualquier objeto, el discípulo empieza a sentir amor por todo.

Las palabras y acciones del gurú son hermosas. Con ellas, crea momentos y sucesos inolvidables en la vida del discípulo. El amor del gurú embriaga al discípulo. El deseo de amar y ser amado por el gurú se convierte en una llamarada. Poco a poco, a su debido tiempo, el gurú elimina el deseo del discípulo de ser amado por él y desarrolla en su lugar el deseo de estar a su servicio por amor. De nuevo, para que el discípulo comprenda y se dé cuenta de que el gurú no es el cuerpo, sino el ser que se extiende por todo, crea las circunstancias para que éste lo vea en todas las cosas y le sirva en cada acto. Para que surja este amor, el discípulo debe vaciar la mente de cualquier deseo. Por eso los maestros perfectos siempre insisten en la importancia de la *sadhana*.”

Entusiasmado, uno de los brahmacharis presentes dijo en voz alta: “¡Eso es exactamente lo que Amma hace con nosotros!” A todos les agradó la espontaneidad e inocencia del comentario del joven y le miraron sonrientes. Amma dijo: “Estos hijos estaban muy afligidos por *Amma bhrant* (el anhelo por la Madre) cuando la encontraron. Pero la Madre siempre se pregunta qué ven estos hijos en esta ‘Kali loca.’” Un devoto respondió: “Amma, es esa ‘locura’ la que nos atrae y cautiva.”

Como ya eran casi las diez y media de la noche, la Madre se levantó de su asiento. Todos los presentes se postraron ante ella. Después de expresar su amor y afecto a los *sadhaks* y al resto de los visitantes, se encaminó a solas hacia el árbol de *nim*.
De esa dirección, provenía el canto de la Madre *Ennude Jivita*.

Oh, Madre, mi barca se está hundiendo
Aquí, en el océano de este mundo.
El huracán del engaño
Ruge con furia por todas partes.

Torpe es mi timonel, la mente.
Obstinados son mis seis remeros, las pasiones.

Eché mi barca
A un viento despiadado,
Y, ahora, se está hundiendo;
El timón de la devoción se ha partido.

La vela de la fe está hecha jirones,
El agua inunda mi barca.

Dime, ¿qué debo hacer?
¡Ay de mí! Me falla la vista,
Y no veo más que oscuridad.
Nadaré aquí, en el oleaje,
Oh, Madre, asido a la balsa de tu nombre.

Parecía que la Madre cantaba mientras caminaba. La noche era fresca y el aire se llenaba de su armoniosa y cautivadora voz. Varias personas que se hospedaban en el centro salieron de sus habitaciones para ver quién cantaba, y se quedaron en los porches escuchando la evocadora canción de la Madre. Cuando ella dejó de cantar, se hizo el silencio, pero la vibración espiritual que la canción había creado era tan poderosa que, en realidad, nadie se dio cuenta de que esta se había terminado, pues estaban extasiados, como hechizados.

Después, la Madre se elevó realmente a las alturas de la felicidad espiritual. Desde el porche en el que se encontraban, los devotos y los brahmacharis podían oír la risa de la Madre. Era como si ella estuviera tan lejos de los sentimientos humanos que los únicos sonidos que podía emitir fueran esa dulce risa. Debido a su embriagadora e incontrolable felicidad, dejó de cantar automáticamente cuando sólo iba por la mitad.

La Madre estaba bajo el árbol, con la única compañía de Gayatri y Kunjumol,[6].

Igual que si estuviera ebria, la Madre se movía con pasos vacilantes. Gayatri y Kunjumol la seguían de cerca para evitar que se cayera o tropezara.

Después de media hora en este estado, Gayatri y Kunjumol guiaron a la Madre a su habitación, tomándola de las manos. Los brahmacharis y todos los devotos se retiraron también a sus dormitorios enseguida. Así tocó a su fin el último día de la visita a Kanyakumari. Al día siguiente, el grupo viajó de vuelta al ashram en la camioneta y, cantando *bhajans* durante todo el trayecto, llegaron a las dos del mediodía.

---

[6] Se pronuncia 'kunyumol' y significa "hija pequeña".

Capítulo 3

25 de abril de 1984

El Trabajo como Alabanza a Dios

Aquel día, todos los residentes del ashram, en compañía de algunos visitantes devotos, se dedicaban desde las nueve de la mañana a la limpieza de las instalaciones del ashram. No hace falta decir que la Madre también estaba allí. Igual que los demás, ella transportaba arena y ladrillos, barría, recogía basura y limpiaba los desagües atascados. La Madre hacía cualquier tarea que sus hijos hicieran y su presencia llenaba de vigor y entusiasmo a todos los participantes.

Cuando, en un determinado momento, algunas personas empezaron a cuchichear, la Madre les advirtió de esta manera: "Prohibido hablar. No se trata de una tarea meramente física, sino de un trabajo espiritual, trabajo que Dios os ha encargado. Aunque no recibáis un salario por ello, Él os pagará con su gracia. Para conseguirlo, deberíais pensar en Él mientras realizáis el trabajo. Ese 'Anciano' es un tacaño. No da nada a los perezosos. Es muy egoísta y no se acuerda de los que no piensan en Él. Debéis complacerlo, alabarlo, adorarlo. Le encanta que lo alaben y no se despertará a menos que lo alabéis. Pero las alabanzas que le gustan no son de las corrientes. No es lo mismo que cuando hacéis un cumplido a alguien o viceversa. Cuando alabáis a alguien, lo hacéis para caer bien, así que vuestro ego está implicado. Y cuando alguien os alaba, vuestro ego se hincha.

Cuando el ego está presente, os alejáis de Dios y se hace mayor la distancia entre vosotros y Él. Sin embargo, cuando cantáis sus glorias, os acercáis a Él, a vuestro propio ser. Al alabar a Dios, os hacéis inocentes y puros porque, cuando lo glorificáis, no estáis glorificando a otra persona, sino a vuestro propio ser real. No hay ninguna 'persona' a la que glorificar. Él ni acepta ni rechaza vuestras alabanzas, puesto que no hay nadie ahí que las acepte o rechace. Sólo el ser absoluto se halla en ese estado sin nombre ni forma. La forma y las alabanzas repercuten en vuestro propio beneficio, de manera que, cuando cantáis las glorias de Dios, estáis glorificando al ser o al *Atman*, que no es distinto de vuestra propia naturaleza real.

Para olvidarse del 'agente' y para ir más allá de la actitud de 'yo hago el trabajo y quiero los frutos', hay que elevar la mente hasta ese principio supremo. No habléis mientras trabajéis. No nos ayuda a pensar en Dios, ni nos permite hacer nuestro trabajo bien. Hablar es una pérdida innecesaria de tiempo y energía. En vez de hablar, cantad el nombre divino. Así, detendréis el balbuceo interno. Al glorificar o alabar al Señor, se pone en marcha el proceso de despertar a vuestro propio ser interior.

Recordad que cuando alabáis a alguien o alguien os alaba, vuestro ego o su ego se infla. Pero cuando alabáis a Dios, vuestro ego se desinfla hasta que, finalmente, desaparece. Como Dios está más allá de todo, a Él no le ocurre nada, se queda tal cual es."

Como sumidos en un sueño, todos dejaron de trabajar y se acercaron hasta Amma, mientras hablaba. Sin embargo, ella seguía barriendo el suelo. Los devotos se habían olvidado de su trabajo y, sin embargo, la Madre estaba tan absorta en el suyo que ni siquiera se había percatado del grupo que se había concentrado a su lado . De repente, levantó la vista y, al ver a todos allí, exclamó: "¿Qué estáis haciendo aquí? ¡Id a hacer vuestro trabajo, pandilla de vagos!" Un devoto dijo: "Madre, tus dulces palabras nos han paralizado."

Sin prestar mucha atención a este comentario, la Madre dijo: "Venga, hijos, cantemos juntos mientras trabajamos." Y comenzó a cantar una canción llamada *Thirukathukal Padam Nan.*

Déjame que cante las glorias de tus actos sagrados.
Por favor, concédeme un deseo:
Cuando cante tus glorias,
Por favor, entra en mi corazón.

Llévate la mala suerte, diosa Durga. Oh, Kali,
Cada día rezo para tener una visión de tu forma.

No sé meditar,
Ni mi música tiene melodía.
Ten piedad de mí
Deja que me sumerja en la felicidad,
Oh, esencia de los Vedas.

Y, después, otra: *Chitta Vrindavanam.*

El melodioso sonido de la flauta
Surge del Brindavan de mi mente,
Oh, Señor del templo de mi mente
Que reside en forma de conciencia,
Oh, dulce amante de la música de flauta,
Señor del mundo, hijo de Yadu.

Pavos reales de la pura mente
Bailan eternamente al servicio de ese ser.
Al escuchar esa hermosa música de flauta,
Entro en un estado extático y medito profundamente
En el que es aficionado a la flauta.

Todos los presentes rebosaban felicidad. Los devotos trabajaron y cantaron las glorias de Dios, olvidados del mundo exterior y hasta de ellos mismos. Era obvio que sus mentes estaban totalmente concentradas en la Madre, mientras ella dirigía la canción. Era un ejemplo de auténtico *Karma Yoga*. Todos trabajaron sin esperar nada a cambio, con la mente fija en el Divino.

Cuando terminaron de cantar, la Madre gritó: "¡*Hari Bol*!" (que aproximadamente quiere decir '¡Alabad al Señor!'). Acto seguido, la Madre dejó caer la escoba, y empezó a correr, diciendo: "¡Hijos, seguid trabajando! La Madre vuelve enseguida." Pero tan pronto como se hubo ido, los devotos se quedaron sin vitalidad, completamente quietos. Como si ella supiera que habían abandonado el trabajo, se volvió de nuevo, a los pocos metros, y les dijo: "No os preocupéis. La Madre va a volver en unos instantes. Pero deberíamos intentar acabar esto antes de la hora de la comida. Vamos, vamos, seguid adelante."

Seguros ahora de que la Madre iba a volver enseguida, se sintieron felices y retomaron el trabajo con el mismo entusiasmo de antes. A la media hora, la Madre regresó con un cubo lleno de café dulce en una mano y un paquete con trozos de plátano frito en la otra.

Los colocó cerca de los trabajadores y, después de pedir que trajeran algunos vasos, llamó a todos sus hijos y comenzó a servir a residentes y a devotos. Para asegurarse de que todos recibían su parte, la Madre los llamó por el nombre y les preguntó: "Hijo," o "Hija, ¿ya tienes?" Un devoto dijo: "Amma, ¿no vas a tomar nada?" Ella contestó: "La Madre se siente satisfecha viendo a sus hijos comer y beber."

Quedaba un poco de trabajo por hacer. Había que transportar un pequeño montón de arena para rellenar un desnivel en la tierra. La Madre se levantó, y, sin avisar a nadie, se dirigió hacia la arena, con una pala y un barreño. Al ver esto, los devotos y brahmacharis se pusieron en pie de un salto y se apresuraron diciendo: "No, Amma, no. Ya lo haremos nosotros." La Madre no les prestó atención y, sin hacerles caso, empezó a echar arena al barreño, que colocó sobre su cabeza, mientras se dirigía hacia el desnivel. Los devotos siguieron su ejemplo y, en unos pocos minutos, terminaron el trabajo. La Madre se fue a su habitación y los devotos tuvieron tiempo para bañarse y asearse.

A las tres de la tarde, la Madre bajó de su dormitorio y se sentó delante de la sala de meditación. Los devotos y los brahmacharis residentes se sentaron a su alrededor pero, al no haber sitio para todos, ella se trasladó a la cabaña del *darshan*. Al ver que algunos brahmacharis habían ocupado los asientos más cercanos a ella, dijo: "Dejad a los hijos de fuera que se sienten aquí. Id a la parte de atrás. Vivís aquí y siempre tenéis la oportunidad de ver a la Madre. Sin embargo, ellos sólo pueden venir de vez en cuando." Los brahmacharis obedecieron al instante, dejando que los devotos que venían de fuera se sentasen más cerca de Amma.

La Madre sagrada recibió primero a los devotos que habían venido a verla ese día. Pidió a los brahmacharis que cantasen mientras ella daba *darshan* a los devotos uno a uno. Estos cantaron acompañándose del armonio y la *tabla*.

Al oír la canción, la Madre entró en *samadhi* y un brahmachari pidió al devoto que estaba a punto de acercarse a ella para recibir el *darshan* que se echase a un lado. La Madre viajó, claramente, a otro mundo.

Su mano derecha, formando un *mudra* divino, estaba en una posición medio levantada, mientras que la otra reposaba sobre su pecho. Su cara resplandecía mientras permanecía sentada, sin moverse, como una estatua, lejana, y, sin embargo, misteriosamente cerca.

Un brahmachari cantó algunas *slokas* (estrofas) del *Devi Mahatmyam*, una obra en sánscrito escrita en alabanza a la Madre divina.

Ante esa Ambika
Que es digna de que la alaben todos los devas y sabios,
Que llena este mundo con su poder,
Que es la encarnación de todos los poderes
De todas las huestes de devas, nos postramos con devoción.
Que nos conceda cosas de buen augurio.

Oh, Devi, nos postramos ante ti
Tú que eres la buena suerte
En los hogares de los virtuosos,
Y la mala suerte en los de los pecadores.
Tú eres la inteligencia en los corazones de los eruditos,
La fe en los corazones de los bondadosos
Y la modestia en los corazones de los de noble cuna.
Protege el universo.

Llenos de devoción y rebosantes del poder espiritual de la Madre, los devotos se agitaron expectantes y fijaron sus ojos en el resplandeciente rostro de la Madre. Después de unos quince minutos, la Madre recobró la conciencia y abrió los ojos, mientras recitaba "Shiva.Shiva.," y hacía círculos con la mano derecha, en un gesto muy familiar para los devotos y, sin embargo, inexplicable.

La Angustia de una Familia

La Madre retomó el *darshan* y siguió recibiendo y bendiciendo a cada uno individualmente. Un grupo de personas entró en la cabaña. Estaba claro que se trataba de una familia. Sin respetar el turno de la persona que esperaba en la fila para recibir el *darshan*, la Madre llamó a esta familia y los hizo pasar directamente ante ella. Tenían una expresión muy triste. Una de las dos chicas de la familia lloraba desconsoladamente a medida que se acercaba a la Madre. "Mi niña.hija, no llores," le dijo la Madre. "No te aflijas por lo que ha ocurrido. Cálmate. Después de todo, las llamas no han consumido toda la casa. No ha sido tan terrible como podía haberlo sido. Además, no lo hiciste queriendo."

Al oír las palabras de la Madre, los miembros de la familia se miraron asombrados. Estaba claro que la Madre se refería al trágico suceso que les había ocurrido incluso antes de habérselo contado a ella. Poniendo a la llorosa niña en su regazo, la Madre intentó consolar a la familia con estas palabras: "Hijos, lo pasado, pasado está. Se ha ido y no va a volver. Vuestra preocupación no os va a devolver lo que habéis perdido. Tened confianza, valor y equilibrio mental. Si los perdéis, habréis perdido todo. Pero si conserváis el control sobre vosotros mismos, la Madre diría que no se ha perdido nada en absoluto." Mientras hablaba, le frotaba la espalda al hombre que parecía ser el padre, arrodillado ante ella, con la cabeza en su regazo.

Viendo a la Madre con estos devotos, se diría que ella estaba incluso más abatida por sus problemas que ellos mismos. Al expresar su compasión y preocupación maternal por su dolor, les ayudó, sin duda, a superar su agonía mental y, poco a poco, todos se calmaron. El padre suplicó: "Amma, tú eres omnipotente y omnisciente. Por favor, sácanos de este profundo dolor." Entonces, toda la familia se sentó alrededor de la Madre y mantuvo una larga conversación con ella. Después, la Madre los volvió a reconfortar y acarició a cada uno de ellos. Mientras les daba *prasad*, les aseguró que todo iría bien. "No os preocupéis. La boda se celebrará definitivamente." Al irse, no sólo se sentían aliviados y tranquilos, sino que, en verdad, parecían felices.

Una vez que se hubieron ido, Amma se dirigió a la siguiente persona que estaba esperando a recibir el *darshan*. Le sonrió y le dijo: "Hijo, no pienses mal de Dios ni de nadie. No debes enfadarte sin antes haber visto y comprendido la razón y el verdadero motivo que hay detrás de una acción. La rabia cerrará tu corazón y ahí es donde se supone que vive Dios. Enfadándote, le estás cerrando la puerta de tu corazón en las narices. Hijo, no lo hagas. Esta familia está pasando un momento muy duro. Por eso la Madre les llamó antes que a ti."

Entonces, ella relató el motivo del profundo dolor de esa familia. Unos días antes, los padres de estas dos chicas habían salido para ocuparse de los preparativos de la boda de su hija mayor. Las dos chicas estaban en casa y la pequeña quería sacar algo de la cómoda de madera de la habitación de sus padres. La habitación estaba muy oscura y, como no tenían luz eléctrica, ella llevaba una lámpara de queroseno. La chica abrió la cómoda con la lámpara en las manos y, mientras buscaba lo que quería, la lámpara se volcó y cayó dentro de la cómoda, empapándolo todo de queroseno. Por desgracia, los padres guardaban su ropa y objetos de valor allí. La ropa prendió enseguida. La chica se asustó. Salió de la habitación gritando y corriendo. Ella y su hermana mayor, la futura novia, empezaron a chillar. Al oírlas, los vecinos llegaron enseguida. Apagaron el fuego, pero la cómoda se había quemado por completo. El fuego consumió parte de la habitación. Afortunadamente, no se había extendido por el resto de la vivienda.

Los padres estaban destrozados, porque todo el dinero que habían ahorrado para la boda de su hija se encontraba en esa cómoda. Como la boda se iba a celebrar ese mismo mes, justo el día anterior habían retirado del banco la cantidad necesaria para la dote y otros gastos. Ahora, lo habían perdido todo. Para empeorar las cosas, los padres del novio se oponían a la boda después de enterarse del incendio, pues lo consideraban un mal presagio. Por ello, toda la familia estaba muy afligida.

Durante el tiempo que duró el relato de la Madre sobre esta familia, el joven a quien ella había reprendido permaneció sentado, cabizbajo. No había dicho ni una palabra. Al fin, alzó la cabeza y habló, en un tono de disculpa: "Lo siento, Amma. Perdóname, por favor. No sólo soy un ignorante, sino también un tonto por pensar que la Madre prestaría especial atención a alguien sin tener una buena razón. Pensé que te podía ocultar mis pensamientos. Pero me has pillado. Perdóname, Madre, perdóname." De esta manera se lamentaba, ya que, cuando la Madre había llamado a la familia en vez de a él, aún siendo el siguiente en la cola del *darshan*, se había enfadado con ella. Había sentido que estaba siendo injusta, al ser parcial con la familia. Él pensó: "Me toca a mí recibir *darshan*. ¿Cómo puede Amma llamarles e ignorarme? Llevo esperando en la fila mucho tiempo y ellos acaban de llegar. No está siendo imparcial."

Después, se supo que las palabras de la Madre se habían cumplido respecto a esta familia. Aun cuando los padres del novio se oponían a la boda porque consideraban que el incendio era un mal presagio, el joven amaba tanto a su prometida que insistió en casarse con ella, a pesar del fuego. No creía que significase mala suerte. Creía tanto en ese matrimonio, que incluso amenazó con quedarse soltero para siempre si los padres no daban su consentimiento. Se mostró tan inflexible que acabaron cediendo.

Sin embargo, aunque este problema se había solucionado, la familia de la novia todavía tenía el problema del dinero. Seguían rezando a la Madre. Casi el setenta y cinco por ciento de las pérdidas estaba destinado a la dote, que los padres del novio habían reclamado, pues esa era la costumbre. Pasaban los días. No parecía haber solución. Los padres de la chica estaban muy preocupados. Sólo les quedaba dinero para los preparativos preliminares.

Tres días antes de la boda, un amigo de la familia del novio les llevó una carta firmada por el propio novio y sus padres. En esta se decía que su hijo estaba en total desacuerdo con la costumbre de la dote. En realidad, el no sabía nada de esto ya que sus padres lo habían planeado en secreto. Al descubrirlo, se indignó porque nadie le había consultado al respecto. Los padres, viendo la firmeza de su hijo ante la boda, no sólo renunciaron a la idea de la dote, sino que incluso ofrecieron lo que fuera necesario, en metálico o en especie, para que la boda se celebrase felizmente en la fecha fijada. Todos estos cambios milagrosos ocurrieron después de que la familia hubiera ido a ver a la Madre.

Después de advertir Amma sobre cómo la rabia puede cerrar el corazón a Dios, el *darshan* prosiguió mientras los brahmacharis cantaban. El *darshan* finalizó sobre las cinco. La Madre salió de la cabaña y se sentó en el porche delantero de la sala de meditación. El horario de meditación para los brahmacharis era de cuatro y media a seis de la tarde. La Madre miró dentro de la sala, y al ver sólo a unos pocos brahmacharis, preguntó: "¿Dónde están los demás?"

Fuera, un brahmachari que había llegado tarde, estaba junto a la puerta, esperando a entrar sin que la Madre se diera cuenta. Cuando intentó entrar a hurtadillas, la Madre se levantó, de repente, y se dirigió a la puerta. Mirándolo con seriedad, dijo: "¿No sabes que la meditación empieza a las cuatro y media?" Él intentó responder: "Sí, Madre, pero." La Madre le interrumpió: "No hay pero que valga. Si la meditación empieza a las cuatro y media, debes estar aquí a esa hora a no ser que estés haciendo algún trabajo importante. ¿Dónde estabas? ¿Qué hacías?" Vacilando, el brahmachari respondió: "Estaba leyendo pero me quedé dormido." La respuesta de la Madre no se hizo esperar: "Pero, ¿qué estás diciendo? ¿Eres un brahmachari y no te da vergüenza decir que te has quedado dormido leyendo un libro? Eso denota falta de conciencia. No estás atento. Si no puedes leer sin quedarte dormido, ¿cómo pretendes meditar? ¡La meditación requiere estar alerta! Si lo estás, puedes permanecer completamente despierto, aunque no hayas dormido durante muchos días."

Abrumado por el tono y la seriedad de la expresión de la Madre, el brahmachari estaba un poco asustado. Pero, al verlo en aquel estado, Amma se echó a reír y lo llamó. Le acarició la espalda con cariño, pero se mantuvo firme en sus palabras: "¿Tienes miedo de tu Madre? Sólo era una broma. No pienses que la Madre está enfadada contigo, hijo. Sin embargo, deberías seguir el horario de meditación, hacer *japa* y las prácticas de yoga. Esto es muy importante. Un *sadhak* necesita disciplina. Si no le damos importancia a la disciplina, entonces, no nos tomaremos la vida espiritual en serio."

La Madre se sentó con los brahmacharis y meditó durante un rato. A menudo lo hace para inspirarlos y también, para observarlos. En esas ocasiones, la Madre lleva unas piedrecitas en la mano y, cuando ve que un brahmachari está cabeceando o pierde la concentración, le tira una de esas piedras y le dice algo que le ayude a recobrar el objetivo."

Sobre las cinco y media de la tarde, la Madre sagrada regresó a su habitación y volvió a bajar para el *bhajan* de las seis y media. Su canto extático llenó el aire. *Ambike Devi Jagan Nayike Namaskaram.*

Oh, Madre, Diosa del universo,
Me postro ante ti.
Oh, fuente de felicidad, me postro ante ti.

Oh, tú, cuya forma es la paz, tú que eres omnipresente
Tú eres la gran ilusionista,
Sin principio ni fin.
Oh, tú, cuya forma es del ser, me postro ante ti.

La inteligencia, el conocimiento y el habla
Sólo te pertenecen a ti.
Oh, Devi, tú eres la que guía la mente.

La Madre cantó una canción tras otra, ascendiendo gradualmente hasta un punto de intensa devoción. Todos los corazones se abrieron sin esfuerzo y experimentaron una gran ola de gracia divina. Nadie pudo resistirse a sus efectos, pues tal era el poder que la Madre había creado con su canto. Ella misma permitió que ese poder la transportase a su punto más alto. Igual que una barca que ha perdido el control y que las olas sacuden salvajemente, la Madre dejó que el éxtasis creado por el canto del nombre divino la llevara donde fuese. El torrente de devoción sobrepasó todo límite cuando ella cantó. *Devi Saranam Saranam Amme.*

Dame refugio, oh, Diosa,
Dame refugio, oh, Madre.
Oh, tú, cuya forma divina
Alaban los seres celestiales,
Te saludamos, a ti, la energía suprema original.

Saludamos a la Madre que es la causa
De los buenos augurios, la que concede todo deseo,
La perfección y la fuente de la naturaleza.

Tú eres la causa de la creación, su sustento
Y destrucción.
Tú destruyes a los malvados.
Yo me postro ante tus pies que son forma
De pura existencia y conciencia.

En un momento dado, la Madre dejó de cantar, se levantó de su asiento y empezó a bailar de felicidad, con las manos medio levantadas y los dedos en un *mudra* divino. Una hermosa sonrisa iluminaba su cara y, de vez en cuando, se reía de manera misteriosa. Todos siguieron cantando, absorbiendo el néctar de la devoción pura. Estaban fascinados por los elegantes movimientos que la Madre ejecutaba mientras se deslizaba por el suelo en su danza de éxtasis divino.

Poco a poco, dejó de bailar pero siguió balanceándose hacia atrás y hacia adelante al ritmo de la música, hasta que, finalmente se sentó y después se tumbó sobre el suelo de cemento. Los cantos cesaron y se hizo un silencio absoluto, tan hermoso y profundo, que los allí presentes se sumieron fácilmente en un estado de meditación, experimentando un grado de concentración muy poderoso.

Después de una hora, más o menos, la Madre recobró su conciencia habitual. Posando las manos en los hombros de Gayatri, caminó hasta su habitación, dejando a todos en un estado muy elevado. Nadie quería perturbar el sentimiento de amor divino y concentración que estaban experimentando, ni siquiera después de que la Madre se hubiera ido. La mayoría de los residentes y de los devotos que estaban de visita se quedaron meditando dentro del templo y en el porche. Algunos brahmacharis fueron a la sala de meditación. Nadie se preocupó de cenar hasta las doce menos cuarto de la noche.

Capítulo 4

26 de abril de 1984

Esta mañana, hacia las once, la Madre ha empezado a recibir devotos en la cabaña del *darshan*. Como era un día de *Devi Bhava* había mucha gente dentro. Una devota estaba cantando un hermoso *bhajan* sobre la belleza de Krishna. La primera mitad de la canción tradicional describía las travesuras de su infancia, cómo robaba mantequilla y leche de las casas de las *Gopis* o de las lecheras, y cómo la compartía con sus amigos. La canción seguía contando cómo, una vez, Yashoda, su madre, lo ató a una enorme piedra de mortero, con la esperanza de evitar que hiciese travesuras y cómo la arrastró de un lado a otro creando aún más problemas. Amma, mientras seguía dando *darshan*, se reía y disfrutaba con la canción, haciendo comentarios de vez en cuando. En un momento dado, dijo: "¡Ladronzuelo! ¡Con qué habilidad se ganó los corazones de la gente! ¡Qué bandido! Era un buen ladrón que robaba a todos por un propósito más elevado."

La mujer cantaba con suma devoción. Una vez que hubo descrito los juegos infantiles de Krishna, siguió con su belleza física. La última mitad de la canción trataba del amor de Radha, de su corazón apenado y, finalmente, del insoportable dolor que ella experimentó cuando Krishna se fue de Brindavan.

A pesar de que tenía un devoto en su regazo, la Madre se quedó completamente inmóvil, como absorta en la canción. De repente, empezó a llamar: "¡Krishna! ¡ Krishna!" Y continuó así un buen rato. Tenía la cabeza inclinada hacia atrás y los ojos, entrecerrados, vueltos hacia arriba. Siguiendo las instrucciones de un brahmachari, el devoto se apartó muy despacio. Por fin, la Madre dejó de llamar a Krishna y entró en un profundo estado de *samadhi*. Su mano derecha tenía el *mudra* divino que ella solía mostrar en Krishna Bhava y sus llamadas habían culminado en una sonrisa de felicidad que le dieron el mismo aspecto que tenía en el Krishna Bhava. Sus ojos estaban entrecerrados y su cara brillaba de modo indescifrable. Los devotos se emocionaron y casi todos entraron en un profundo estado de meditación o derramaron lágrimas de amor y felicidad. Pudieron sentir que ella se había identificado totalmente con Krishna. Todos los presentes sintieron que aquello era en realidad un regalo para los ojos. La mujer que con su canto había sido el instrumento que había provocado todo esto, cantó en alabanza a Krishna. Después, la relevaron los brahmacharis, que cantaron algunas *slokas* del *Narayaniyam*, una obra en alabanza a Krishna.

Adoro la forma del Señor
Cuya cabeza corona una diadema
Que rivaliza con el resplandor del sol.
La belleza de la frente la realza
La marca vertical de pasta de sándalo,
Los ojos rebosan compasión
Y una bondadosa sonrisa ilumina la cara,
La atractiva nariz, bien proporcionada,
Las orejas adornadas por colgantes con marcas de pez
Cuyos reflejos añaden brillo a las mejillas.

Lleva en el cuello la luminosa joya, Kastubha,
Y su pecho resplandece con adornos variados:
Guirnaldas de flores, collares de perlas
Y la señal de buen augurio llamada 'Srivatsa'.

Esta forma tuya
Que es pura felicidad y conciencia,
Dulce néctar de fascinante belleza
Se derrama por todas partes, cautivando las mentes de todos

Aquellos que escuchan con devoción el relato de tus hazañas
Y glorias, embriagándolos de felicidad,
Provocando un escalofrío por sus brazos y piernas,
Y bañando sus cuerpos con frescos arroyos de lágrimas
Que brotan del éxtasis de la alegría.

El estado divino de la Madre sagrada duró unos veinte minutos. Parecía que no había terminado de bajar a este plano por completo y siguió recibiendo a la gente con gran dificultad. Pidió un vaso de agua. Tal vez fuera esta una manera de volver al mundo de las formas, pensamientos y acciones. Cuando se ocupa con objetos, ella es capaz de mantener su mente en el plano empírico. Gayatri le ofreció agua. Tomó unos cuantos sorbos y volvió a cerrar los ojos unos instantes más. Después giró el dedo índice de la mano derecha en el aire unas cuantas veces, un gesto que ella hace a menudo pero que nunca ha explicado, pues éste no pertenece al reino de lo explicable. Volvió a reanudar el *darshan* y, tras un breve periodo de tiempo, recobró su aspecto habitual.

27 de abril de 1984

No os Riáis de los Demás

Los brahmacharis estaban comiendo. Dos de ellos hablaban y se reían mientras comían. De repente, se escuchó la voz de la Madre: "¡Eh, vosotros! ¿Habláis y reís mientras coméis? ¡Qué vergüenza! ¿Cómo podéis hacer eso? Vivís en un ashram, esforzándoos por realizar a Dios. ¿No sois buscadores? Y sin embargo, estáis hablando de alguien, riéndoos de sus puntos flacos y burlándoos de sus problemas, ¿no es así?"

Los brahmacharis se quedaron de piedra. Mientras la Madre se aproximaba a ellos, se levantaron de sus asientos, cabizbajos. Ella siguió riñéndolos: "No miréis al suelo. Eso quiere decir que habéis hecho algo malo. La gente inocente nunca anda cabizbaja. Miran de frente. No tienen miedo. Los que no han hecho nada malo no tienen miedo de nadie. Pero vosotros bajáis la mirada. Eso prueba que habéis hecho algo y que ahora tenéis miedo del castigo. La Madre no quiere castigaros, sólo desea corregiros. Así que mirad hacia aquí, y decid la verdad. ¿De quién os estabais burlando?"

Los dos brahmacharis miraron a la Madre a la cara y dijeron el nombre de otro brahmachari. Uno de ellos dijo en voz baja: "Nos reíamos de cómo canta el *Lalita Sahasranama* fuera de tono."

La Madre se echó a reír. Se volvió al resto de los brahmacharis y dijo: "¿Habéis oído? Se estaban burlando de un brahmachari y de cómo canta el *Sahasranama*." Entonces, dijo en un tono serio: "¡Qué niños sois! ¿No estáis avergonzados? Éste es el mayor pecado, burlarse de otros. ¿Es que vosotros sois perfectos? Cuando os metáis con alguien, tened presente esta verdad, que otra persona se está metiendo con vosotros y riéndose también de vuestras faltas y defectos. Si lo recordáis, no volveréis a burlaros de nadie nunca más.

Hijos, todos sabéis que el primer mantra del *Lalita Sahasranama* es: 'Sri Matre Namah,' Saludos a la gran Madre. Ella es la Madre, la Madre de todos. ¿Cuáles son las principales cualidades de una madre? Amor, perdón y paciencia. Nuestra Madre (la Madre Divina) posee esas tres cualidades en su forma más pura. Por lo tanto, ella os perdonará cualquier error que cometáis. Ninguna madre enseña a sus hijos que sólo pueden llamarla 'madre' después de haber estudiado las *Saptaswaras*[7]. No es necesario tener una voz musical para llamar a nuestra madre." Amma hizo una breve pausa y dijo: "Hijos, ahora sentaos y comed." Antes de abandonar el comedor, ordenó a todos los brahmacharis que después de comer fueran a su habitación.

---

[7] Notas ascendentes y descendentes de la música clásica hindú.

Una vez terminada la comida, los brahmacharis subieron los peldaños de la habitación de la Madre. La puerta estaba abierta pues estaba esperando a sus hijos. Cada brahmachari tocó y saludó el suelo de la habitación de la Madre como señal de devoción y reverencia[8]. También se postraron ante ella antes de sentarse. La Madre esperó hasta que todos llegaron. Cuando lo hicieron, incluyendo a las brahmacharinis, Gayatri y Kunjumol, hizo que cantasen la sílaba sagrada 'OM' tres veces. Después, les pidió que meditasen en la forma de su amada deidad durante unos instantes. La Madre también se sentó a meditar. Juntó las manos en oración y permaneció en esa postura durante unos minutos. Se hizo un absoluto silencio. La Madre miró a sus hijos y sonrió. Su cara rebosaba amor y compasión por ellos. La seriedad y tono grave que a veces adopta son sólo externos. Es una de las máscaras que emplea para disciplinar a sus hijos. Por dentro, la Madre siempre es cariñosa y compasiva.

Amma comenzó a hablar: "Hijos míos, sois la riqueza y salud de la Madre. Ella no quiere nada de vosotros, sólo que crezcáis espiritualmente. Cuando ve que no estáis creciendo internamente como ella esperaba, la Madre se pone muy triste. La vida es un juego para los que han alcanzado el estado de perfección, para ellos ya no es algo tan serio. Pero ese no es vuestro caso. Deberíais tomaros las cosas en serio; es vuestra disciplina ahora. No es bueno que un *sadhak* se tome y vea las cosas demasiado a la ligera.

Hijos, un *sadhak* es alguien que se está esforzando por alcanzar el objetivo. ¿Cómo se pueden tomar las cosas a la ligera mientras uno se está esforzando por alcanzar la libertad eterna? Sólo después de la liberación, las respuestas serán espontáneas. En

---

[8] En India, las personas con inclinaciones espirituales saludan el umbral al entrar en un templo o habitación donde se encuentra un *Mahatma*. Este saludo consiste en tocar primero el suelo con la mano derecha y luego llevarla a la frente o al corazón.

la actualidad, nada llega espontáneamente hasta vosotros, excepto vuestros viejos *vasanas*. Estáis intentando eliminarlos y sustituirlos por los valores más elevados de la vida. Por lo tanto, todo es una prueba para vosotros, una dura prueba. Tomaos estas pruebas en serio. Cuando la Madre dice 'en serio', no lo malinterpretéis y penséis que os está pidiendo que pongáis caras largas. No. Vuestra actitud debería ser seria; y esa seriedad debería ser cuestión interna. Lo que hace falta es un discernimiento perspicaz.

Imaginad que alguien se enfada con vosotros sin motivo. A una persona normal y corriente le resulta difícil mantener la calma en una situación así. Sin embargo, vosotros deberíais usar vuestra capacidad de discernimiento para mantener la mente bajo control. Para conseguirlo, hace falta introspección. Tenéis que aceptar el enfado como una bendición que el Señor os envía con el fin de probar vuestra paciencia. Para olvidar y no permitir que os afecte el enfado, necesitáis discernir de forma sutil. En cualquier caso, un *sadhak* debe realizar un esfuerzo consciente y continuo con el fin de caminar hacia el objetivo final. No es una cuestión de poco peso. No os la toméis como un juego de niños. Es el modo de vida que vosotros habéis elegido y vuestra vida está completamente dedicada a este propósito. Cuando hayáis alcanzado el objetivo, podréis percibir el mundo entero y todo lo que ocurre alrededor como un juego de niños. Entonces podréis ser espontáneos. En ese momento, todos los miedos desaparecen automáticamente y sois capaces de jugar y reír y ser felices como niños. Pero hasta que llegue ese momento, debéis tomaros la vida en serio.

Los obstáculos y las dificultades son retos a los que tenéis que enfrentaros y conquistarlos. A menos que seáis expertos, no podéis tomaros los retos a la ligera y vosotros no sois expertos, así que tomáoslos en serio.

Pelear en el campo de batalla es un juego para un maestro en esas lides. Pero para un soldado normal y corriente, sin experiencia en el arte de la guerra, es una lucha entre la vida y la muerte. La batalla Mahabharata fue un juego de niños para Krishna y Arjuna porque ambos eran maestros en el manejo de cualquier arma. Controlaban todas las armas divinas. Sin embargo, para los soldados representaba un reto real. Para estos, la batalla era algo que debían tomarse en serio, de lo contrario, sus vidas habrían terminado con las cabezas rodando por el suelo.

Así mismo, hijos, para una persona establecida en Dios, todo lo que sucede a su alrededor es un juego. El mundo entero es un juego. Cualquier abuso, crítica, insulto, odio y rabia que se derraman sobre él regresan a aquellos de quienes provienen porque no los ha aceptado. Todo lo que no se acepta, se le devuelve a quien lo ha dado. Es decir, una alma realizada lo acepta todo. Acepta cosas, pero no se queda con ellas. Es como una puerta de entrada; las cosas, sencillamente, pasan por ella. Nada se queda a su lado. También se puede decir que es como el fuego. Las llamas consumen lo que se echa al fuego y luego desaparece. Alguien que está establecido en el Supremo siempre es espontáneo, acepta fácilmente; pero para vosotros no es espontáneo. Es una verdadera pelea y no se puede tomar una pelea a la ligera. En realidad, se trata de una lucha contra vuestra naturaleza negativa y esa lucha es un reto que debería tomarse en serio.

Hijos, al final, esta pelea dejará de serlo. No habrá más lucha. Cuando esto ocurra, vuestras acciones serán espontáneas y también aceptaréis las cosas espontáneamente."

La Madre se detuvo unos instantes y miró a sus hijos. Todos escuchaban sus palabras con mucha atención, maravillados ante su sabiduría y conocimiento. Antes de encontrar a la Madre y adoptar una vida de renuncia, la mayoría de estos jóvenes habían destacado en diversos campos de estudio y trabajo. Y, ahora, estaban sentados delante de esta muchacha de pueblo, de casi su misma edad, escuchando sus palabras como niños obedientes.

Desde fuera, la Madre parecía una chica normal de una aldea de pescadores pero, en sus corazones, estos aspirantes espirituales sabían que se hallaban sentados delante de la encarnación de la sabiduría.

Amma continuó hablando: "Esta tarde, la Madre vio cómo dos de sus hijos se burlaban y reían de la debilidad de otro. Hijos, antes de juzgar a otra persona, observad vuestra propia mente, vuestros propios pensamientos y vuestras propias acciones. Intentad ver vuestros defectos y debilidades. Tomad conciencia de ellos. Si lo hacéis de verdad, no encontraréis defectos en los demás, porque os daréis cuenta de que vuestra mente es un desastre mayor que el suyo. Entonces, no os reiréis de los demás.

Reírse de los defectos de otra persona es una de las cosas más bajas que podéis hacer. Si os tenéis que reír, hacedlo de vuestros puntos flacos, de vuestras tonterías. Eso es mucho mejor que reírse de otro. Al reíros de vuestros defectos, al menos tomáis conciencia de vuestra naturaleza más baja o falsa. Si podéis reíros de vuestra naturaleza más baja, quiere decir que estáis evolucionando y, eso es un consuelo. Seréis aptos para la inmortalidad o, al menos, os estaréis acercando más a ella. Reíros de vosotros mismos significa que os estáis haciendo más conscientes de vuestra propia ignorancia. Es una buena señal. Una vez que os habéis percatado de vuestra ignorancia, es fácil para el gurú trabajar en vosotros. Muchos discípulos o devotos dicen que son ignorantes, pero no son sinceros. En lo más profundo de sus mentes, piensan que saben mucho y, en realidad, no reconocen su propia ignorancia. Alguien que se ríe de sus flaquezas y defectos se da cuenta y reconoce su propia ignorancia. Puede evolucionar con facilidad y ascender al estado supremo de la risa feliz. Se puede reír, contemplando el universo como un juego de Dios. Por lo tanto, hijos, no os burléis ni os metáis con nadie. Es muy doloroso para la Madre ver que sus hijos se comportan con tanta bajeza."

De nuevo, hubo una larga pausa. Amma preguntó a los brahmacharis: "Hijos, ¿os aburre el largo discurso de la Madre? Si es así, ella lo dejará. Nadie contestó. Hubo un silencio absoluto. Ella dijo: "El silencio significa 'sí', ¿no es cierto?"

Acto seguido, uno de los brahmacharis que había causado el problema a la hora de la comida dijo: "No, Madre, no. Tu hermoso *satsang* nos ha dejado sin palabras. Ahora nos damos cuenta de nuestra estupidez y queremos reírnos de ella. Amma, por favor, ilumínanos con más *satsangs* como éste. Haz que nuestras conversaciones, tanto internas como externas, se detengan al escuchar tus palabras." Mientras buscaba el perdón por su error, las lágrimas brotaron en los ojos de este brahmachari.

Amma lo consoló diciendo: "Hijo, no te preocupes. Dios te perdonó en cuanto te diste cuenta de tu error y te arrepentiste."

Después, siguió hablando: "Hijos, puede que hayáis leído esta historia de la vida de Krishna. Ocurrió en Brindavan. Un día, el travieso hijo de Nanda, junto con sus compañeros de juego, los Gopas, entró a hurtadillas en casa de los dos profesores que les habían enseñado el alfabeto. Ambos eran un tanto extraños. Cuando Krishna y sus amigos empezaron su travesura, los profesores estaban completamente dormidos y, tal y como habían planeado, les pintaron las caras de payaso, con las pinturas que habían traído. Al terminar, salieron fuera y allí esperaron a divertirse en cuanto estos se despertasen. Y así fue. Cuando uno se despertó, vio la cara del otro, que estaba dormido todavía, y empezó a reírse de él. Como quería que su compañero viera lo divertido que estaba con esa cara llena de puntos y rayas de varios colores, lo sacudió con fuerza. Éste se despertó, se frotó los ojos y se echó a reír, señalando la cara del primero. Ambos siguieron riéndose el uno del otro hasta que, por fin, se miraron en un espejo. Entonces, dejaron de reírse y se lavaron la cara sin perder un segundo.

Hijos, así somos. Esta historia, aunque no parece más que un divertido e insignificante incidente entre las muchas travesuras de Krishna, encierra un profundo significado. Representa la tendencia humana de reírse de la debilidad de la gente. Cuando os riáis de alguien, recordad que otra persona se está riendo de vuestras flaquezas. Nadie es perfecto. Mirad en vuestro espejo interior y os veréis las marcas negras. Una vez que las hayáis visto y seáis conscientes de ellas, dejaréis de reír. Entonces, os entrará la prisa por borrarlas. Hasta que llegue ese momento, burlarse de los demás seguirá cerrando vuestro corazón. Hijos, no os riáis de otros, encerrándoos en vuestro propio corazón. Es auto destructivo. Estáis aquí para tirar las viejas costumbres que son tan densas y están tan arraigadas en vuestro interior. No seáis presa de ellas. Burlarse de los demás y reírse de sus puntos débiles es propio de los estudiantes de escuelas y colegios, pero no de un buscador espiritual. Sin embargo, al ser una tendencia tan fuerte, es fácil que caigáis en ese comportamiento, que superará al mismísimo propósito por el que estáis aquí. Estáis aquí para eliminar los viejos *vasanas* y evitar crear más."

De repente, la expresión de la cara de la Madre cambió. Con una mirada de lástima, suplicó en un tono apremiante: "No las hagáis crecer, hijos; no las hagáis crecer."

La Madre se detuvo. Cerró los ojos y le cayeron unas lágrimas por la cara. Al ver a la Madre llorando, los corazones de todos los presentes se entristecieron y sus ojos también se llenaron de lágrimas.

Ella siguió hablando: "Hijos, la Madre no estaba triste cuando toda la gente del pueblo se puso en su contra. Ni se sintió rechazada cuando sus padres y otros familiares le fueron completamente hostiles. Tampoco se entristeció cuando los escépticos y no creyentes la ofendieron. Sin embargo, ahora, sus propios hijos la entristecen. En lo más profundo del corazón de la Madre, ella no siente apego por nada. Pero, en la superficie, ha creado apegos por vuestro propio bien."

Durante unos minutos más, la Madre se sentó para meditar y todos siguieron su ejemplo. Cuando ella abrió los ojos, volvió a hablar: "Cantemos juntos un *bhajan* antes de terminar. Hijos, orad al supremo para que os bendiga con amor en vuestro corazón. Sólo el amor puede purificar. Rezad por eso, rezad para eliminar todo lo que impide que el amor fluya.

La Madre cantó.*Ente Kannunir.* y los brahmacharis la acompañaron.

Aunque ves mis lágrimas, oh, Madre,
¿Cómo es que no sientes compasión,
No sientes compasión?

Aunque han pasado muchos días desde que vine
A buscar refugio a tus pies, ¿por qué no estás contenta,
¿Por qué no estás contenta?

Oh, Madre, ¿por qué te niegas a conceder
Paz mental a tu devoto siervo,
¿Por qué te niegas?
Tus pies son el único refugio de esta pobre alma,
Por eso, dame refugio, bendíceme, oh, Madre
Dame refugio y bendíceme.

El corazón de la Madre rebosaba de amor divino y esto se reflejó en sus hijos. Todos permanecían sentados, absortos en la meditación, cuando la canción terminó. Después de pasar algo más de tiempo con los brahmacharis, la Madre se levantó y salió a la terraza. Como siempre, Gayatri iba a seguirla, pero Amma dijo: "No, la Madre quiere estar sola un rato." Se quedó en la terraza mientras los brahmacharis se postraron, uno a uno, ante su cama y salieron de la habitación. Eran las tres y todos fueron a realizar las tareas de la tarde, reflexionando todavía en las palabras de la Madre.

Capítulo 5

28 de abril de 1984

A las ocho de la mañana todos los brahmacharis se habían reunido dispuestos a meditar. Algunos ya habían empezado y otros se estaban acomodando cuando, de repente, de la habitación de la Madre, que se encontraba en el piso de arriba, llegó el melodioso sonido del *tambura*, un instrumento de cuerda. Sabiendo que era la Madre quien lo tocaba, ya nadie podía concentrarse en la meditación. Abrieron los ojos y se quedaron atentos, mientras escuchaban entusiasmados el sonido del *tambura*.

Algunos brahmacharis, que no se contentaron sólo con escuchar, salieron fuera, esperando poder ver a la Madre entre las rendijas de la pared de su balcón. Como no lo consiguieron, se sintieron decepcionados y se sentaron de cara a la habitación de la Madre. En unos minutos, se oyó su voz, acompañada por el *tambura*, cantando a Krishna.*Ini Oru Janmam.*

Oh, Krishna, no me des otro nacimiento
Para que no caiga en la profunda ciénaga del engaño.
Si me lo das, entonces concédeme el deseo
De nacer como siervo
De tus siervos para siempre.

Oh, Krishna, llenas mi mente
Con tu nombre sagrado,
Muestra tus pies de loto, brillantes y claros.
Mantén mi mente en equilibrio
Y todo se percibirá como tu manifestación.

Oh, Krishna, tesoro de compasión,
Te saludo con las palmas juntas,
Te saludo humildemente.

Al escuchar a la Madre cantando, algunos devotos también se reunieron bajo el balcón. Se quedaron de pie o se sentaron allí, inmóviles, como estatuas de piedra. El maravilloso canto de la Madre creó una atmósfera en la que uno podía entrar sin dificultad en un estado introspectivo. La Madre prosiguió con otra canción llena de patetismo.*Karunya Varidhe Krishna.*

Oh, Krishna, océano de compasión,
La sed por la vida no deja de crecer,

No hay paz mental.
¡Ay! La confusión es excesiva.

Perdonando todas las equivocaciones,
Enjuga el sudor de mi frente.
Oh, Kanna, ahora no tengo otro apoyo
Que tus adorables pies de loto.

Oh, Krishna, mi garganta está seca,
Mis ojos fallan, mis pies están cansados,
Me estoy cayendo,
Oh, Krishna.

La canción se interrumpió de repente, al igual que el sonido del *tambura*. Parecía que la Madre había entrado en éxtasis. Llegado este momento, todos quisieron subir a estar con la Madre, pero vieron que la puerta de su cuarto estaba cerrada. Sin embargo, algunos brahmacharis intentaron entrar, pero, al no conseguirlo volvieron a bajar. Todos siguieron mirando hacia arriba, hacia la habitación de la Madre, visualizando mentalmente su estado extático. Así, se pasó el tiempo de la meditación matinal, escuchando el canto de la amada deidad e intentando ver su forma física con los ojos abiertos más que cerrados.

Cada vez que uno observa a la Madre, hay algo nuevo. Cada momento que uno pasa con ella, abre la puerta a una nueva experiencia, a un aspecto desconocido de lo divino. Vivir y moverse con un *Mahatma* proporciona un sentimiento de continua frescura.

La insaciable sed de sus devotos y discípulos por estar siempre en presencia de la Madre, por contemplar su rostro durante horas, es, en realidad, producto de esta continua frescura de la conciencia suprema. Los hijos de la Madre nunca se sentían satisfechos con el tiempo que pasaban junto a ella; nunca era suficiente. Así, no podían meditar con los ojos cerrados si cabía una esperanza de ver su forma.

Mientras que lo que es nuevo se hace viejo y lo viejo se desgasta enseguida; la realidad final, sin principio ni fin, permanece siempre nueva, siempre fresca. Y no se puede evitar sentir ese frescor en presencia de aquellos que están establecidos en el Ser Supremo. Ellos mantienen inalterable su frescor y antigüedad.

Creyentes y No Creyentes

Muchos devotos esperaban recibir el *darshan* de la Madre cuando bajó a las diez en punto. La siguieron hasta la cabaña y, una vez allí, Amma se sentó unos instantes con los ojos cerrados. Al abrirlos, miró hacia la parte de atrás de la cabaña y llamó a una persona que estaba sentada al fondo. "Hijo." Como nadie respondía, volvió a llamar: "Hijo." Esta vez, un hombre alzó la cabeza y miró hacia atrás, pensando o, tal vez, fingiendo que se refería a alguien que estaba detrás. "No, no. Pundit-mon (hijo erudito), la Madre te llama a ti." Y le hizo señas con la mano derecha para que se acercara. Realmente sorprendido, el erudito se levantó y se acercó a la Madre. Ella le indicó que se sentara. Él parecía asombrado. En cuanto se sentó delante de ella, la Madre le dio unas juguetonas palmaditas en la cabeza y, mientras cantaba "Hanuman" llevando el ritmo con cada palmada, sonreía. En ese momento, el erudito cayó a los pies de la Madre y se echó a llorar. Dijo en voz alta: "Oh, Madre, perdóname por ponerte a prueba. Perdóname por ponerte a prueba." Ella lo levantó, enjugó sus lágrimas y lo consoló. Le pidió que se sentase a su lado y siguió dando *darshan* a otros devotos.

Aparentemente, este hombre era un especialista en literatura sánscrita y textos de las escrituras y éste era su primer encuentro con la Madre. Más tarde, contó su experiencia a los residentes: "Había oído muchas historias provenientes de distintas fuentes sobre la Madre. Quería verla, pero dudaba de su omnisciencia. Así pues, cuando decidí venir, puse estas condiciones: 'Si ella es una verdadera santa, me llamará primero a mí, sin importar dónde me siente en su presencia ni cuánta gente haya en ese momento. También quería que pronunciase el nombre de mi *upasana murti* (la deidad que él veneraba). Amma hizo ambas cosas y ha llenado mi corazón de fe y amor por ella. Incluso antes de revelar quién era, ella sabía que era un estudioso. Por eso me llamó 'Pundit-mon'."

Mientras, el *darshan* prosiguió con el erudito sentado al lado de la Madre, los brahmacharis empezaron a cantar cuando ella lo pidió. Una vez que hubieron terminado, el erudito expresó su deseo de cantar una *sloka* en sánscrito para la Madre. Pertenecía al *Ramayana* de la alabanza de Hanuman al Señor Sri Rama.

Por favor, concédeme esta bendición,
Que mi amor por ti no disminuya nunca.
No permitas que piense en otra cosa
Ni que divida mi amor entre
Tú y cualquier otra persona.

Quiero vivir mientras tu gran nombre
Perviva entre los hijos de los hombres.
Deja que sea tu devoto por siempre jamás.

Una vez que hubo cantado la estrofa, le confió humildemente a la Madre: "Amma, esta oración de Hanuman a Rama es también mi oración a ti."

Ella se rió y dijo: "¿A esta loca? ¡Shiva! ¡La Madre está loca, como una regadera!"

El erudito respondió: "Sí, tienes razón, Madre. Para la gente ignorante como nosotros, los Mahatmas estáis locos. Nosotros carecemos de vuestra locura, la locura por Dios. Nos falta la locura de amar a todos por igual. Ese es nuestro problema. Madre, necesitamos un poco de tu locura para resolver nuestros problemas."

La Madre no hizo más comentarios. En su lugar, cantó una canción, un namavali, Krishna Vasudeva Hari. Los brahmacharis siguieron cantando y, cuando la canción se terminó, un joven hizo una pregunta: "Amma, en este mundo hay creyentes y no creyentes, ¿no es así? ¿Qué obtiene el creyente de su fe en la existencia de Dios? ¿Es algo que no obtiene quien no cree?"

"Hijo, la fe en Dios proporciona la fortaleza mental que alguien necesita para afrontar los problemas de la vida. La fe en la existencia de Dios es una fuerza protectora. Le hace sentir a uno seguro y protegido de todas las influencias nocivas del mundo. La religión es tener fe en la existencia de un poder supremo y vivir de acuerdo a eso. Cuando nos volvemos espirituales, surge la moralidad, la cual, a su vez, nos ayudará a mantenernos alejados de influencias negativas. No beberemos, no fumaremos y dejaremos de malgastar energía en conversaciones y cotilleos innecesarios. La moralidad, o pureza de carácter, es un trampolín hacia la espiritualidad. También desarrollaremos cualidades como el amor, la compasión, la paciencia, el equilibrio mental y otros valores positivos. Estos nos ayudarán a amar y a servir a todos por igual.

La religión es fe. Donde hay fe, hay armonía, unidad y amor. Un no creyente duda siempre. No cree en la unidad, ni en el amor. Le gusta cortar y dividir. Todo es comida para su intelecto. No puede estar en paz, se siente inquieto. Siempre pregunta; por ello, la base de toda su vida es inestable y dispersa debido a su falta de fe en un principio más elevado.

Pero una persona que tiene una fe verdadera será firme. Una persona que tiene religión puede encontrar la paz. La fuente de esta paz es el corazón, no la cabeza. Una persona de fe cree en la unidad, en el amor y en la paz, no en la división y en la desarmonía. La Madre no está refiriéndose a la religión en un sentido limitado, sino en su sentido más amplio."

"Pero, Amma", preguntó el joven, "esas cualidades también las poseen algunos no creyentes, ¿no es cierto?"

La Madre respondió: "Tal vez. Pero debido a su falta de fe en un poder supremo, no tendrán nada a lo que agarrarse ni rendirse plenamente cuando surjan circunstancias adversas. Por lo que respecta a un creyente, Dios es el Supremo. Dios es una experiencia. Dios vive en nosotros a través de un amor sin deseo, de la compasión, la paciencia, la renuncia y cualidades parecidas. Si un no creyente posee cualquiera de esas cualidades en su forma más pura, obtendrá todos los beneficios de un creyente. Cuando la Madre dice 'creyente', no se refiere a alguien que tiene fe en un dios o diosa, sino a alguien que da valor a principios más elevados por los cuales está dispuesto a sacrificarlo todo. Si estas cualidades son los principios por los que un no creyente vive la vida, será igual que un creyente. Por otro lado, si esas cualidades sólo se encuentran en el exterior, si son superficiales en vez de profundas, una persona no obtendrá los beneficios de un verdadero creyente. A menudo, a los que no creen les gusta hablar, pero no llevan sus palabras a la práctica. Son superficiales y sólo hablan para presumir. No tienen nada a lo que agarrarse. Les falta la fe en un Gobernador Supremo del universo que les salve de los problemas de la vida.

Si uno sólo tiene un ideal o un principio como objetivo en la vida, puede perder su estabilidad mental durante momentos de debilidad. Eso lo llevará a abandonar los valores que ha acariciado toda su vida. No le ocurrirá a un verdadero devoto, pues siempre se siente optimista. Su primera y principal cualidad es la aceptación, pase lo que pase en la vida. Él se aferra a su Señor y lo considera todo como su prasad.

Alguien que tiene fe en el Supremo se aferra a ese principio en momentos de crisis. Es esta fe la que le proporciona fortaleza y equilibrio mental y la que le permite afrontar cualquier situación difícil. Deberíamos integrar en nuestras vidas cualidades como el amor sin deseo, la compasión, la paciencia y la renuncia. Una persona verdaderamente religiosa vive manteniendo la fe en la existencia de un Principio Supremo. Para él, estas cualidades son más grandes que su vida. Renunciará a su vida, pero no a los principios por los que vive. Está dispuesto a morir por sus principios espirituales."

La Madre pasó a narrar una historia que ilustraba esta cuestión. Trataba de los Pandavas y del caballo que fue elegido para que vagara a lo largo y ancho de toda la India. Después de realizar el ashwamedha yagña[9], los Pandavas liberaron al caballo elegido. Según la costumbre, se consideraba que cualquiera que se atreviera a detener y atrapar al caballo estaba desafiando la supremacía del rey Yudhisthira, quien había llevado a cabo la ceremonia especial que había culminado con la liberación del caballo sagrado.

El rey Mayuradhwaja era un gran devoto del Señor Krishna. Era un dechado de virtudes y su sabiduría y conocimiento de los Vedas (escrituras) eran muy conocidos por toda la región. Por

---

[9] Antiguo ritual sagrado para caballos

encima de todo, era un hombre de profunda compasión y capacidad de auto sacrificio. Este rey, Mayuradhwaja, atrapó el caballo ceremonial de los Pandavas y, por ello, Arjuna, el gran héroe Pandava, consideró que era su deber luchar contra él. Sin embargo, Krishna persuadió a Arjuna de que no lo hiciera, ya que quería demostrarle al héroe Pandava el poder del rey Mayuradhwaja, así como su capacidad de auto sacrificio, su sinceridad y devoción. El Señor pretendía también humillar al orgulloso Arjuna.

Poniendo en práctica su plan, Krishna y Arjuna se dirigieron al palacio del rey Mayuradhwaja disfrazados de brahmines. Fueron recibidos con los brazos abiertos y el rey les ofreció su generosa hospitalidad. La tarde de su llegada, durante la fiesta preparada para los dos huéspedes, Krishna, todavía disfrazado de brahmin, se puso en pie delante de todos los presentes y empezó a contar esta desgraciada historia:

"Oh, sabio y virtuoso rey, mientras caminábamos por un bosque en la frontera de tu imperio, un tigre atrapó al hijo pequeño de mi compañero. Antes de que pudiéramos alcanzarlo, ya se había tragado la mitad del cuerpo del niño. No obstante, apiadándose de nuestro dolor, el tigre nos prometió devolver al niño vivo con una condición." Simulando poco interés por desvelar esa condición, Krishna se detuvo. Sin embargo, el rey, ansioso por escuchar el resto de la historia, le rogó que continuase.

"Oh, gran rey, el tigre pidió como regalo la mitad derecha del cuerpo santo de Mayuradhwaja, el emperador puro y sagrado de esta tierra. Ahora, dinos, ¿cómo podemos comer en paz cuando esta terrible agonía nos desgarra el corazón? El hijo de mi compañero sólo se salvará si prometes entregar al tigre la mitad de tu cuerpo. Pero, gran rey, ¿cómo podemos pedirte algo así?"

Sin dudarlo un instante, el rey aceptó de buena gana entregar la mitad de su cuerpo al tigre. Así, al terminar de comer, el rey se sentó en el suelo, y dio instrucciones a su reina e hijo para que cortaran su cuerpo en dos con una sierra. Estos, sosteniendo cada uno un extremo de la sierra, comenzaron a cortar el cuerpo del rey en dos. Los dos brahmines (Krishna y Arjuna), que estaban contemplando la escena, se percataron de que el ojo izquierdo del rey se llenaba de lágrimas. De inmediato, Krishna detuvo el sacrificio y dijo: "Estás entregando el regalo prometido con lágrimas, lo cual significa que te entristece abandonar tu cuerpo y que lo estás haciendo de mala gana. No puedo aceptar nada que se entregue con lágrimas. Un regalo de verdad es algo que se da con entusiasmo." El rey Mayuradhwaja respondió: "Señor, si dudase o lo estuviera haciendo de mala gana, los dos ojos llorarían, ¿no es así? Pero sólo llora el ojo izquierdo porque éste no va a servir a un buen propósito. La mitad derecha de mi cuerpo va a ser usada para el propósito sagrado de salvar la vida de un niño desamparado. Pero, como la mitad izquierda será arrojada para que la coman los perros y buitres, no puede evitar llorar pues no puede servir a un propósito más elevado también. Sin embargo, la mitad derecha se siente dichosa de ser sacrificada por un motivo tan loable."

Cuando el rey terminó de hablar, Krishna le reveló su verdadera forma y lo bendijo con felicidad y dicha eternas. El orgullo de Arjuna fue humillado y el Señor en persona recompensó la humildad y capacidad de sacrificio del rey.

En respuesta a la historia, un devoto comentó: "Amma, esto va mucho más allá de la concepción de una persona normal, ¿no?"

"Eso es lo que la Madre iba a decir", contestó Amma. "Esta historia hay que tomarla en sentido figurativo, no literalmente. Es cierto que había grandes almas capaces de actuar así. Sin embargo, ahora, sólo se habla, no se actúa. Aquí, el rey estaba dispuesto a sacrificar su propia vida para mantener los principios por los que vivía. Esto va mucho más allá del pensamiento y comprensión de una persona normal. Deberíais intentar ver el espíritu y los valores que yacen detrás de la historia. Por eso, la Madre dice que no hay que tomar a la ligera la fe y la espiritualidad. Los principios espirituales deberían integrarse en nuestras vidas. Sólo cuando los practiquéis en vuestras vidas cotidianas, podréis sentir los beneficios de la fe y de los principios espirituales en toda su magnitud. La vida está llena de tristeza y de miedo a la muerte. Nadie puede escapar de lo inevitable. Sin embargo, una persona valiente puede tener una vida feliz. Alguien que teme a la muerte, que teme perder y sufrir, nunca podrá ser feliz. El miedo desaparece con la práctica religiosa. Una persona realmente religiosa no teme a la muerte ni teme perder. Es valiente de verdad. Vive por la Verdad y respira por Amor. Todo su cuerpo está dedicado a esto. El no creyente, a diferencia de una persona religiosa, tiene miedo. En primer lugar, tiene miedo de los creyentes y del principio de Dios. Vive con el temor de que Dios ganará. Teme que los creyentes se impongan y él pierda. Este miedo lo debilita. Pero una persona que tiene fe en Dios, no teme a los que no creen ni a los que pudieran ofenderle por sus creencias. Su fe es tan firme e intensa que cree sin dudar en que Dios va a cuidar de todo y de que la Verdad vencerá al fin. Y esto es lo que está sucediendo en todas partes. Deberíais atreveros a abrir los ojos y verlo. Un verdadero creyente está lleno de fuerza, de una fuerza inmensa. Nada le puede dañar. Todos los obstáculos de la vida, ya sean producto del ser humano o de la naturaleza, se desmoronarán cuando choquen contra la fe firme y estable del creyente.

Mientras que un no creyente malgasta su vida y energía hablando mal o propagando mentiras acerca de algo que insistentemente dice que no existe, un creyente vive según sus creencias y adquiere más fuerza y más energía a través de su fe en Dios. No malgasta su tiempo ni energía intentando probarlo o refutarlo todo. Además, si Dios no existe, ¿por qué se empeñan estos no creyentes en probar la inexistencia de un 'No'? Es una estupidez,

¿verdad? ¿Cuántas vidas van a malgastar así? Están destinados a levantar las manos un día y aceptar a Dios como el principio Supremo. La naturaleza les hará admitir a Dios, si no es en este nacimiento, con seguridad, será en la próxima vida. Esto es así porque cuanto más intensamente niegan a Dios, más se acercan a Él. Aunque se piense en Dios negativamente, al menos, se piensa en Él."

La Diferencia entre un Devoto y un Discípulo

Un erudito preguntó a la Madre: "Amma, ¿qué diferencia hay entre un devoto y un discípulo?"

"Hijo, en un sentido estricto, un verdadero devoto y un verdadero discípulo son uno y lo mismo", respondió la Madre. "Un verdadero devoto es un verdadero discípulo y viceversa. Ambos tienen devoción; ambos inician su andadura a partir de la devoción, por decirlo de alguna manera.

Un discípulo siente devoción por el gurú y está dispuesto a que éste lo discipline. Sin embargo, en las etapas iniciales, la devoción del discípulo es incompleta. Puede que surjan preguntas y dudas. Al principio, un discípulo ansiará el amor del gurú y sentirá celos de la atención que preste a otros discípulos. En esta fase, el discípulo sentirá apego o amor por el gurú. Pero será un amor teñido de egoísmo. Siempre hay una lucha en las etapas iniciales. Sin embargo, el discípulo será incapaz de abandonar al gurú a causa de este apego y amor, por muy incompleto que sea. El gurú atará al discípulo con su amor y, después, poco a poco, le ayudará a evolucionar. A su debido tiempo, como resultado de la práctica constante y de su esfuerzo bajo la tutela del gurú, el discípulo crecerá en amor. Su devoción será auténtica y su único objetivo, el de amar al gurú y servirle desinteresadamente sin esperar ninguna recompensa. Así, pasará de ser un discípulo inestable y sin capacidad de discernimiento a tener estabilidad y una gran capacidad de discernimiento. De ser un devoto egoísta llegará a ser un devoto puro y desinteresado. Cuando no le quede nada más que el gurú, entonces, se habrá convertido en un verdadero discípulo.

Un discípulo auténtico es aquel que está dispuesto a entregar todo a Dios o al gurú, y que no desea más que alcanzar el conocimiento Supremo. Quiere ser formado por el maestro. Pase lo que pase, un discípulo verdadero no abandonará al maestro hasta que haya alcanzado el estado Supremo. Puede que tenga que atravesar innumerables dificultades así como un proceso de adaptación y entrenamiento físico y mental, pero se rendirá con gusto a estas pruebas para conseguir la gracia del gurú. Su único deseo será servir al gurú desinteresadamente y hacer cosas que le agraden a éste. Puede que el gurú intente confundirlo actuando y hablando de forma extraña y contradictoria. Puede que incluso lo acuse de faltas que no ha cometido. Sin embargo, un verdadero discípulo estará dotado con la fortaleza, resolución y discriminación mentales para superar todos estos impedimentos.

Un discípulo auténtico entrega su ego, su individualidad. El río del gurú lo lleva donde el gurú desea, pues se entrega a la corriente del gurú y pierde todo derecho sobre su cuerpo; es como un cadáver. Simplemente, deja que el gurú o Dios lo lleven donde él desee. No juzga al gurú. Un discípulo así ve al gurú interno, no sólo su forma externa. Para él, cualquier cosa es el gurú. Está en quiebra, no tiene ninguna pertenencia. No tiene a nadie de quien depender y nada que reclamar como propio. Su entrega total ha creado un estrecho lazo con el gurú, y ya no tiene otra opción que buscar la gracia del gurú. Es plenamente consciente de que no puede alcanzar la perfección sin la gracia del gurú, y sabe que tiene que vaciar su mente por completo para poder recibirla. Lucha en todo momento para conseguirla. Intenta absorber el silencio, que es la naturaleza verdadera del gurú. Sabe que, en primer lugar, debería mantenerse callado para experimentar ese silencio interno. Su amado es Dios o el gurú. Una vez que se acerca al gurú, intenta no hablar para absorber o escuchar ese silencio. Un verdadero devoto también considera que todo es la voluntad de su Señor. Su ser se encuentra en una constante actitud de oración. Para él, cada palabra y acto son una oración, una alabanza a su amado. Como ha entregado todo a su bien amado Señor, el verdadero devoto se encuentra siempre en un estado de felicidad. No hay lugar en él para el odio o la ira. Cuando todo es su Señor, ¿cómo puede odiar o enfadarse? Siempre se encontrará en un estado agradable y apacible. Cualquier conflicto o división dejan de existir en él. Para él, son iguales quienes lo aman y quienes lo odian. Tanto el amor como la ira y el odio, son *prasad* para él. E igualmente, lo bueno y lo malo son *prasad* para un devoto auténtico. Tanto los creyentes como los que no creen, no son sino su Señor.

Aunque elija a un dios como su deidad bien amada, para un verdadero discípulo no hay dios o diosa más grande que su gurú. Para él, el gurú es tanto los medios como el fin; el gurú es el objetivo que desea alcanzar. Sin embargo, en el caso de un devoto, éste considera que su amada deidad lo es todo. Además, para obtener el máximo beneficio de su *sadhana*, necesita la ayuda y guía de un *Satguru* (maestro perfecto)."

El erudito siguió preguntando: "Muchas personas vienen a ver a Amma. Así mismo, hay muchos que rinden culto en los templos, a los que también se les conoce como 'devotos', ¿no es verdad? Pero la mayoría de ellos no tiene las cualidades que has mencionado. ¿Cuál es la diferencia?"

La Madre respondió: "Aunque a todos los adoradores se les suele reconocer como 'devotos', éstos, al contrario que un verdadero devoto, no lo han entregado todo a Dios. Es posible que sigan implicados en asuntos mundanos y que realicen acciones motivadas por los deseos. Además de tener deseos, ambiciones y preocupaciones, ansían sucesos emocionantes. Por supuesto que aman a Dios; le rezan, cantan sus glorias y hablan muy bien de Él. Sin embargo, conservan su ego, su personalidad, sus *vasanas*. Responden a las circunstancias que surgen en sus vidas, con acciones procedentes del ego, más que de su confianza en Dios."

"¿Sucede igual en los discípulos?" preguntó el erudito.

"Sí —respondió la Madre— pero no en aquellos que se han rendido completamente al gurú. Algunos todavía quieren seguir llevando una vida materialista incluso después de haber conocido al gurú. No ven con claridad quién es en realidad el gurú; es decir, sólo ven su forma externa y no su naturaleza interna y puede que tengan dudas acerca de él. Al percibir sólo lo externo, juzgan al gurú. Como no son capaces de comprender la aparentemente confusa o contradictoria naturaleza del gurú, no soportan que el maestro los forme. Su apego al gurú carece de 'consistencia'. Su decisión de alcanzar el objetivo no es tan fuerte como la que tiene el verdadero discípulo o devoto. No se han fijado la Auto-Realización como objetivo principal y, tal vez, ni siquiera como secundario. Han elegido, en primer lugar, realizar sus propios deseos de la forma más adecuada para ello. Incluso llegan a considerar que el gurú o Dios es alguien a través del cual pueden satisfacer sus deseos.

La lealtad de un devoto o discípulo así es parcial, mientras que los discípulos y devotos verdaderos son totalmente fieles al gurú o a Dios, lo que significa entregarlo todo. La voluntad del gurú pasa a ser la suya propia. Las palabras del gurú se convierten en su forma de vida. Las acciones del gurú son el camino a seguir. El 'yo' y lo 'mío' desaparecen y, para alguien que se halla en ese estado, en un estado donde no hay ego, como el cielo sin nubes, sólo existen 'Él' y 'suyo'. Por lo tanto, la lealtad plena lleva al devoto y discípulo verdaderos a dejarse formar por el gurú, puesto que la disciplina convierte a las personas en un instrumento adecuado del gurú o de Dios.

Los verdaderos devotos y discípulos son herramientas perfectas en las manos del gurú o de Dios. La progresión es la siguiente: primero, sentimos devoción por el gurú. Esta devoción se puede interpretar como amor que nos apega a la forma del gurú. Cuando el apego es total, empieza la disciplina, que consiste en demoler y volver a construir, es decir, hacer una nueva persona de la vieja. Esto requiere operar, cortar, quitar los obstáculos y lo innecesario, y después, coser y unir, para hacernos funcionar sin 'notas discordantes'.

Esta parte del proceso es un tanto dolorosa; pero, una vez finalizada, es cuando el gurú toca su música fluida y suave a través de nosotros, sentimos consuelo y descanso. Entonces, ya somos su instrumento y él puede tocar en nosotros lo que quiera, puesto que nosotros estamos dedicados a él por completo. Como ha desaparecido la carga del ego, nuestro peso se aligera y, de esa forma, el gurú nos puede transportar con facilidad al estado final de unidad.

Muchos se consideran devotos o discípulos. Sin embargo, el factor que determina que alguien sea un devoto o discípulo es el grado de entrega que tiene hacia el gurú o Dios. En realidad, sentir devoción por el gurú o por Dios es lo mismo, puesto que ambos son uno y el mismo. El principio Supremo no tiene forma pero, por pura compasión, asume una y ésta es la del gurú. La devoción que sentimos por la forma del gurú nos lleva al aspecto del principio Supremo que carece de forma y al que llamamos Dios o *Paranatman*."

Entre el auditorio, había algunos devotos occidentales y las palabras de la Madre se estaban traduciendo para ellos. Uno preguntó: "Amma, ¿cómo se puede desarrollar esa clase de devoción hacia el gurú para que nos discipline?"

"En algunas personas surge de manera espontánea; en otras, se trata de un proceso lento. Para acelerar este proceso, deberíamos dejarnos guiar directamente por un maestro perfecto. Nadie nos puede enseñar amor, ni lo podemos aprender en ninguna parte. Sin embargo, lo podemos sentir en presencia de un maestro perfecto y, a su debido tiempo, desarrollarlo, porque un *Satguru* crea las circunstancias necesarias para que el amor crezca en nuestro interior. Éstas serán tan hermosas e inolvidables que las atesoraremos como algo precioso y de extraordinario valor. Permanecerán para siempre en nosotros como un dulce recuerdo. Una experiencia de este tipo creará una enorme ola de amor en nosotros. Y todas las experiencias creadas así por el gurú formarán una cadena de estimulantes recuerdos que producirán una serie de olas de amor en nuestro interior, hasta que ya no haya más que amor. En estas circunstancias, el gurú nos robará el corazón y el alma, y nos llenará de puro e inocente amor.

Sin embargo, todo ello depende de la urgencia que tenga cada persona. Hay que sentir esa necesidad. Y una necesidad imperiosa no se puede ignorar, por lo que haremos cualquier cosa para intentar satisfacerla. No descansaremos hasta que no hayamos satisfecho una necesidad imperiosa. Sin embargo, la mayoría de nosotros no siente esta urgencia de ser leales a Dios. Creemos que es posible vivir sin devoción a Dios y vivimos dependiendo del mundo, no de Él.

Actualmente, Dios es el último de la lista, cuando debería ser el primero. Cuando lo ponemos en primer lugar, todo lo demás se coloca en el lugar adecuado. Una vez que incluyamos a Dios en nuestras vidas, el mundo seguirá; pero, si ponemos al mundo en primer lugar, Dios no vendrá a continuación. Si abrazamos al mundo, Dios no nos abrazará. Incluir a Dios en nuestra vida supone una lucha al principio, pero si nos mantenemos firmes, llegaremos a una dicha y felicidad eternas y todos los esfuerzos concluirán. Abrazar al mundo es fácil y las cosas discurren suavemente al principio. Pero, al final, culmina en un dolor y sufrimiento interminables. Somos libres de elegir lo uno o lo otro. La Madre sabe que para vosotros, sus hijos occidentales, no es tarea fácil. Sin embargo, si sois capaces de tomar conciencia de la naturaleza efímera de los objetos, mientras vivís en la sociedad occidental, en medio de tantas tentaciones, podréis comprender la vacuidad de tales placeres. No sucumbiréis a la tentación de los placeres materiales. En cualquier circunstancia, os daréis cuenta de que esas cosas no pueden proporcionar felicidad interior. Cuando seáis capaces de ejercer ese principio, seréis más fuertes que los de aquí. Pero, hijos, no tenéis que preocuparos por eso; lo conseguiréis estando con la Madre y si estáis dispuestos a entregaros.

Esta conversación tuvo lugar durante un descanso durante el *darshan*. Todavía quedaban algunas personas por bendecir, así que la Madre retomó el *darshan*, mientras los brahmacharis cantaban algunas *slokas* del *Devi Mahatmyam*.

Oh Devi, que te llevas el sufrimiento
De los que te suplican, sé amable,
Sé favorable, oh madre del mundo.
Sé amable, oh madre del universo.
Tú, oh Devi, gobiernas todo
Lo que se mueve y lo que no.

Te saludamos, oh Devi Narayani
A ti, que resides como inteligencia
En los corazones de todas las criaturas,
Concédenos placer y liberación.

Te saludamos, oh Narayani.
A ti que, en forma de segundos, minutos
Y otras divisiones de tiempo,
Haces que las cosas cambien
Y tienes poder para destruir el universo.

Te saludamos, oh Narayani.
A ti que eres lo bueno de todo lo bueno,
Oh auspiciosa Devi,
Que consigues cualquier objetivo,
¡Oh tú que das refugio, oh Gauri de tres ojos!

Te saludamos, oh Narayani.
A ti que tienes el poder de la creación, mantenimiento
Y destrucción. Eres eterna,
Eres la esencia y la encarnación de los tres gunas.

Una mujer devota fue a recibir el *darshan* de la Madre y se echó a llorar en el regazo de Amma. Su marido, que también había sido devoto de la Madre, había muerto hacía poco. Mientras Amma le enjugaba las lágrimas, la mujer dijo: "Amma, mi marido tuvo mucha suerte porque su muerte fue tranquila. Tenía la gracia de Amma. Cuando exhaló su último aliento, lo hizo con la fotografía de Amma en la mano. Fue valiente y confiado hasta el final. Amma, debido a tu gracia, tu hija (refiriéndose a ella misma) mantuvo la serenidad. Recité el *Lalita Sahasranama* sentada junto a él y le puse las cenizas sagradas de Amma en la frente. Mientras tanto, él no dejó de repetir su mantra. Cuando expiró, pensé, sentada junto a su cuerpo: '¿Por qué voy a estar triste? Él ha vuelto con Amma. Después de todo, era hijo de Amma.' Me sentí tranquila y en paz. Él está contigo, ¿no es así, Amma?"

Los devotos se dieron cuenta de que, mientras la mujer contaba su historia, Amma también se enjugaba las lágrimas. La Madre miró a la mujer y le dijo con mucha suavidad: "Sí, hija, así es. Él está con la Madre." La mujer se calmó, como si hubiera oído lo que quería. Se secó las lágrimas y se quedó en paz.

Más tarde, la Madre explicó: "Quería que la Madre le confirmase que su marido se encontraba con ella. Antes de saberlo, estaba preocupada y por eso lloraba."

Fe Inocente y cómo Estudiar las Escrituras

Cuando el *darshan* finalizó, el erudito volvió a hacer una pregunta: "¿Amma, las escrituras dicen que una persona que haya alcanzado el estado de Brahman está más allá de toda dualidad, ya sea felicidad o desdicha, éxito o fracaso. Pero he visto cómo Amma lloraba mientras la mujer lamentaba la muerte de su marido. Sé que debe haber una razón y un propósito para todo lo que haces. Amma, explícamelo, por favor."

La Madre le respondió con una sonrisa: "Hijo, lo que viste no fue sino un reflejo de su tristeza. La Madre podía sentir su dolor, sus lágrimas reflejaban las de la mujer. Si te colocas ante un espejo, todo lo que hagas, sonreír, reír o llorar, se reflejará en él. Pero el espejo no se verá afectado. El espejo, simplemente, es; sólo refleja. No hace nada; no actúa ni siente. Así, los *Mahatmas* actúan y expresan sentimientos por el bien de sus devotos. A pesar de que esa mujer estaba triste y lloraba, su inocente actitud colmó de alegría a la Madre. Por lo tanto, las lágrimas de la Madre también eran de felicidad. Sin embargo, en realidad no eran ni de alegría ni de tristeza, ya que en ambos casos, sólo eran reflejos. Hijo, la Madre no tiene nada propio. Todo depende de sus hijos. Si ellos son felices, la Madre es feliz. Si ellos están tristes, la Madre también. Pero ella no es ni una cosa ni la otra."

El erudito se sentía muy complacido con la explicación de la Madre. Se postró ante ella y le dijo: "Ahora me doy cuenta de que he malgastado mi vida inmerso en el estudio. Realizo algún tipo de práctica espiritual, pero este estudio y la constante charla interna estropea, sin duda, todo lo que he adquirido a través de ella. Mi cabeza está llena, pero mi corazón está casi vacío. Si hubiera dedicado a las prácticas espirituales el tiempo y la energía que he dedicado a estudiar y aprender las escrituras, al menos hubiera conseguido algo. Amma, me has enseñado una gran lección. Tu ejemplo vivo de amor y compasión por los demás me enseña mucho más que todos esos libros. Ahora me doy cuenta de lo necio que he sido al enterrarme en libros, mientras tontamente me decía a mí mismo: 'Yo soy Brahman,' sin pensar lo más mínimo en la *sadhana* auténtica."

"Hijo, no hables así", le dijo Amma. "También hace falta estudiar las escrituras, pues te proporcionarán una mayor claridad y comprensión. También te ayudarán a discernir correctamente ante un obstáculo. De las escrituras, has adquirido un conocimiento que te ha ayudado a entender a la Madre y sus palabras, ¿no es cierto?"

Juntando las palmas de las manos, él dijo inmediatamente: "No, Amma, no. Por favor, no digas que te he entendido. No, no he entendido a Amma en absoluto. Mi conocimiento sobre ti no vale nada."

"Hijo", le explicó Amma, "lo que la Madre quiere decir es que, ahora, tienes una visión relativamente clara. Hijos, aquellos que han estudiado las escrituras de la manera adecuada y han entendido su significado verdadero no serán egotistas. Su estudio no será una pérdida de tiempo ni de energía. Al contrario, puede resultar de gran ayuda en periodos difíciles, siempre que se use la capacidad de discernimiento.

"La teoría puede ayudar, pero su valor es limitado. Después de un cierto punto, las palabras llegan a ser un estorbo, un verdadero estorbo. Al final, tendrás que abandonar las palabras y esto no es posible si no las estudias con una actitud correcta. Que las palabras de las escrituras no te aten. Estúdialas con la actitud correcta y piensa: 'No son la realidad, por lo tanto, no debería sentirme atado a ellas. No se puede vivir sólo en los planos de una casa. Para construirla y hacerla habitable, tengo que trabajar muy duro. Así pues, no debo enredarme en las palabras.' Si tenemos esta actitud ante las escrituras, las podremos abandonar fácilmente cuando queramos; si no, como dice el erudito, la charla interna no se detendrá.

Es una pena que la mayoría de las personas que se dedican al estudio de las escrituras, persigan un aprendizaje intelectual, sin aplicar a sus propias vidas lo que han aprendido. Creen que han alcanzado el objetivo, pero en lo referente a sus actos, no son mejores que un no creyente atrapado en el mundo de lo que les gusta y lo que no. Están llenos de ego. No saben que las palabras que han estudiado y repetido en sus cabezas han creado, en realidad, un muro enorme entre ellos y Dios.

Deberíamos intentar desarrollar una fe inocente. La inocencia pertenece al corazón. La cabeza no puede ser inocente, está llena de dudas y preguntas. El entendimiento superficial de las escrituras es peligroso. Otro problema que se observa en muchas personas que estudian las escrituras sin entenderlas bien, es la tendencia a discutir."

Esta idea generó otra pregunta: "Amma, ¿qué quieres decir con fe inocente?"

"Hijo, deja que la Madre cuente una historia." Amma pasó a ilustrar el significado de fe inocente con una anécdota sobre el Señor Shiva y su consorte, Parvati. "La diosa Parvati tenía una seria preocupación. Aunque le habían dicho que los pecados de todos aquellos que se bañasen en el río sagrado Ganges serían purificados, veía que no sucedía así. '¿Por qué no?,' preguntó Parvati al Señor Shiva.

Su esposo contestó: 'Porque lo hacen mecánicamente. Ninguno tiene una fe inocente. Se bañan en el Ganges sin creer en sus efectos purificadores.'

Parvati no se lo podía creer, así que el Señor le sugirió algo: 'Bajemos a la Tierra a comprobarlo por nosotros mismos.' Así pues, abandonaron su residencia celestial y bajaron a la Tierra. Eligieron un lugar cerca del Ganges y asumieron las formas de una mujer y un hombre ancianos. Después de haberle dicho a Parvati qué hacer, Shiva, de anciano, se arrojó a una profunda y oscura zanja.

Tal y como Shiva le había indicado, la diosa, en forma de anciana, empezó a golpearse el pecho y a pedir ayuda a gritos. Muchos peregrinos pasaron a su lado después de haberse bañado en el río y Parvati les rogó: 'Mirad, mi marido se ha caído en esta zanja infernal por una maldición que le persigue hace tiempo. Se morirá ahí dentro si no es rescatado antes de la puesta del sol, y ya se hace tarde. Por el amor de Dios, ¡salven a mi esposo!', gritaba enloquecida.

Algunas personas se apiadaron de ella y se acercaron a salvar a su marido, el cual pedía ayuda a gritos desde el fondo de la zanja. Pero, como si, de repente, se hubiera acordado de algo, la anciana dijo: 'Sólo puede salvarle una persona pura y sin pecado, según dijo quien lo maldijo cuando le imploré un remedio para la maldición. Si un pecador intenta salvar a mi esposo, su cabeza se romperá en mil pedazos y también morirá.' Al escuchar esto, todos los que se habían acercado a ayudar dieron un paso hacia atrás y desaparecieron.

Enseguida, se acercó otra persona para ayudar a sacar a Shiva de la zanja. Parvati volvió a relatar las condiciones de la maldición. Sin dudar un instante, esta persona dijo: 'Ya no soy un pecador. Soy puro e inmaculado porque me he bañado en las aguas sagradas del Ganges. La madre Ganges se ha llevado todos mis pecados.' No había el más mínimo rastro de duda en su mente al pronunciar estas palabras; y no había presunción en su confianza. De su fe inocente emanaba valor. Él no tenía miedo a la muerte. Tenía una fe tan firme e inamovible en el Ganges que sentía en realidad que se había liberado de sus pecados y que ahora estaba purificado por completo. No tenía pretensiones y, por eso, gracias a su inocente fe, era absolutamente puro.

Los demás no tenían fe, dudaron y no se liberaron de sus pecados. Se bañaban en el río por respeto a las palabras de los santos y los sabios que dicen que las aguas del Ganges son sagradas y purifican. Sin embargo, lo creían sólo con sus mentes. En sus corazones, no había fe. Lo hacían mecánicamente y por respeto a los *rishis* (sabios). Sin embargo, la fe de este hombre en el poder purificador del Ganges era real y plena.

Hijos, fe inocente significa fe sin dudar ni preguntar sobre lo que sentís. Simplemente, aceptáis que las palabras del gurú son ciertas, como hace un niño. Si le decís a un niño, señalando una puerta cerrada: 'En ese cuarto hay una diosa', no hará preguntas y se lo creerá a pies juntillas. Esta clase de fe hacia Dios o el gurú es fe inocente. Necesitamos una fe que posea la inocencia propia de un niño.

La inocencia llega cuando hay amor. El amor divino os convierte en niños y os ayuda a aceptar cualquier cosa. El amante hace todo lo que su amada le dice. Esto se puede ver hasta en el amor común. Cuando el amor es sincero, el amante esta dispuesto a saltar de un edificio de tres pisos si su amada se lo pide. Su amor por ella es tan intenso que actuará como un loco. Cuando alguien ama de verdad, su intelecto se vacía y deja de pensar. No hay ni pensamientos, ni mente, nada. Sólo permanece el amor. Este tipo de amor que nos hace olvidarnos de todo lo demás culmina en inocencia."

La Madre se sentó con los ojos cerrados durante unos minutos después de haber hablado sobre la fe inocente. Cuando los abrió, recitó su mantra preferido: "Shiva. Shiva." Después, les insto a que meditaran durante unos minutos.

Cuando Amma se levantó, eran cerca de las doce y media del mediodía y dijo a todos: "Hijos, no os vayáis sin comer," y pidió a uno de los brahmacharis que llevase a todos los visitantes al comedor y les sirviera la comida. Pero antes de irse, la Madre se fijó en un racimo de plátanos que un devoto había traído. Los cogió y los partió en trozos pequeños y, con sus propias manos, dio un trozo a todos y cada uno de los devotos. Todo el mundo estaba feliz y alguien dijo: "Un solo trocito de plátano de manos de Amma basta para saciar nuestra hambre. Ya no nos hace falta comer." Muchos asintieron. La Madre salió de la cabaña y se dirigió a su habitación.

A las cuatro y media de la tarde, la Madre bajó a la sala de meditación y se sentó durante una hora con los brahmacharis. Después, se encaminó hacia la cocina y preguntó: "¿Qué hay de nuevo aquí?" Kunjumol, Gayatri y las demás mujeres y muchachas que trabajaban en la cocina se colocaron detrás de la Madre, que iniciaba otra de sus inspecciones sorpresa. Sabían por propia experiencia que ella las atraparía en el más mínimo desorden o falta de limpieza que encontrase, y siempre encontraba algo que estaba mal. Aunque esperaban temerosas que la Madre descubriera sus fallos, sabían que la regañina iba acompañada de un hermoso *satsang*.

La Madre fue directa al almacén, donde miró en cada recipiente e inspeccionó las estanterías. Cuando volvió a la cocina, las mujeres suspiraron aliviadas, pensando que todo estaba bien. Sin embargo, la Madre siguió mirando en cada tarro, escudriñó los platos, las tazas y el resto de utensilios. Se fijó en un gran recipiente que había en un rincón de la cocina y lo frotó con suavidad mientras miraba en su interior. Sin decir palabra ni mostrar ninguna señal de descontento, intentó levantarlo. Al ver a la Madre, todas las mujeres se acercaron a ella para ayudarla. Las detuvo con estas palabras: "No, ninguna de vosotras debería tocar este recipiente. Lleva aquí más de dos semanas sin que nadie le preste atención. Estaba aquí mismo la última vez que la Madre vino a la cocina. Quería ver si alguien lo había limpiado sin que nadie se lo hubiera pedido." Y mostró la palma de su mano, negra por la suciedad del recipiente.

"Mirad esto, está cubierto de suciedad, tanto por dentro como por fuera. Es una prueba de que no estáis atentas. Si alguna de vosotras tuviera *sraddha*,[10] no habríais dejado este recipiente aquí sin hacerle caso. Recordad que hacer un servicio en el ashram y cuidar las cosas que pertenecen al ashram equivale a servir a la Madre. Deberíais intentar cuidar esas cosas con tanto amor como el que os tenéis a vosotras mismas, como si esas cosas fueran vuestras. Una persona descuidada no es apta para ser un buscador espiritual.

El descuido externo llevará al descuido interno también. Dios es belleza, es pureza, es la armonía que hay detrás de todo. Hay una armonía detrás de cada objeto, de cada lugar; no importa lo insignificante que pueda parecer. Las escrituras dicen que la comida es Dios. La cocina es el lugar donde se prepara la comida; por ello, hay que mantenerla limpia y ordenada. Se tiende a dejar la cocina hecha un desastre, pero esto está mal. No os dejéis llevar por viejas costumbres. Estamos aquí para cambiar, no para seguir con las viejas pautas de siempre."

Fue la Madre quien llevó el gran recipiente hasta el grifo. Las mujeres volvieron a apresurarse, esta vez para limpiarlo, pero la Madre no lo permitió. Limpió el recipiente ella misma. Después

---

[10] Fe. Amma utiliza esta palabra con un énfasis especial en este aspecto de estar alerta acompañado de un cuidado amoroso por el trabajo que se esté realizando como ofrenda a Dios o al gurú.

de frotar y aclarar, lo metió en la cocina y lo volvió a colocar en el mismo lugar, poniéndolo boca abajo después de haber barrido el suelo. De esa manera, el incidente fue una valiosa lección para todas las mujeres y brahmacharinis que trabajaban en la cocina. Aunque los *bhajans* de las seis y media de la tarde formaban parte de la rutina diaria, nadie se cansaba de cantar canciones devocionales con la Madre. Ella había empezado a cantar y componer canciones devocionales para Dios cuando era muy joven. Su canto era un torrente de devoción suprema y de un amor que lo abarcaba todo. Y cada tarde, aquellos que se reunían para los *bhajans* siempre encontraban en su presencia una experiencia sublime. Resultaba sencillo para cualquier mente fluir hacia su *Ishta Deva* (amada deidad) a medida que el corazón se inundaba de amor divino. Aquella noche, todo el ser de Amma irradiaba gloria y esplendor espirituales mientras cantaba. *Pakalantiyil.*

Ha llegado el final del día
Pero mi Madre no ha venido todavía.
Temo sentarme solo, oh, Madre mía.

¿Cuánto debe llorar desesperado este corazón dolorido?
¿Quién hará compañía a este ser
Envuelto en oscuridad, oh, Madre mía?

Mientras la Madre repetía algunos versos una y otra vez, ascendió a un estado elevado, exaltado. El atardecer se tiñó de poderosas vibraciones provocadas por su canto. Al fin, siguió cantando mientras las lágrimas corrían por sus mejillas.

¿Te lo tomas como un juego?
Si es así, no entiendo tu punto de vista.
¿Por qué este destino? ¿Es porque
No he pronunciado tu sagrado nombre?

Éste siempre busca con un corazón dolido
Tus pies de loto.
Déjame probar ese dulce néctar
De devoción en mi corazón.

Todos los presentes se conmovieron profundamente al ver llorar a la Madre. Casi nadie pudo controlar las lágrimas y algunos llegaron a llorar como ella. La dicha espiritual impregnaba cada rincón, mientras los que allí se encontraban eran transportados a un reino interno de alegría. De repente, la Madre hizo una respiración larga y profunda y dejó de llorar. Su cuerpo permanecía inmóvil. Los presentes se asustaron al verla contener la respiración durante tanto tiempo. Estaba sentada en una postura perfecta de meditación con los ojos medio cerrados. La dicha interna se reflejó en el exterior, ya que su rostro brillaba como la luna llena. No había ningún signo de respiración y aquel estado continuaba. Algunos brahmacharis pensaron que tal vez el canto podía ayudar a la Madre a volver a su estado normal, así que cantaron, empezando con un tempo lento.

Sita Ram Sita Ram Sita Ram Bol.
Radhe Shyam Radhe Shyam Radhe Shyam Bol.

Gradualmente, la cadencia aumentó hasta llegar a un tempo muy rápido. Los que estaban allí cantaron con el corazón. Mientras la canción continuaba a buen ritmo, la Madre dejó escapar una carcajada de felicidad. Alzó las manos, ambas representando *mudras* divinos, y las colocó encima de la cabeza. Permaneció con los ojos cerrados, pero seguía riéndose, en éxtasis. Este estado divino de la Madre duró unos minutos antes de empezar a remitir poco a poco. Los residentes cantaron el *arati* mientras un brahmachari ondeaba la llama de alcanfor dentro del lugar sagrado. Después, se recitaron las últimas oraciones.

La Madre permaneció sentada en el mismo lugar con los ojos fijos en el cielo. Tras unos instantes, se levantó, pero como todavía no había salido por completo del estado de exaltación, le fallaron las piernas al intentar caminar. Dos mujeres devotas la ayudaron a llegar a su habitación.

Habían transcurrido tres horas desde el comienzo de los *bhajans*. Eran las nueve y media de la tarde. Todos se postraron y se pusieron en pie, con los ojos en la Madre, hasta que la perdieron de vista. Después, los residentes se dispersaron. Algunos fueron a sus cabañas a meditar. Otros se dirigieron hacia los canales que se encontraban al borde de los cocoteros y repitieron su mantra mientras caminaban por las orillas. Algunos devotos se quedaron a meditar sentados en el porche del templo y unos cuantos brahmacharis optaron por sentarse dentro del templo. Así, había transcurrido otro inolvidable día con la Madre, un día que nos había concedido un enorme tesoro de experiencias que se convertirían en parte de la memoria eterna.

Capítulo 6

29 de abril de 1984

Concentración y Meditación

Puesto que era domingo, día de *Devi Bhava*, había llegado mucha gente la tarde anterior para pasar el día entero en el ashram y recibir la bendición de la Madre sagrada en *Devi Bhava*. A las siete de la mañana, el ashram ya estaba lleno de devotos. La *puja* matutina tenía lugar en el templo. Un brahmachari recitó el *Lalita Sahasranama*, mientras los demás coreaban las respuestas. Algunos devotos se habían congregado en el porche del templo y se unieron al coro de respuestas.

Una hora más tarde, al terminar de cantar, la Madre se dirigió a la sala de meditación para observar a los brahmacharis. Como muestra de respeto y reverencia, todos se levantaron cuando la Madre llegó. Una vez que hubo ocupado su lugar habitual, se postraron delante de ella y volvieron a sus asientos. Nada más sentarse, la Madre cerró los ojos y comenzó a meditar. Los residentes siguieron su ejemplo.

Después de un rato, la Madre llamó a un brahmachari por su nombre. Asombrado, éste abrió los ojos. Se le veía un poco asustado. Una sonrisa maliciosa se dibujó en el rostro de Amma. Los brahmacharis que habían abierto los ojos al oír a la Madre, miraban alternativamente a la cara sonriente de la Madre y a la de su asustado hermano, quien, cabizbajo, se sentía culpable.

"¿Has terminado de representar tu papel?", le preguntó. "Sí, lo has hecho bien. Pero ya es hora de que salgas de tu dulce ensueño. Despierta."

En su cara se dibujaba todavía la misma sonrisa maliciosa y todos seguían escuchando y mirando, sin comprender qué ocurría. Sin embargo, seguían sentados con los ojos bien abiertos. Acto seguido, la Madre dijo: "¿Por qué habéis abierto los ojos los demás? ¿Acaso os he llamado? Esto prueba vuestra falta de concentración. Si vuestras mentes hubieran estado concentradas en vuestra amada deidad, no habríais abierto los ojos. Ni siquiera habríais oído nada. Este es un ejemplo muy claro de que os falta *sraddha*. ¿Cómo pretendéis realizar a Dios si tenéis tan en cuenta el exterior? Sólo una persona muy dispuesta, alcanzará a Dios. Bastó un único sonido para sacaros de la meditación, y ni siquiera tenía que ver con vosotros. La concentración y disposición de un verdadero buscador espiritual deberían ser tan firmes, que ni siquiera se inmutaría si un elefante loco lo atacara.

La Madre llamó a uno de vosotros, pero todos habéis abierto los ojos, pues sentíais una gran curiosidad por saber qué pasaba. Es una pena. La Madre habría sido feliz si, al menos, uno de vosotros hubiera permanecido inmóvil, si hubiera seguido meditando. Pero no; eso era esperar demasiado."

Un brahmachari se atrevió a decir: "Abrimos los ojos porque era tu voz. Si hubiera sido la de otra persona, no habríamos prestado atención. Además, todos meditamos en tu forma."

Amma respondió: "Si hubierais estado realmente inmersos en la meditación, no habríais oído ninguna voz, ni la de la Madre, ni la de ninguna otra persona. Una vez que lográis concentraros, entráis en contacto con la Madre interna; es decir, con vuestro propio ser. Aunque meditáis en el nombre o forma de un dios o diosa o de la Madre, estáis, en realidad, meditando en vuestro propio ser, no en ningún objeto externo. En la meditación profunda, no existe el mundo exterior. En ese estado unidireccional desaparecen los sentidos del oído, olfato, gusto, tacto y vista. La Madre sabe que nadie ha alcanzado el estado total de unidad. Sin embargo, la Madre habría sido extremadamente feliz si uno de vosotros hubiera, al menos, fingido que continuaba meditando. Cerrad los ojos y seguid meditando. Intentad no dejar que la mente vague. Imaginad que la forma de vuestra amada deidad llena vuestro corazón."

Una vez que la meditación hubo terminado y la Madre había regresado a su habitación, todos se reunieron alrededor de la "víctima", ansiosos de que les revelase de qué trataba el incidente de la mañana. Dijo: "Mientras estaba meditando, me dejé llevar por una obra de teatro en la que representé un papel en mi colegio. Pensaba en lo bien que había actuado." Los demás se echaron a reír al escuchar la confesión.

Entre los mil nombres de la Madre Divina del *Lalita Sahasranama*, que se recita a diario en el ashram, hay un mantra, *Sadachara Pravrattikayai Namah*, que significa "la que impone buena conducta." Después de escuchar la interesante experiencia del "brahmachari actor", otro residente interpretó este mantra de distinta forma. En él, se considera que *Sadachara* es una sola palabra, pero, si se la divide en dos, adquiere un nuevo significado, ya que *sada* significa "constante" y *chara* "espía". *Pravrattika* significa "quien hace". Así, según la interpretación de este brahmachari, la Madre es alguien que está constantemente haciendo una labor de espía. Él dijo: "Al habitar en nosotros, Amma siempre nos espía, sacándonos toda la información, sin importar lo que sea."

Sobre las diez, la Madre fue a la cabaña y empezó a dar *darshan*. Pidió a los brahmacharis que cantasen y un Brahmachari comenzó con unas cuantas estrofas en sánscrito del *Sri Guru Paduka Panchakam, estrofas 4 y 5.*

Saludamos una y otra vez a las sandalias de Sri Guru,
Que sirven de Garuda,
El mantra contra el veneno,

A la multitud de serpientes de deseo y cosas parecidas.
Que conceden el tesoro del discernimiento
Y el desapasionamiento, que otorgan el verdadero
conocimiento,
Y que conceden la inmediata liberación.

Saludamos una y otra vez a las sandalias de Sri Guru,
Que son la barca en la que cruzar
El interminable océano del mundo,
Que conceden una devoción firme
Y que son un violento fuego,
Que sequen el océano de la intensidad espiritual.

Después, cantó. *Amme Ulakam.*

Oh, Madre, este universo tuyo
Es en verdad un manicomio.s
Oh, Madre Divina, me resulta imposible
Describir tu amor divino.

Por favor, dame diariamente con tus hermosas manos
El néctar del amor, y llévate así mi orgullo
Que nace de la identificación del ser
Con el cuerpo. Haz que me embriagues con ese amor.

Oh, Madre, esencia de las escrituras,
Si mis ojos derramasen lágrimas de devoción
Cuando pronuncio el nombre de Kali,
Entonces, las escrituras serían algo secundario
Adecuadas únicamente para el intelecto.

Las Infinitas Máscaras de la Madre

Observar cómo la Madre da *darshan*, es siempre una experiencia fascinante. Ella tiene a su disposición un número infinito de máscaras que se cambia continuamente, a medida que pasa de un papel a otro, sin ningún esfuerzo. Este cambio de máscaras se sucede sin parar, puesto que ninguna de estas caras es, en realidad, suya. Ninguna es su cara verdadera, la cual está mucho más allá del reino de las formas. La Madre no está apegada en absoluto ni tampoco se identifica con ninguna de esas caras o papeles distintos. Lleva cada una por un propósito concreto y, una vez que lo ha cumplido, se la quita rápidamente. Ella muestra una máscara diferente a cada uno de sus hijos, según el tiempo y la necesidad. Aunque muestre una máscara, también es cierto que cada una de ellas no es una simple máscara, sino una realidad, un fuerte lazo que sirve para establecer una relación personal con ella, y sentir así que la madre nos pertenece. A pesar de que para la Madre esas caras diferentes sólo sean máscaras que se pueden quitar y cambiar en cualquier momento, en los corazones de sus hijos, crea el sentimiento de que ella les pertenece y que está con ellos todo el tiempo. Sin embargo, mientras que nosotros nos identificamos y nos apegamos a esa cara y papel, la Madre permanece desapegada y no cambia. Ella puede ponerse la máscara o tirarla cuando desee.

Aquel día, como muchos otros, una mujer le estaba contando a la Madre las situaciones tan difíciles por las que había tenido que pasar en su vida. Su marido estaba muy enfermo y, por ello, no podía trabajar. Tenían tres hijas de más de veinte años y todavía seguían solteras. Éste era el relato de sus penurias. Mientras escuchaba atenta todo lo que la mujer tenía que contarle, se podía ver que la Madre estaba muy triste. La preocupación que mostró su cara cuando la mujer se quejó de la situación de sus tres hijas solteras fue muy evidente. La Madre consoló a la mujer, enjugó sus lágrimas y le aseguró que todo iría bien. Al oírlo, la cara de la mujer se iluminó y, cuando se separó de la Madre, parecía feliz y relajada.

Después, llegó alguien que rebosaba felicidad. "Amma, por tu gracia he conseguido el ascenso que tanto esperaba. Confiaba en que llegase, pero, de alguna manera, se retrasaba. Me desilusioné mucho, y llegué a creer que no lo conseguiría. Pero, ayer, de repente, llegó la noticia del ascenso. Es tu gracia, Amma." El hombre no cabía en sí de alegría cuando recibió el *darshan* de la Madre y ella, también, parecía estar encantada y participar por completo de su felicidad. Manteniendo su alegría, le dijo a alguien que estaba cerca de ella: "Mira, han ascendido a este hijo. ¡Cuánto lo había esperado! Lo consiguió por la gracia de Dios." Tras este hombre feliz, llegó un joven que parecía llevar sobre sus hombros el peso del mundo entero. Dos caras tan distintas, una inmediatamente después de la otra. Entonces, la cara de la Madre cambió, en señal de empatía con el joven triste.

De esta manera, su rostro sigue cambiando, pero nunca se identifica ni se ata a ninguna de sus caras o estados anímicos. Es una maestra tal en el arte de cambiarse de máscara que incluso puede llevar puesta más de una al mismo tiempo. Con tantos hijos que requieren y demandan cosas tan distintas, la madre es una experta en dar a cada uno lo que realmente necesita.

En una ocasión, durante tres días, la Madre le prestó muy poca atención a Brahmachari Balu, mientras seguía conversando con los demás brahmacharis. Por ese motivo, Balu había dejado de comer. Cuando se enteró de este ayuno, la Madre insistió en que comiera, pero Balu era testarudo y no la obedeció. Por eso, cuando en su tercer día de huelga de hambre, Balu y Brahmachari Srikumar estaban sentados junto a la Madre, ésta colmó de cariño a Srikumar mientras que a Balu le mostró su enfado. Por un ojo derramaba amor y por el otro arrojaba enfado. Aunque sea capaz de enseñar infinitas máscaras, caras y estados de ánimo, en lo más profundo, la Madre es la misma: desapegada, indivisa, totalmente una.

Del *Ananta Srishti Vahini*, que a menudo se canta al finalizar el *Devi Bhava*, tenemos estas líneas que describen el número infinito de máscaras de la Madre. ¿Quién es en realidad? Se puede escribir largo y tendido intentando describirla, pero la respuesta sólo se encuentra en nuestro corazón.

Te saludamos, oh, gran diosa divina
Que eres el sostén de toda la creación,
Que tienes infinitos estados y aspectos
Y siempre en el estado de danza suprema.

Te saludamos, oh, la siempre resplandeciente,
La madre de la dicha inmortal,
Rompiendo el silencio de los muertos de la noche,
Tú proteges la rectitud
Y todo lo que es bueno en el mundo.

Te saludamos, en la forma de gurú,
Tú eres la diosa Shiva
Que muestra el camino de la serenidad
Con una sonrisa como la flor de loto.

Nos postramos ante ti, oh, Bhadrakali,
Forma feroz de Devi y causa de buenos augurios.
Penetrando toda la conciencia
Estás llena de compasión y haces
Que la individualidad de todas las cosas quede oculta.

Nos postramos ante ti, oh, madre,
Siempre resplandeciente y luciendo una corona,

Tú concedes el cielo y la liberación.
Como origen de todo lo que está en y más allá de la
naturaleza,
Estás más allá del tiempo.

Capítulo 7

Preguntas de los Occidentales: Qué Camino Seguir

El *Devi Bhava* de la noche anterior, había terminado a las tres de la madrugada. Como la Madre solía comprobar que todos los devotos tuvieran un lugar donde dormir y una alfombrilla o manta sobre la que echarse, eran ya un poco más de las cuatro cuando, por fin, se retiró a su habitación.

Al mediodía, llegó un grupo de aspirantes espirituales occidentales que viajaba por la India visitando centros de peregrinación así como instituciones espirituales. Un amigo les había informado de la grandeza de la Madre y, por ello, pidieron quedarse una semana. Mientras caminaban por el ashram, se quedaron impresionados por la paz del lugar. Brahmachari Balu les condujo hasta el lado norte del ashram, donde se les proporcionó alojamiento en la casa para huéspedes.

La Madre bajó sobre las tres de la tarde, e inmediatamente se dirigió hacia la zona de cocoteros. Suponiendo que se iba a sentar allí, Gayatri extendió una estera en un lugar donde había una buena sombra. La Madre se sentó y envió a Gayatri a buscar a los occidentales. Llegaron corriendo, totalmente encantados. Después de postrarse ante la Madre, se sentaron alrededor de ella. En primer lugar, tal y como solía hacer, les dio *darshan* a todos, uno a uno. El *darshan* personal que recibieron fue una experiencia completamente abrumadora para ellos. Así, se sentaron encantados, con la mirada fija en la Madre sagrada.

Cuando la Madre se sentó y los miró sonriente, su cara dibujó una inexplicable expresión de compasión y amor. Nadie podía hablar, mientras el tiempo pasaba en silencio. Por fin, la Madre preguntó, mientras Balu traducía: "Hijos, ¿habéis comido?" Seguían mirándola embelesados. Les resultaba imposible hablar, así que asintieron con la cabeza. La Madre preguntó: "Hijos, ¿os han dado habitación a todos?" De nuevo, contestaron con gestos afirmativos. La Madre, divertida al verlos sentados como mudos, agarró a los dos que estaban más cerca y los zarandeó con fuerza. Esto los sacó, finalmente, de su ensimismamiento y se rieron a carcajadas. Cuando se calmaron, dijo: "La Madre se siente muy feliz de ver a sus hijos."

Durante unos instantes charlaron sobre cosas intranscendentales. De nuevo, hubo una pausa y después, alguien hizo una pregunta: "Amma, ¿qué camino es el mejor para los occidentales? Muchos muestran interés por el camino de Jñana (camino del conocimiento). ¿Debería potenciarse esa vía? ¿Qué opinas?"

"Hijos, tanto en Oriente como en Occidente, el camino espiritual se basa en la disposición espiritual heredada y en la constitución mental de cada cual. No se puede anunciar en público un camino como el único y definitivo para todos. Embarcarse en un camino espiritual implica orientación y disciplina personales. En la antigüedad, los maestros espirituales siempre probaban la habilidad del discípulo antes de aconsejarle. Nunca daban un consejo que se pudiera aplicar a todo el mundo. Por eso, todos los textos espirituales como los Upanishads y el Bhagavad Gita están en forma dialogada. El consejo que se da es exclusivo para cada persona, porque cada uno es un paciente con una enfermedad distinta. Algunos están en la fase inicial de la enfermedad, mientras que otros se encuentran en la fase media. Además, algunas personas padecen enfermedades crónicas y otras están casi curadas. Por lo tanto, el tratamiento no puede ser el mismo para todos. El medicamento y la dosis variarán.

Si se prescribe sólo un camino para todos, surgirán muchos problemas. El crecimiento espiritual verdadero no tendrá lugar si se le dice a alguien que tiene que seguir el camino de la devoción, que tome el camino de *Raja Yoga*[11]. Es igual que decirle a un enfermo de asma que tome una medicina para la diabetes. A muchas personas les resulta muy difícil su búsqueda espiritual porque se les ha aconsejado un camino que no es el apropiado. La Madre no puede afirmar que un solo camino sea lo bastante bueno para que todos alcancen el objetivo.

Sin embargo, en general, el camino de la devoción es el más sencillo. Mientras que cualquiera es capaz de amar, no todo el mundo es capaz de hacer *pranayama* (control de la respiración) o *Hatha Yoga* (posturas de yoga). Sólo quien tenga una determinada constitución tanto física como mental, podrá hacerlo. Sin embargo, en el amor no hay requisitos. Todo aquel que tenga corazón puede amar y todos tenemos corazón. Amar es una tendencia innata en los seres humanos. Pero, no podemos decir lo mismo de *pranayama* o de *Hatha Yoga*. *Bhakti* es amor, amar a Dios, a tu propio ser y a todos los seres. El pequeño corazón debería expandirse para, al final, alcanzar la plenitud. Una chispa puede convertirse en un incendio forestal. Basta con una chispa, ya que la chispa también es fuego. No dejéis de avivarla, de darle aire. Antes o después, arderá como un incendio forestal, emitiendo enormes lenguas de fuego. Hoy en día, el amor es como una chispa en nuestro interior. No dejéis de avivarla con el abanico del nombre divino, *japa* y meditación. Podéis sudar, estornudar y toser, pero no os detengáis. Es posible que vuestro cuerpo se caliente, que las lágrimas os nublen la vista, que sintáis un desmayo; pero no os detengáis. Aunque sudéis, estornudéis

---

[11] Dominio de la mente mediante el control y transformación del físico.

o tosáis, seguid esforzándoos y tened la certeza de que os estáis encaminando hacia el objetivo. Pronto, os convertiréis en puro amor y ése será el premio a vuestro amor.

El camino del amor, conocido también como camino de la devoción, es el más adecuado para los hijos de Occidente. Por supuesto, ésta es una afirmación general. La sociedad occidental está organizada de tal manera, que, desde la tierna infancia, sus miembros son intelectuales y tienen un enfoque intelectual hacia todo. Éste es el resultado de su 'moderna' educación. Se alimentan con todo tipo de información sobre el mundo empírico y el énfasis recae en la ciencia y la tecnología. Por eso, sus mentes analíticas están bien desarrolladas pero sus corazones están secos. En la mayoría de los casos, los corazones de los occidentales no llegan a desarrollarse por completo y son imperfectos. La cabeza es grande, pero el corazón está encogido y seco."

"¿Por qué es así?," preguntó el occidental.

La Madre respondió: "La norma social que prevalece prepara el terreno para que el corazón se seque. Los niños reciben las primeras lecciones de amor de sus madres. Pero, en la sociedad occidental, los papeles del padre y la madre se confunden. Las madres se convierten en padres y, así, pierden la cualidad del amor maternal. No sienten un verdadero amor por sus hijos. Otro factor es la inestabilidad de la vida matrimonial. La relación esposo-esposa y padre-madre es muy frágil y débil. Un niño que vive en una situación así, no puede ser cariñoso, porque esos niños ni siquiera aprenden las lecciones de amor más elementales. Es evidente que no se puede enseñar amor como se enseña a leer y escribir. Lo que la Madre quiere decir es que no se crean las circunstancias adecuadas para que ellos puedan desarrollar el amor en sus vidas. Crecen rodeados de conflictos, discusiones, riñas, odio, peleas y, finalmente, viven la separación de sus padres. Nunca experimentan el amor, que es lo que se supone que tienen que aprender del amor mutuo entre su padre y madre. Los padres son los dos gurús que los niños ven desde que nacen hasta que entran en contacto con el mundo. Si no se siembra la semilla del amor en el hogar, ésta no puede brotar ni florecer. El camino de *Bhakti* enseña amor. En primer lugar, desarrolláis un amor que está dirigido únicamente hacia Dios. Cuando ese amor se convierte en el centro de vuestra vida y las prácticas devocionales ganan en intensidad, vuestra visión cambia. Llegáis a comprender que Dios habita en forma de conciencia pura en todos los seres, incluidos vosotros mismos. A medida que esta experiencia se fortalece, el amor que hay en vosotros también crece, hasta que os convertís en Eso. El amor que hay en vuestro interior se expande y abarca al universo entero con todos sus seres. Os convertís en la personificación del amor y ese amor se lleva consigo la sequedad de vuestro interior. Ese amor es la mejor cura que existe para cualquier bloqueo emocional y sentimiento negativo. Por lo tanto, la Madre cree que el camino del amor es el más conveniente para los buscadores occidentales."

Formación de las Cualidades de los Niños

Una de las mujeres occidentales asintió a las palabras de Amma: "Lo que la Madre nos recomienda es, sin duda, el camino perfecto para los occidentales. Sé, por experiencia propia, cuánto dolor y tensión hay dentro de mí y qué poco amor. En nuestro esfuerzo por imitar a los hombres, las mujeres occidentales hemos perdido nuestra feminidad esencial y esto es muy triste. Lo que necesitamos es una vida basada en el amor y la paciencia."

Amma añadió algo más: "La Madre estaba a punto de decir que otra cualidad que falta en la sociedad occidental es la paciencia. Hijos, una madre debe tener mucha paciencia para criar a sus retoños. Una madre debe modelar en la práctica el carácter del niño, pues las primeras lecciones de amor y paciencia las aprende a través de su madre. Pero, ella no puede limitarse a hablar de amor y paciencia esperando que su hijo o hija adopte estas cualidades. Es imposible. Tiene que ser un ejemplo de amor y paciencia practicando estas cualidades en el trato con su hijo.

Un niño puede ser muy testarudo e intransigente, por supuesto. Pero ésa es la naturaleza de la mayoría de los niños, ya que sus mentes no han alcanzado su pleno desarrollo. Son muy egoístas y tercos porque sólo se preocupan de sus propias necesidades. Aunque resulte admisible en ellos, ya que no va contra la naturaleza ni sus leyes; resulta muy perjudicial que una madre sea terca e impaciente, pues creará un infierno. La madre debe ser paciente, tan paciente como la Tierra.

El padre está tan involucrado en criar a sus hijos como la madre. Un padre también debe tener paciencia. Cuando la pierde, el niño deja de tener una vida confiada e inocente y lo más probable es que llegue a ser impaciente y testarudo, ya que nunca supo qué significaba tener paciencia ni nadie le enseñó de qué se trataba. Socialmente, lo pasarán mal. Sus amigos no tendrán paciencia con ellos. Tampoco pueden pretender que sus novios o novias la tengan. La sociedad no va a ser paciente con un chico o chica impaciente. Los niños no tienen otra oportunidad de aprender paciencia y amor si no aprenden estas cualidades de sus padres. Si la madre es paciente y cariñosa con sus hijos, ellos también crecerán siendo pacientes y cariñosos. Pero si la madre no lo es, los hijos tampoco lo serán porque no sabrán qué significa ser paciente y cariñoso, y no podemos culparles por ello.

Los niños expresan lo que se les enseña y lo que han experimentado al crecer. Por ello, sed muy cuidadosos y prudentes por el bien de vuestros hijos. Tened cuidado con lo que decís. Tened cuidado con lo que hacéis, porque cada palabra que pronunciáis y cada acción que realizáis dejan una profunda huella en la mente y en el corazón de vuestros hijos, pues es lo primero que ven y escuchan. Son las primeras huellas que permanecen indelebles en sus mentes. La madre es la primera persona con la que el niño entra en contacto. Después, viene el padre. Y luego, los hermanos y hermanas mayores. Las otras relaciones llegan más tarde. Por eso, controlad bien vuestra mente delante de vuestros hijos. Cread un buen ambiente hogareño en el que puedan crecer. Si no, tendréis muchos problemas en el futuro."

La Vida Familiar como un Ashram

"Amma, entonces, ¿estás diciendo que la vida familiar es algo que no se puede tomar a la ligera, que no es simplemente algo que ocurre en el transcurso de nuestras vidas? ¿Deberíamos considerarla como una variedad de *tapas*?", preguntó otro hombre occidental.

Amma le respondió: "Hijos, a la Madre no le gusta usar la palabra 'tapas' porque asusta a muchos hijos occidentales. Creen que *tapas* implica una tortura física y mental. Temen que haciendo *tapas* van a perder todos sus deseos, y no quieren que eso suceda. Quieren disfrutar de la vida. El único problema es que su idea de 'disfrutar de la vida' es equivocada. Disfrutar realmente de la vida consiste en estar relajado, no en estar en tensión. Sin embargo, muchas personas, no sólo de Occidente sino también de Oriente, están muy tensas casi todo el tiempo. Los hombres no son capaces de pasar un rato apacible con sus mujeres e hijos porque están más preocupados con su trabajo, su negocio, su posición social y lo que los demás van a pensar o a decir de ellos. Siempre están preocupados por esto o por lo otro. Quieren una casa nueva, un coche nuevo, un televisor o una nueva relación. Alguien que está inmerso en la vida mundana siempre desea algo nuevo porque está harto y aburrido de lo viejo. Nada de lo que tiene le satisface. Piensa que las cosas nuevas le traerán la felicidad. Siempre fija su atención en lo que no tiene y vive en el pasado o en el futuro, pero nunca en el presente, sin dejar de perseguir todo lo que desea. Sigue adquiriendo cosas y poseyéndolas. No tiene tiempo para disfrutar, para relajarse y para vivir en el presente. Por eso, al final, se derrumba. Esto es lo que le ocurre a la mayoría de la gente en la llamada 'sociedad moderna', tanto en Occidente como en Oriente.

Una familia no es un simple grupo de personas que viven juntas. Este 'grupo' puede aprender a entender muchas cosas. Es otro tipo de *gurukula* (la familia del gurú). Así como el gurú espiritual trata a sus discípulos como a sus propios hijos; en este caso, el padre y la madre son los gurús y sus hijos son los discípulos. En la *gurukula*, existe un vínculo muy fuerte entre el gurú y el discípulo. El maestro es como un padre o una madre para el discípulo. Por eso, no hay nada malo en comparar la vida familiar con una *gurukula*. En la antigüedad, en la residencia del gurú, si éste no estaba casado, a veces, realizaba el papel de padre y madre para sus discípulos. Pero si tenía una esposa, era ella la madre de los discípulos del gurú, colmándolos de paciencia y amor, mientras el gurú se encargaba de las enseñanzas y la disciplina. Así ocurría en las antiguas *gurukulas* de la India, en las que el maestro llevaba una vida normal.

En la mayoría de las familias actuales, hay un padre y una madre. Si tienen una visión adecuada de la vida familiar y de la vida en general, pueden desempeñar sus papeles correctamente. La madre puede intentar inculcar a su hijo virtudes como el amor y la paciencia, mientras que el padre puede impedir, mediante su cariño, que el niño cause daño a la sociedad, a su familia y a sí mismo. El padre puede enseñarle a obedecer y a respetar a los demás. En algunos casos, un padre soltero hace tanto de padre como de madre. Es posible, si se intenta. En cualquier caso, los padres son los primeros en sentar el ejemplo, en mostrar a sus hijos cómo quieren que sean. Si no se pone un buen ejemplo, es imposible educar a los hijos correctamente. Un padre también puede ser una buena madre y viceversa, pero resulta imposible lograr este equilibrio a no ser que uno de ellos realice la *sadhana* adecuada.

Por eso, la casa familiar no debería ser un lugar en el que un grupo de personas vivan juntas en conflicto, siempre peleándose y discutiendo. Tampoco es un lugar donde sólo se vaya a comer y a dormir, distinguiendo entre vida y disfrute. Eso hace que la vida familiar sea un infierno y destrozará vuestra personalidad. Una vida familiar así es la muerte y quien la vive no es más que un cadáver. Este tipo de familia es como una cárcel en la que sus ocupantes no tienen contacto personal; se limitan a estar ahí, uno al lado del otro. Sin embargo, podéis transformar vuestra familia en un refugio y vuestra casa en un hogar, en una morada de dicha y felicidad, en un lugar donde reinen la paz y el amor. Es evidente que esto requiere esfuerzo y, por ello, puede considerarse una variedad de *sadhana*. Está bien si deseáis llamarlo *tapas*, si eso os ayuda a verlo como algo importante.

Nadie quiere ser desdichado, nadie quiere sufrir. Si es posible, la gente quiere ser feliz en todo momento. Lo que ocurre es que, a menudo, el camino que eligen para conseguir este objetivo no es el apropiado. La forma en la que vivimos en la actualidad sólo nos traerá más angustia y dolor. El problema sois vosotros; el problema está en vuestro interior, no fuera. Si de verdad queréis disfrutar de la vida, probad el camino de la disciplina mental y, a ver qué pasa. Esforzarse o hacer *tapas* no está mal, si eso ayuda a ser más felices. Por supuesto que queréis disfrutar de la vida; nadie desea sufrir. Pero, recordad que ello depende de cómo viváis la vida.

Un *griham* (casa) es un ashram o una ermita. De ahí nació la palabra *grihasthasrami* (propietario de una casa). Un *griham* se puede convertir en un *ashramam*. Un ashram es el lugar en el que la gente dedica todo su tiempo a recordar a Dios, prestando un servicio desinteresado y desarrollando cualidades como el amor, la paciencia y el respeto por los demás. Esas personas realizan prácticas espirituales para conseguir ver la unidad en la diversidad. En primer lugar, llenan su corazón de amor y, después, hagan lo que hagan o vayan donde vayan, lo expresan en todo lo que hacen. Son capaces de ver belleza y armonía en todas partes. Esto es lo que se pretende que sea la vida en un ashram. La vida familiar también puede ser así. De hecho, antes, en la antigüedad, era así. Si ellos lo consiguieron, nosotros también. Por eso a un devoto que sigue con su vida seglar se le denomina *grihasthasrami*, alguien que vive en su propia casa dentro de un ashram. Esta persona se esfuerza por alcanzar el objetivo supremo, la felicidad, mientras sigue viviendo en su casa con su mujer e hijos. Si lo intentáis de verdad, lo conseguiréis."

Miedo a Entregarse

Otro occidental planteó una pregunta: "Amma, parece que aunque muchos de nosotros estemos buscando la espiritualidad; a la hora de renunciar a algo, la voluntad flaquea. Incluso diría que tenemos mucho miedo a dejar nuestras posesiones y entregarnos. ¿A qué se debe esto?"

La Madre le contestó: "Hijo, la gente en la India también actúa así. Lo que sucede es que es más visible entre los occidentales. Como ya dijo la Madre antes, las personas tienen miedo a entregar sus deseos porque piensan que son incapaces de vivir sin ellos. No hay nada que temer, pues nadie os va a obligar a abandonar vuestras posesiones ni a someter vuestra voluntad a la del gurú. Ningún gurú auténtico os presionará o amenazará para que hagáis algo.

"La Madre no fuerza nada. Sus hijos tienen toda la libertad que desean. La Madre ha dicho, incluso a los que viven aquí: 'Hijos, sois libres de elegir. Si preferís lo mundano y os resulta difícil seguir siendo brahmacharis, se lo podéis contar a la Madre con toda franqueza. Ella os buscará una muchacha y se encargará de vuestra boda. Pero si queréis seguir el camino y sentís de verdad que eso es lo único que deseáis, entonces, deberíais tratar de vivir según las reglas y normas del ashram. Tenéis libertad para elegir.'

"Además, ningún gurú verdadero empezará a disciplinaros nada más os instaléis en su ashram. Si tenéis interés en seguir el camino, él esperará paciente a que tengáis la madurez suficiente para ello. No tiene ningún sentido instruiros para actuar de una determinada forma, si no estáis realmente dispuestos a aceptar las palabras del gurú. Sería como hablar a una piedra. Por eso, el gurú no os va a forzar ni os va a enseñar a hacer nada que no queráis hacer. Sin embargo, conseguirá poco a poco que estéis dispuestos a entregaros, sin forzaros. llevándoos con paciencia hasta un punto en el que no tengáis más elección que hacerlo. Por eso, el miedo a que el gurú os va a forzar a que os entreguéis es absurdo.

Además, ¿por qué os iba a presionar el gurú? Él está más allá de cualquier interés. Está más allá del deseo y de la ausencia de deseo. No tiene motivos egoístas, puesto que está más allá de todo. Forzar a alguien a hacer algo es propio de ambiciosos. El gurú no tiene ambición; así que, ¿por qué iba a hacer eso? No os entregáis a otra persona, sino a vuestro propio ser. El gurú no quiere nada de vosotros, no tiene ningún interés personal ni va a ganar nada con vuestra entrega. Él está pleno y completo. Él sólo sabe dar y sigue haciéndolo. No necesita ninguna cosa externa que podáis darle. La entrega repercute en vuestro crecimiento interior, en vuestra propia paz mental y en vuestra felicidad. Os ayuda a que vuestro pequeño ser se transforme en el gran Ser.

Como la gente sólo ve el cuerpo del gurú, lo juzga externamente, proyectando su propia ignorancia en él. Eso es lo que hace que tengan miedo a entregarse. Creen que el gurú los controlará o que les arrebatará todo. Temen que les quite su individualidad y los haga sufrir. Al ver tan sólo la forma humana del gurú, tienen miedo de que los engañe. El gurú está más allá del cuerpo, está más allá de lo humano. Él es la encarnación de la pura conciencia. En realidad, carece de forma y nombre, no es persona. Es nada. ¿Cómo os va a robar algo un gurú que no tiene nombre ni forma? ¿Cómo os va a controlar? Él, simplemente, es y vosotros os beneficiáis de su presencia. Si de verdad queréis utilizar al gurú, entregaos a vuestro propio ser, que es igual al ser del gurú. Por lo tanto, nadie reclamará, ni pedirá, ni discutirá, ni robará. Entregarse al propio ser ayuda a elevarse espiritualmente. No reporta ningún beneficio al gurú, en absoluto."

El grupo de occidentales escuchaba absorto las palabras de la Madre. Realmente, se sentían felices al escuchar sus respuestas. El que parecía ser el líder del grupo expresó su gratitud a la Madre: "Amma, nos has aclarado algunas cuestiones que nos preocupaban desde hacía mucho tiempo. En verdad, ha sido muy instructivo. Teníamos muchas preguntas más, pero las has respondido sin necesidad de formularlas. Se dice que no se puede recompensar al gurú, pero, Amma, acepta, por favor, que nos postremos humildemente a tus pies." Todos se postraron delante de la Madre.

Entonces, ella pidió a Brahmachari Srikumar que trajese el armonio. Cuando lo hizo, Amma cantó unos cuantos *namavalis* y los occidentales, corearon la respuesta. Su atención estaba totalmente centrada en la Madre. Al verla tan llena de Dios, se sentaron sin apartar los ojos de ella, asombrados y reverentes. Ver cómo la Madre manifestaba estados tan distintos de devoción suprema era nuevo para ellos. Cuando terminó de cantar, la Madre siguió totalmente inmersa en su interior durante un buen rato. Después, volvió al plano físico de conciencia, se levantó del asiento y caminó hacia el sur, cerca del agua. Las ondas reflejaban el brillo de la luz al atardecer.

La Madre Incomprensible

Ya era de noche cuando, después del *bhajan*, la Madre se había tumbado en la arena, en la cara sur del templo. Su cabeza reposaba en el regazo de Gayatri y los pies en el de una devota. Se encontraban presentes casi todos los brahmacharis y otros residentes del ashram. La Madre estaba juguetona y, como si fuera una niña, le estiró del pelo a Gayatri. Ésta inclinó la cabeza, pero la Madre siguió estirándole del pelo hasta que la cabeza de Gayatri tocó el pecho de Amma. Después, dejó de estirarle.

Acto seguido, la Madre cerró los ojos y, extendiendo la mano derecha, entró en *samadhi*. Nadie se movió. Después de un rato, salió de este estado y empezó a dibujar círculos con la mano derecha mientras emitía el sonido característico que hace cuando entra y sale de *samadhi*. La Madre no habló, y los brahmacharis tampoco hicieron preguntas.

Pasaron unos minutos y empezó a cavar un pequeño agujero en el suelo con su mano derecha. De repente, cogió un puñado de arena y lo arrojó a la cara de un brahmachari. Mientras él tosía y escupía, intentando sacarse la arena de la boca, la Madre se tronchaba de risa. Rodó del regazo de Gayatri a la arena, riéndose sin parar. Después de un rato, se volvió a sentar y cogió otro puñado de arena. Al verlo, algunos brahmacharis que esperaban otro ataque de arena, empezaron a alejarse. Pero ella no hizo nada. Creyendo que la Madre había dejado de jugar, se acercaron de nuevo; pero, en cuanto se sentaron, empezó a volar arena. La puntería de la Madre era perfecta. Los mismos brahmacharis que habían huido estaban llenos de arena. Se apresuraron hacia el grifo del agua para lavarse la cara y enjuagarse la boca. Al volver, la Madre había regresado a su estado normal.

En ese momento, uno de los brahmacharis le hizo una pregunta: "¿No deberíamos aceptar con amor y reverencia cualquier cosa que un *Mahatma* nos da?"

"Sí, eso es lo que las escrituras dicen", respondió Amma. No se debería dudar de ello sino, simplemente, aceptarlo y guardarlo como objeto de adoración. Por muy insignificante que sea su apariencia, no deberíamos rechazarlo, porque no sabemos qué se nos está dando. A nuestros ojos, es posible que parezca algo sin importancia, pero puede tratarse de una bendición poco común que se os concede con un *sankalpa* especial. Los *Mahatmas* pueden hacerlo. Quizás un regalo así sea el fruto de vuestra *sadhana*.

A lo mejor pensáis: 'Pero si no he hecho práctica espiritual en mi vida, ¿cómo va a ser fruto de mi *sadhana*?' Si no habéis realizado ningún tipo de *sadhana* en esta vida, habéis debido hacerla en vuestro nacimiento anterior. Y por ello, el gurú os bendice. Vosotros no sabéis nada de vuestra vida anterior, pero el gurú, sí; y no sólo de vuestra vida pasada, sino de todos los nacimientos que habéis tenido. Él sabe todo lo que habéis hecho. Conoce el presente, pasado y futuro. Sabe lo que habéis sido, lo que sois y en lo que os convertiréis. Hasta un puñado de arena es valioso si os lo da un *Mahatma*.

Por puro amor y compasión, un *Mahatma* puede derramar su gracia incluso sobre alguien que no haya hecho ningún mérito espiritual en vidas pasadas, o sobre quien él quiera. No sabemos en qué forma llegará esa gracia."

La Madre les estaba mostrando su error a los brahmacharis que habían huido. Uno de ellos dijo lleno de remordimiento: "Amma, nos ha faltado discernimiento para permanecer sentados cuando nos has tirado la arena. Simplemente, hemos creído que Amma estaba jugando y no hemos sabido ver la profundidad interior de su juego. Amma, por favor, perdónanos por nuestra equivocación." Se postraron y buscaron el perdón de la Madre.

Amma los consoló: "No, hijos. No es culpa vuestra, sino de la Madre. A veces, ella se pone a jugar y hace cosas así. Pero, hijos, la Madre lo hace sin más. En realidad, no hay nada de ego en ello."

Hizo una pausa y, de repente, empezó a cantar *Uyirai Oliyai*.

Oh, Diosa Uma, ¿dónde estás,
Tú de la que se dice que eres la vida, la luz
Y la firmeza de la tierra?
Oh, astuta, tú que existes como viento, mar
Y fuego, ¿no tienes compasión de mí?

La sabiduría ha huido a un lugar lejano,
Siguen repitiéndose los nacimientos,
Lo irreal se ha vuelto real
Y aumentan los defectos
En tu ausencia,
Tú, que eres el verdadero conocimiento oculto.

El sonido de las olas del océano era el acompañamiento de fondo de la canción de la Madre. Nada más terminar la canción, volvió a perderse en un estado de éxtasis divino. Sonreía mientras las lágrimas caían por sus mejillas. La Madre cantó con las manos levantadas. Como ella misma ha explicado, su mente siempre se dirige espontáneamente al plano más elevado de conciencia. En una fracción de segundo, puede desconectarse de este mundo plural de nombres y formas para viajar hacia lo desconocido. Igual que un niño va a la cocina y recibe el mensaje que un visitante está esperando en el salón, la Madre puede ascender y descender cuando lo desee ya que tiene acceso libre a ambos mundos. Nosotros, los espectadores, no percibimos más que el abrir y cerrar de sus ojos, el círculo que dibuja con la mano, las palabras *Namah*

Sivaya o una carcajada de felicidad; pero no sabemos nada de la incomprensible realidad suprema en la que está permanentemente establecida.

El elevado estado de la Madre hechizó a sus hijos, que permanecían sentados, inmóviles, con la mirada fija en ella. La noche estaba realmente encantada y toda la naturaleza parecía responder a la divina felicidad de la Madre. Después de unos diez minutos en esta quietud mágica, el humor de la Madre cambió bruscamente. Se tumbó en la arena y empezó a rodar agitadamente de un lado a otro. De improviso, dijo: "Quiero *katala* (garbanzos) tostado." "¡Oh, Narayana!" exclamó Gayatri. "No tenemos *katala*. ¿Cómo podemos conseguirlo a estas horas?" Era como si supiera que Amma no se iba a olvidar enseguida de ello. Así, igual que una niña pequeña, la Madre volvió a decir: "Quiero *katala* tostado, quiero *katala* tostado." Inmediatamente, Gayatri se puso en pie de un salto y fue corriendo, primero a la habitación de la Madre, después a la cocina y volvió a la habitación de la Madre. Ésta seguía pidiendo *katala*. Por suerte, Gayatri pudo encontrar algo de *katala* en su armario y se lo llevó a la Madre. Incorporándose, la Madre se llevó unos trocitos a la boca y repartió un pedazo a cada uno de los presentes. Al darse cuenta de que faltaban dos brahmacharis, envió a alguien a buscarlos, pero el mensajero volvió solo, diciendo que ambos estaban meditando.

Entonces, la Madre se levantó y se dirigió hacia la cabaña en la que vivía uno de los brahmacharis ausentes. Los demás la siguieron. Entró en su cuarto y, de puntillas, se puso detrás de él, mientras éste seguía meditando. Ella le agarró la cabeza y le metió el *katala* en la boca. Se levantó de su asiento muy asustado, evidentemente. Todavía con una mirada atónita en la cara, se puso delante de la Madre, masticando un bocado de comida. Como si fuera justo eso lo que la Madre quería ver, lo miró y se echó a reír.

Las sonoras carcajadas de la Madre habían sacado de su meditación al otro brahmachari, que se encontraba en la cabaña de al lado, y fue a ver qué pasaba. La Madre, que quería gastarle la misma broma a éste, dijo decepcionada al ver a su segunda víctima en la puerta: "¡Vaya, aquí está! Habría sido divertido, pero hemos perdido la oportunidad. Otra vez será." Estas palabras provocaron otra ronda de carcajadas. Dio un puñado de *katala* a este brahmachari y, asegurándose de que todos habían recibido su porción, le entregó el cuenco a un brahmachari y, seguida por Gayatri y Kunjumol, se dirigió a su habitación.

Aunque cada episodio con la Madre sea único y valioso, no son excepcionales los que se refieren a su comportamiento extraño y juguetón. Al narrar esta forma de actuar de la Madre, vemos que, al principio, quería *katala* tostado. Cuando se lo trajeron, apenas lo comió. En vez de eso, lo repartió entre todos pues estaba jugando. Como la Madre ha explicado, su comportamiento juguetón y extraño tiene, a menudo, un propósito práctico: mantener su mente fija en el plano físico de conciencia. Su mente puede ascender con facilidad y habitar para siempre en divina unión; así, por benevolencia hacia sus hijos, ella se esfuerza en permanecer en este plano físico. Y para los que tuvieron la suerte de estar presentes en esas ocasiones, estas anécdotas son regalos especialmente valiosos, porque proporcionan recuerdos inolvidables para atesorar y contemplar en años venideros. Por medio de hechos de este tipo y su recuerdo, la Madre crea las condiciones más adecuadas para cultivar en sus hijos la semilla del amor divino.

En las escrituras, se utiliza la palabra *aparigrahyam* (incomprensible) para referirse a Brahman, la verdad Suprema. Brahman es incomprensible. Es imposible comprenderlo con las facultades limitadas de la mente, el intelecto o los órganos de los sentidos. Esta palabra se puede aplicar a una persona que ha alcanzado el estado Supremo. El intelecto humano buscará el significado de los actos de las personas que se encuentran en ese estado, pero esta búsqueda es inútil, puesto que el reino de lo supremo lo trasciende todo. Dejad de buscar un significado a sus actos. Aceptadlos tal cual. Cualquier intento de explicarlos o interpretarlos no revelará nada, pues su significado no llega por medio de palabras. La búsqueda del intelecto o la razón tiene que cesar. Sólo en el silencio se puede conocer y experimentar lo que esto significa. Cuando alguien llega a conocerlo, lo mantiene en secreto.

Un *Mahatma* es como un niño. La palabra que se emplea en las escrituras para describir esta naturaleza infantil es *balavat*. El *Mahatma* no se arrepiente de nada del pasado, ni le preocupa nada del futuro. Vive siempre en el presente, totalmente desapegado. A un ser humano normal y corriente, cargado con toda clase de ideas preconcebidas y de prejuicios, un *Mahatma* puede parecerle irracional y loco. Las escrituras llaman a este aspecto *bhrantavat*. La verdad es que el intelecto humano no lo puede comprender. Para atisbar su verdadera naturaleza, deberíamos dejar de razonar; de lo contrario, el *Mahatma* sigue siendo alguien inexplicable, incomprensible e indescifrable.

Capítulo 8

1 de mayo de 1984

Una Importante Lección Ilustrada por medio de la Cocina Diaria

Aquella mañana, la Madre bajó antes de las ocho y se encaminó hacia el este, alejándose del ashram. La seguían Gayatri y Kunjumol. Al pasar al lado de unos brahmacharis que estaban sentados delante de la sala de meditación, la Madre los miró y preguntó: "¿De qué estáis hablando? ¿Merece la pena?" Sin esperar la respuesta, siguió caminando, dejando atrás "la cabaña de Unni", situada cerca del ashram. (Esta cabaña pertenecía a la familia de un pescador, devoto de la Madre. Estaba al este del templo del ashram. Ahora, en ese lugar, se alza un templo nuevo de siete pisos que se empezó a construir en 1986).

Ansiosas por saber dónde se dirigía tan temprano, dos brahmacharis decidieron seguirla a cierta distancia, pues sabían por experiencia propia que a la Madre no siempre le gustaba que la acompañasen cuando salía. Ella tenía sus motivos y, a veces, cuando estaba a punto de salir, les dejaba claro que no fueran con ella y les explicaba el porqué. Otras veces, se iba sin decir nada. Era entonces, como aquella mañana, cuando los brahmacharis entendían que, como no había dicho nada definitivo, podían ir si querían y, por eso, siempre había alguien que la seguía. Nunca podían estar seguros de lo que la Madre iba a decir o hacer de un momento a otro. Tal vez no hubiera problema en seguirla o podía suceder que ella se girase de repente para decirles que regresaran. Por eso, los dos jóvenes la siguieron de lejos, esperando que no los mandase volver.

Cuando la Madre llegó a la orilla del agua, se dirigió hacia el sur. Todavía la acompañaban los dos muchachos. Se detuvo y, girándose, miró a los dos brahmacharis. Entonces, les gritó: "¡Eh, ladronzuelos, no hay ningún problema! ¡Venid!"

Como les habían dado carta verde, los muchachos corrieron hasta alcanzar a la Madre. Anduvieron juntos y, por el camino, ella les dijo que se fijaran en una fuente de agua pública y les recordó: "Aquí estaba la tubería del molino. La Madre solía esperar durante horas para recoger el agua necesaria para la casa. Pero nunca perdía el tiempo. Si había mucha gente haciendo cola, ella iba a cortar hierba para las vacas. Ya estuviera de pie en la cola, esperando su turno o cortando hierba, la Madre no dejaba de recordar a Dios y repetir su nombre."

Después de una breve pausa, prosiguió: "Los aldeanos eran muy amables con la Madre y, siempre que podían, intentaban ayudarla. Sabían que la Madre trabajaba día y noche en las tareas domésticas. Todo el pueblo conocía las dificultades que tenía que atravesar, así como su devoción por Dios. Por eso, incluso cuando la Madre dejaba su recipiente vacío cerca de la fuente e iba a cortar hierba para las vacas, siempre había algún aldeano que se lo llenaba y lo guardaba para ella."

En ese momento, llegaron a la casa de Pushpavati Amma, una ardiente devota de la Madre. De hecho, se encontraba de pie delante de un cuadro de la Madre cuando ésta entró en su casa. La pequeña cabaña que contaba con un dormitorio y una cocina, estaba repleta de utensilios domésticos. Una gran caja de madera, de las que se utilizan para almacenar arroz en los hogares tradicionales de Kerala, ocupaba más de la mitad del pequeño dormitorio. Viendo las dimensiones tan reducidas de esta cabaña, uno se preguntaba dónde dormían todos los miembros de la familia.

Al oír que alguien entraba en su casa, esta mujer de mediana edad, que se encontraba de pie delante del altar, dejó de rezar.

Cuando vio a la Madre sonriendo ante ella, la mujer dio rienda suelta a sus emociones contenidas. Con la cara bañada en lágrimas, cayó a los pies de la Madre. Sus hijos salieron de la cocina y se postraron. La Madre levantó a Pushpavati Amma del suelo, donde seguía postrada, llorando sin cesar a los pies de la Madre. Se puso de rodillas, pero seguía llorando. Abrazó la cintura de la Madre, y, ésta, llena de compasión, la acarició y besó en la mejilla. Después, la abrazó y besó a cada una de sus hijas, que también lloraban. Sollozando como una niña, Pushpavati Amma dijo entre lágrimas: "Hacía mucho tiempo que no visitabas esta casa. Esta mañana, al despertarme, me sentía muy triste. Incluso les dije a mis hijas que debías haberte olvidado de nosotras. Cuando entraste por esa puerta, estaba rezando: 'Oh, Amma, si vinieras, sería feliz.' Seguí rezando y, ahora, estás aquí." Se volvió a emocionar.

Amma se dirigió a los brahmacharis y les dijo: "Hace un tiempo, la Madre venía de visita a esta casa con frecuencia; pero eso era antes de que hubiera tanta gente en el ashram. Ahora, la Madre tiene más *prarabdha* (normalmente quiere decir 'acciones pasadas que producen fruto en el presente' pero aquí significa 'responsabilidades o cargas')."

Volviéndose a la mujer, la Madre le dijo: "Así como tú tienes responsabilidades que atender, la Madre también tiene la carga de tantos hijos que han renunciado a todo para entregarle sus vidas. ¿Qué se puede hacer? Hace unos años, antes de que estos hijos llegaran, la Madre disfrutaba de más tiempo para estar contigo. Sin embargo, ahora su tiempo se ve dividido, poco a poco, entre otros muchos asuntos. De todas formas, la Madre ha venido a verte cuando realmente lo has anhelado, ¿no es cierto? La verdad es que la Madre pensaba quedarse hoy en su habitación. Pero, de repente, sintió el deseo de venir aquí. Sin decir ni una palabra a Gayatri, la Madre, simplemente, bajó las escaleras. Tal vez tu inocente deseo haya traído a la Madre hasta aquí."

La Madre prosiguió: "Dices que querías que la Madre visitase tu casa, pero nunca se lo mencionaste. Aunque siempre vienes al *Bhava Darshan*, nunca le has dicho nada." Viendo que la Madre se había sentado en el suelo, una de las hijas trajo una esterilla y le pidió que se sentase sobre ella. La Madre la rechazó con cariño diciéndole: "No, hija, está bien así." Y siguió como antes, retomando la conversación: "¿Cómo voy a enterarme de lo que quieres, si no me dices nada?"

La mujer sonrió y dijo con inocencia: "¡Oh, *Kalli Amme* (oh, Madre, ladronzuela)! ¿Por qué nos gastas bromas? Tú lo sabes todo. Por eso vienes aquí sin que yo te diga nada. Siempre quise decírtelo, pero no podía articular ni una palabra cada vez que estaba cerca de ti. De todas formas, oíste mis plegarias; viste mi angustia y mi dolor, ¿no es así? Sé que lo sabes todo y tenía fe en que escucharías mis oraciones."

La Madre se rió divertida por el inocente comentario de Pushpavati Amma. Se giró y les dijo a los brahmacharis: "Ved su inocencia. Aprended a ser así de inocentes." Al oír estas palabras, los brahmacharis creyeron comprender por qué la Madre les había permitido acompañarla. Les parecía que ella quería que fueran testigos de este incidente y aprendieran una importante lección. Aún les dio otro consejo: "No ahoguéis vuestra inocencia entre las palabras de las escrituras."

Una de las hijas trajo algo de *puttu* y *katala*[12] a la Madre y su grupo. Sirvió té a la Madre y *palum vellam* (leche caliente diluida con agua) a los demás. La Madre bebió el té y comió un poco, indicando a los brahmacharis que se bebiesen la leche. La Madre alimentó a cada uno de los miembros de la familia con sus propias manos y luego dio un poco a los que venían con ella, mientras

---

[12] Harina de arroz molido mezclada con coco molido y hechos al vapor en un recipiente cilíndrico de hierro o madera que se suele servir para desayunar acompañado de garbanzos cocinados.

explicaba: "Es muy temprano para que tomen este desayuno tan pesado. *Mol* (hija), envuélvelo. Se lo comerán más tarde, después de su meditación."

En ese momento, la Madre entró en la cocina y echó un vistazo. Se sentó cerca del fuego donde se estaba cocinando un tubo cilíndrico de hierro lleno de *puttu* en un cántaro de agua. La Madre sacó el tubo del cántaro y lo probó para ver si estaba hecho. Como todavía estaba crudo, volvió a colocar el tubo en la parte superior del cántaro y, sin perder la ocasión de repartir un poco de sabiduría espiritual, la Madre hizo esta comparación: "El cántaro es el cuerpo y el agua que hay en él es la mente. El fuego representa *tapas*. El fuego hace que el agua hierva y genere el vapor, que convierte la mezcla cruda de harina de arroz y coco molido en una deliciosa comida, *puttu*, con la que la gente puede saciar su hambre. De igual manera, nosotros, ahora, estamos crudos, sin cocinar. Somos un conjunto de cosas inútiles llamadas cuerpo, mente e intelecto. Y, sin embargo, las llevamos por ahí con mucho orgullo. Estamos llenos de egoísmo y egocentrismo. Para que estas facultades crudas e inútiles se transformasen en algo útil, habría que cocinarlas en el calor de *tapas*. Para que esto ocurra, el agua de la mente, el ego y los pensamientos deberían desaparecer en el intenso calor de *tapas*. *Tapas* hace que la mente sea cada vez más sutil, pura y abierta. De esa manera, os convertís en personas buenas y útiles para el mundo. En el momento en el que sois capaces de amar y servir a la humanidad, os transformáis en comida para el mundo."

Una vez listo, la Madre sacó el *puttu* del tubo. Mientras volvía a llenar el recipiente con la mezcla de harina de arroz y coco, siguió dando más detalles sobre el mismo tema: "Mirad, ahora estamos así, crudos como esta harina de arroz. Si no se cocina, nadie la puede comer, ya que provocará problemas estomacales. Además de que no sirve para nada, es perjudicial. Así estamos ahora." Alzó el tubo y lo mostró, mientras decía: "Deberíamos entrar en este oscuro tubo de *tapas* semejante a una cárcel para que nos cocinasen y, de esa forma, ser libres, con el fin de que podamos ser útiles a los demás. Podemos sentir que el periodo de la práctica espiritual está lleno de normas y reglamentos estrictos, un periodo de control. Puede que sintamos que *tapas* y la renuncia nos encarcelan, que nos hacen perder la libertad. Pero, sabed que este sentimiento es pasajero y que pronto os conducirá a la libertad eterna. Igual que el *puttu*, nos convertimos en comida para el mundo una vez que hemos sido cocinados en el fuego de *tapas*.

Un verdadero *tapasvi* (alguien que realiza prácticas espirituales austeras) vive para el mundo y permanece en su cuerpo sólo por el mundo. Se sacrifica a sí mismo por el bien del mundo. Se convierte en alimento interno para aquellos que se acercan a él, buscando saciar su sed interior y calmar su hambre interior. Es comida para aquellos que ansían la verdad. Sri Krishna se convirtió en comida para el mundo. Jesús y Buda también aceptaron servir de comida para el mundo. Sin embargo, transformarse en esta comida supone cocinarse en el fuego de *tapas*. Las Gopis de Brindavan se cocinaron a sí mismas en el fuego de su amor por Sri Krishna. Puede que alguien piense que no realizaron ningún tipo de penitencia severa, como sentarse durante horas, absortas en meditación, ayunar o torturarse el cuerpo. Pero, a través de su intenso amor por el "ladrón de mantequilla", quien, así mismo, robó sus corazones, ellas también estaban haciendo *tapas*. Ese es el significado del robo de la mantequilla de sus casas; en realidad, estaba robándoles el corazón. El insoportable dolor causado por la separación del amado, provoca un intenso calor en el que el ego se deshace para alcanzar, finalmente, la unión. En este estado de unión, se produce un enfriamiento que nos llena por completo de paz y felicidad."

La Madre sagrada volvió a colocar el tubo de *puttu* en el cántaro, sobre el agujero donde estaba el fuego, y se levantó. Todos se relajaron. Mientras escuchaban sus palabras, habían permanecido absortos. La sencilla y rutinaria tarea doméstica de preparar el desayuno, había sido el tema de una profunda disertación espiritual. ¿Quién podría haber extraído tan importantes principios espirituales escondidos en el simple hecho de cocinar? Pushpavati Amma comentó: "No hay nada que Ammachi no sepa."

A pesar de que Pushpavati Amma era una mujer de pueblo normal y corriente, estaba muy familiarizada con los principios espirituales. Su marido, también devoto de la Madre sagrada, era muy respetado y querido por todos los habitantes del pueblo como un destacado lector del *Bhagavata*.[13]

El *Lalita Sahasranama* glorifica a la Madre divina como *tattvartha svarupini*, que significa 'la encarnación de todos los principios espirituales y su significado.' Estos episodios le hacen sentir a uno que la Madre es la personificación de toda la sabiduría y las enseñanzas védicas.

Antes de abandonar la casa de Pushpavati Amma, la Madre realizó una breve *puja* en el altar familiar. De regreso al ashram, la Madre habló más sobre esta familia: "Pushpavati Amma es una mujer piadosa. Cuando el hermano mayor de la Madre la trataba mal, ella la llevaba a su casa. La Madre solía sentarse a llorar en el patio delantero, rezando a la Madre divina. A veces, la Madre se quedaba tan absorta en meditación que no salía de ese estado en muchas horas. Pushpavati Amma confesó que se preocupaba y asustaba mucho en esas ocasiones, ya que pensaba que Devi se iba a llevar el cuerpo de Ammachi. Y entonces lloraba y rezaba a la Madre divina, pidiéndole que no se llevase a Ammachi. Es muy inocente. La mayoría de estos

[13] En la India, continúa la tradición del 'poeta-cantante' que lee o canta los cuentos de los dioses y héroes de la antigüedad, igual que, en la tradición griega, Homero cantaba las aventuras de Ulises.)

aldeanos tienen una fe inocente, pero carecen de comprensión espiritual. Creen que Dios es distinto del hombre y que el hombre no puede llegar a ser Dios. Si tuvieran comprensión espiritual, además de su inocente fe, les resultaría más fácil progresar."

Tan pronto como llegaron al ashram, la Madre dijo a los dos brahmacharis que fuesen a meditar, puesto que había pasado su hora habitual de meditación. De camino a su habitación, echó una mirada a la sala por una ventana y, viendo que todos sus hijos se encontraban allí, subió las escaleras de su cuarto.

La Familia y la Vida Espiritual

Para las diez, ya habían venido bastantes personas a ver a la santa Madre. Algunos esperaban en la cabaña del *darshan* y otros en el porche del templo. La Madre llegó a la cabaña del *darshan* al cabo de una hora, mientras los devotos cantaban *Amritanandamayi*.

No dejamos de saludar
A Mata Amritanandamayi, diosa inmortal.
Ojalá te alces como el amanecer en mi mente interior,
¡Oh, Mata Amritanandamayi!

Oh, Madre, no sé cómo cantar
Tus alabanzas inmaculadas.
Oh, tú, que eres pura, tus palabras sagradas
Son néctar para tus hijos
Como lo son las refrescantes nubes a la vida.

Oh, tú, que no tienes apegos, que concedes el destino,
Encantadora universal, sigue con tu danza,
Oh, tú, que eres de ambrosía, gracias al resplandor
De tu gentil sonrisa
Mi corazón desborda dulce néctar.

Cuando la Madre entró en la cabaña, los devotos se pusieron en pie, como muestra de su amor y reverencia por ella. Humildemente, la Madre se postró ante ellos como siempre hacía y todos se postraron por respeto a su ejemplo. Los cantos prosiguieron mientras ella se sentaba en su asiento, en el que permaneció durante todo el *darshan*. Antes de recibir a los devotos que esperaban, llamó a los niños pequeños, que se acercaron a ella de uno en uno. Algunos de los más jóvenes, atraídos inocentemente por la Madre, no querían abandonar su regazo. Así que la Madre los hacía sentarse a su lado. Sin embargo, muchas veces, tampoco querían irse de allí y, al final, sus madres o padres tenían que llevárselos.

Después de ver a todos los niños, los devotos se acercaron a recibir *darshan*. En un momento del mismo, un devoto preguntó cómo debía vivir un miembro de familia en el mundo y seguir manteniendo una vida espiritual.

La Madre le dio esta respuesta: "Un miembro de familia que desee llevar una vida espiritual después de cumplir con sus responsabilidades en el mundo, debería practicar la renuncia desde el principio, ya que no le resultará fácil. La renuncia exige una práctica constante y a largo plazo. Es posible que no sea capaz de renunciar a todo externamente; por ello, debería intentar desapegarse desde dentro. Su mente no debería implicarse demasiado en los asuntos mundanos. Para mantener este espíritu de desapego interno, es muy importante *lakshya bodha*. A pesar de lo que suceda, tanto en casa como fuera, debería meditar y rezar de esta manera: 'Mi objetivo se encuentra mucho más allá de estos absurdos y triviales problemas mundanos. Señor, por favor, no me empujes hacia estos conflictos y discusiones. Concédeme la fortaleza y el valor para recordarte y permanecer desapegado aun en medio de estos problemas. Deja que intente penetrar en ellos como parte de mi tarea, pero no permitas que sus vibraciones me afecten.'

Un buen miembro de familia debería ser un *sannyasin* por dentro. Con esto, la Madre no quiere decir que una persona deba eludir sus deberes, sino que debe realizarlos lo mejor que pueda. No sirve de nada huir de la vida. Eso es cobardía y alguien que huye de la vida no está preparado para ser un buscador espiritual. Por esa razón, Krishna no permitió que Arjuna saliera corriendo del campo de batalla. La vida es una batalla que no se debe eludir. Es más, no se puede eludir. ¿Qué haréis para conseguirlo? Para escapar de la vida, podéis ir al Himalaya, a un bosque o a un ashram. Pero la vida os seguirá también allí. Así como no se puede escapar de la muerte, tampoco se puede escapar de la vida. La muerte os sigue dondequiera que vayáis. La vida os sigue a cualquier parte. No podéis escapar de ninguna de las dos. Sólo las podéis trascender. Por ello, una persona inteligente no intenta escapar de la vida, sino que la vive con sensatez, prestando la atención que sus asuntos requieren.

La forma más inteligente de vivir la vida es tener una sólida base espiritual. Hijos, no intentéis eludir vuestros deberes. En el caso de los miembros de familia, cumplid con vuestros deberes de manera correcta, intentando desapegaros tanto como podáis, con el fin de prepararos para la renuncia total. Aunque seáis buscadores espirituales o *sannyasins*, todavía vivís en este mundo, ¿no? Por lo tanto, seguís teniendo ciertos deberes hacia la sociedad. Por supuesto, nada ata a un verdadero *sannyasin*; pero, como la mayoría de las personas no son *sannyasins*, deberían desempeñar bien su papel en el mundo. Haced el bien y cosas que sean beneficiosas para la sociedad, pero intentad manteneros desapegados. Como personas que vivís una vida espiritual a la vez que familiar, preparaos para soltarlo todo al final."

"Amma, ¿cómo se consigue?", preguntó el mismo devoto.

La Madre siguió con su explicación: "La renuncia es el camino hacia el fin, ya seas un *grihasthasrami* o un *sannyasin*. Por dentro, un miembro de familia debería ser un *sannyasin*. Por fuera, debería estar activo, realizando sus deberes con cuidado y atención. Externamente, tiene deseos y necesidades que satisfacer. Puede que necesite cosas y posesiones, pero a la vez debería prepararse para soltarlo todo en cualquier momento. Un *sannyasin* que vive en el mundo también debería comportarse así. Debería ser dinámico al actuar, manteniéndose desapegado por dentro, sin que nada le afecte. Ese es el secreto.

Un *sannyasin* es alguien que ha dedicado toda su vida, tanto por fuera como por dentro, a los demás, al bienestar del mundo. Por otro lado, un verdadero *grihasthasrami* es aquel que, externamente lleva una vida familiar e, internamente, una vida de *sannyasin*.

Para predicar con el ejemplo, un *sannyasin* también debe actuar mientras vive en este mundo. No debería holgazanear diciendo: 'He alcanzado el estado de no acción, por lo tanto, no tengo que hacer nada.' Sería un mal ejemplo que otros podrían seguir. Incluso después de haber alcanzado el estado de perfección, un verdadero *sannyasin* que viva en este mundo plural, será dinámico, activo y creativo externamente, mientras que, por dentro, se mantendrá en absoluto silencio.

En una ocasión, un *sannyasin* viajaba en tren. Había muchos pasajeros en el mismo compartimento y todos tenían bastante equipaje. Al percatarse de que el *sannyasin* sólo llevaba una bolsa de tela llena de objetos, uno de los pasajeros dijo: 'Nosotros somos gente de mundo. Tenemos muchas posesiones. Pero, tú también tienes una bolsa llena de objetos. ¿Existe alguna diferencia entre tú y yo, aparte del color de nuestra ropa?' El *sannyasin* sonrió, pero no dijo nada. Unos minutos más tarde, el tren cruzaba un puente sobre un río. De repente, sonriendo abiertamente, el *sannyasin* cogió la bolsa de tela y algunas otras cosas que llevaba consigo y las tiró por la ventana al río. Con la misma expresión en la cara, el *sannyasin* se volvió hacia el pasajero y le preguntó: 'Querido hermano, ¿eres capaz de hacer eso?' El pasajero exclamó: '¡Cómo! ¿Qué dices? Todos nuestros objetos de valor están en las bolsas. ¿Cómo vamos a tirarlas?' El *sannyasin* sonrió y respondió: 'Yo también llevaba lo que tu llamas mis objetos de valor en ese hatillo. Sin embargo, he renunciado a ellos sin sentir dolor ni apego, mientras que tú eres incapaz de hacerlo porque estás apegado a ellos. Esa es la diferencia que hay entre tú y yo.' Al darse cuenta de su impertinencia, el pasajero bajó la cabeza y no dijo ni una palabra más.

Hijos, un auténtico *sannyasin* actúa así. Es desapasionado. Ni siquiera le atan las cosas que pueda poseer. Es libre, eternamente libre y puro. Un ser así puede renunciar a todo sin dificultad.

Por otro lado, es posible que un miembro de familia no sea capaz de renunciar a las cosas con tanta facilidad, pero debería intentar apaciguar su mente. La mente de un miembro de familia suele estar ocupada con los problemas que lo abordan desde cualquier dirección. Anda siempre preocupado por asuntos personales, por las quejas de su esposa, las necesidades de sus hijos, las exigencias sociales, etc. No está tranquilo. Tanto interna como externamente, corre de un lado para otro, deambulando de aquí para allá, hablando, discutiendo, calculando y resolviendo, riñendo y peleando, hasta que, al final, se hunde cada vez más. La Madre sabe que es muy difícil superar esos problemas que provocan un ruido ensordecedor tanto en la cabeza como en la mente. Pero no es imposible aprender a mantener el silencio interior. La mayoría de nuestros antiguos maestros eran miembros de familia. Ellos lo consiguieron y también eran seres humanos. Así que, si lo hicieron, nosotros también podemos. Si tuvieron el poder para conseguirlo, nosotros también lo tenemos. Para ilustrar cómo debe ser un verdadero miembro de familia, la Madre os va a contar una historia."

La Madre pasó a relatar la historia de la comadreja dorada, uno de los cuentos del *Mahabharata*. Una vez, el mayor de los Pandavas, Yudhisthira, rey de la ciudad de Hastinapura, realizó un gran *yagña*.[14] Todos alabaron este *yagña* pues Yudhisthira repartió valiosos regalos entre los cojos, los ciegos y los pobres así como entre los sacerdotes y los eruditos. También se sirvió y distribuyó comida abundante a todos los presentes.

Mientras se sucedían los rituales ceremoniales y la distribución de regalos, entre alegres elogios en alabanza al gran rey Yudhisthira, apareció en escena una comadreja que empezó a revolcarse en el mismo lugar donde transcurría la ceremonia. Era una comadreja extraña, puesto que la mitad de su cuerpo era del color del oro. La comadreja siguió revolcándose durante un rato hasta que, al final, se detuvo. Mientras miraba al grupo de eruditos, dijo: "Este sacrificio, oh, eruditos, no es tan grande como el de la familia del brahmin." Estos reaccionaron: "¡Cómo te atreves a menospreciar este magnífico sacrificio que se está llevando a cabo, tal y como prescriben las escrituras! Nosotros estamos muy versados en las escrituras antiguas y tenemos la certeza de que estas ceremonias se están realizando exactamente como se indica. Sin embargo, ya que has encontrado algo que, en apariencia, está mal, quisiéramos saber en qué te basas y que demuestres tu sabiduría. Te rogamos que nos hables del gran sacrificio del que pareces haber sido testigo."

La comadreja narró su historia: "Había una vez una familia brahmin que vivía en Kurukshetra, formada por cuatro personas: el brahmin, su mujer, su hijo y su nuera. Llevaban una vida sencilla y austera. Incluso en tiempos de prosperidad, el brahmin hacía sólo una comida al día, que consistía en unos pocos granos de maíz. Pero llegó una época en la que una feroz hambruna

---

[14] Ritual védico después del cual se reparte la riqueza tanto a los brahmins como a los pobres y necesitados.

azotó el pueblo. Los cultivos no crecían, y hasta la mala hierba se secaba. La familia no pudo encontrar nada de comer y todos pasaron hambre durante varios días. Entonces, una mañana, el brahmin encontró algo de cebada. La mujer y la nuera la molieron y dividieron en cuatro partes iguales. Estaban a punto de comerla cuando, de repente, llegó una visita.

Incluso en esos tiempos difíciles, el brahmin recibió a su huésped con humildad y amor. Le ofreció agua para lavarse los pies y le trajo una silla donde sentarse. Tras invitarlo a compartir la comida, el brahmin entró en la cocina y volvió con su ración de cebada. Mientras le ofrecía la sencilla comida a su invitado, el brahmin dijo: 'Señor, perdóneme. Esto es todo lo que puedo ofrecerle.' El invitado la engulló y pidió más. El brahmin se sintió muy mal, porque veía que tendría que hacer algo impensable como era despedir a su huésped con hambre. Sin embargo, la esposa le ofreció su parte de comida de buen grado. El invitado la comió y todavía pidió más.

El brahmin no sentía impaciencia ni enfado hacia él. Estaba preocupado porque se iría hambriento. Entonces, fue el hijo del brahmin quien le ofreció su ración. De nuevo, al terminar, el invitado lanzó una insatisfecha mirada de hambre al brahmin, el cual volvió a preguntarse cómo podría complacer a su huésped. Esta vez, fue la nuera y la persuadió para que le diera su parte también. El brahmin se la ofreció con amabilidad a su huésped diciendo: 'Tome, señor, coma algo más, por favor.'

Pero esta vez, su respuesta fue diferente: 'No, ya basta', dijo. 'Habéis superado la prueba. Me siento complacido con todos vosotros. Estabais dispuestos a sacrificarlo todo, hasta vuestras vidas, con tal de cumplir vuestro *dharma* (la acción correcta, la rectitud). El hambre priva a las personas de cualquier pensamiento y acción rectos. Pero vuestra renuncia y firmeza han impresionado incluso a los *devas* (semidioses). Quien vence el hambre, consigue un lugar en el cielo. Ahora, venid todos conmigo a la morada de los inmortales.'

Después, el huésped reveló su verdadera forma a la familia del brahmin y un *deva* apareció ante ellos. Este llevó al brahmin y su familia al cielo en un carro de oro. Yo fui testigo de todo esto. Poco después de que el *deva* se llevase a la familia del brahmin al cielo, yo me acerqué al lugar donde había estado el brahmin mientras servía a su huésped. Había unos cuantos granos de cebada esparcidos por el suelo y me revolqué sobre ellos. Para mi sorpresa, ¡la mitad de mi cuerpo se convirtió en oro! Desde entonces, he visitado todos los lugares donde se ha realizado un sacrificio, para ver si, revolcándome sobre el suelo, la otra mitad de mi cuerpo se convierte también en oro. Sin embargo, mis tentativas han fracasado. Ningún sacrificio ha igualado al del brahmin. En verdad, fue un sacrificio excepcional."

Una vez que la Madre terminó de contar la historia, explicó cómo se podía aplicar a la vida espiritual: "Hijos, un *grihasthasrami* debería comportarse como esta familia brahmin. Las dos historias, tanto la del *sannyasin* que tiró su bolsa como la de la familia brahmin tienen algo en común: la renuncia.

Este potencial se encuentra en todas las personas. Puede que todavía sea una semilla, pero está en todos. Si guardáis la semilla en el bolsillo, no brotará. La plantita no germinará por sí misma. Hay que sembrarla, rodearla con una valla para que no la coman los animales salvajes, protegerla del exceso de sol y lluvia, echarle abono cuando convenga, quitar las malas hierbas, regarla lo necesario y, así, cuidarla bien. Entonces, se convertirá en un árbol, un enorme árbol frutal que dará una buena sombra. Dará muchas flores y fruta. Se necesita hacer este esfuerzo para alcanzar el objetivo. Los santos y sabios hicieron *tapas* y, de esa manera, alcanzaron el objetivo. También nosotros debemos intentar alcanzarlo con constancia.

Sri Krishna era miembro de familia. Tenía muchas responsabilidades pero era la encarnación del desapego. Sri Rama, además de miembro de familia, era rey. Él encarnaba el *dharma*. El rey Janaka (padre de Sita, la esposa sagrada del Señor Sri Rama) era rey y miembro de familia. También él era un *jivanmukta* o alma liberada. Todos ellos encontraron el tiempo necesario para hacer *tapas* y llevar una vida espiritual, incluso en el ajetreo de todas sus responsabilidades en la corte y en medio de otros problemas.

Decir que nuestros problemas y responsabilidades familiares no nos dejan tiempo, es una huida. Significa que no deseamos seguir el camino de la espiritualidad. Somos perezosos e intentamos escapar del trabajo. Estamos tan inmersos en *maya*, tan atrapados en su red, que ni siquiera nos damos cuenta de que hay una realidad que está por encima del cuerpo y del mundo exterior que nos rodea. No tenemos ojos para verla, ni oídos para escucharla, ni corazón para sentirla.

Si queremos ser más honestos y sinceros con nosotros mismos, sería mejor que nos atreviésemos a admitir que no nos interesan los asuntos espirituales, en vez de desvirtuar la verdad aduciendo falta de tiempo. Cuando realmente deseamos hacer algo, se nos ponen a favor el tiempo y las condiciones necesarias para ello. El tiempo y las circunstancias van de la mano del deseo."

Alguien hizo otra pregunta sobre cómo llevar una vida espiritual estando en el mundo: "Amma, supongamos que un hombre de negocios también es espiritual. Su gurú está en la ciudad, pero él atraviesa una crisis en los negocios y no puede abandonar su trabajo. ¿Qué debería hacer ante un desafío así, cuando tiene que elegir entre su gurú y los negocios?"

La Madre le respondió: "Hijo, dices que el hombre de negocios es espiritual; pero, ¿se lo ha entregado todo a su gurú? Eso es lo que hay que preguntar. Hay hombres de negocios que quieren abandonar su trabajo para dedicarse a la vida espiritual.

Sin embargo, puede que el gurú les pida continuar con su trabajo como una forma de *sadhana*. Si fuera así, este hombre debería quedarse en la oficina y atender su trabajo, en vez de abandonarlo si hay una crisis. Si el gurú le ha pedido que siga ocupándose de sus negocios, ya no se trata de su propio trabajo, sino del trabajo del gurú. Por eso, si opta por dejarlo en un periodo de crisis para ir a ver al gurú, no actúa correctamente porque sus negocios están al servicio del gurú. Por lo tanto, debe quedarse y arreglar los problemas, pues constituyen parte de su *sadhana*. Eso es lo que el gurú quiere que haga. Una persona así debería recordar constantemente a su gurú mientras realiza su trabajo. Su mente debería girar en todo momento alrededor del gurú.

Sin embargo, cuando la intensidad de su concentración en el gurú y su amor por él es tan fuerte que eso es lo único que le importa, entonces no puede seguir haciendo ningún trabajo fuera porque se vendría abajo, igual que la fruta madura cae del árbol. Todo esto depende del nivel de entrega que se tenga. Hay personas que abandonan su trabajo para ir a ver al gurú aunque tengan problemas que solucionar. En esos casos, la fe los protege. Pero recordad que vuestra fe debe ser pura e inmaculada, sin mácula de duda, puesto que ésta reduce la intensidad y se interfiere con la fe, creando un obstáculo para que fluya la gracia del gurú. Si tenéis fe, podéis dejarlo todo en manos del gurú, sea cual sea la situación. Podéis ir a verlo a cualquier parte o visitar a otras personas, ya que las manos del gurú estarán allí para protegeros. Esta fe surge cuando ya no os queda duda alguna sobre la omnisciencia, la omnipotencia y la naturaleza del gurú que todo lo abarca.

¿Cuántas personas poseen una fe inmutable? A veces, incluso la gente corriente llega a tener algo de fe, aunque no hayan renunciado a todos sus apegos. Sin embargo, no durará, ya que surge en una situación especial y desaparece después de un tiempo. No podrán mantener esta fe. Pero, mientras dure, la fe los empujará a actuar sin miedo y, por eso, obtendrán algún beneficio de ello.

Por otro lado, nos encontramos con el tipo de personas que dan sus propias razones sobre si ir a ver al gurú o no. Estas se encuentran en medio de las dos categorías ya mencionadas. Su fe no es plena ni se han entregado por completo al gurú. Estas personas se aferran a su trabajo por exceso de apego. Sin embargo, intentan dar otras razones, razones más 'nobles'. Es posible que veneren al maestro, pero la fe que tienen en él no es muy fuerte; está dividida. Se aferran a su trabajo porque su apego es excesivo y no tienen aspiraciones espirituales.

También hay personas que abandonan su trabajo porque no son capaces de ocuparse de los problemas que surgen. No tienen la fuerza ni el valor para afrontarlos. Alegan que quieren estar con el gurú y, por ello, se escapan del trabajo, pero, en realidad, no van a estar con él. Puede que vayan a verlo, pero se trata de una excusa para huir de los problemas laborales. De esta manera, no obtendrán ningún beneficio. Incluso sentados ante la presencia física del maestro, piensan en otras cosas. Estas personas tienen una voluntad débil y son inestables. No llevan ni una vida sana en el mundo ni una buena vida espiritual.

Algunas personas están apegadas a la forma del gurú, lo cual es muy bueno, sobre todo, al principio. Ese apego al gurú contribuirá a que la espiritualidad sea más profunda. Puede que pierdan su capacidad de raciocinio cuando se enteran de que el gurú está en la ciudad. Se ponen muy nerviosos y, es posible que, en ese estado, hagan cosas sin discreción o que descuiden sus responsabilidades. Si no pueden evitar ir donde está el gurú, entonces, deberían confiar su trabajo y sus responsabilidades a una persona capaz y de confianza que pueda encargarse de ello. Al menos, deberían tener la suficiente capacidad de discernimiento para elegir a alguien que les sustituya."

El *darshan* prosiguió. Los brahmacharis cantaron. *Arikil Undenkilum.*

Oh, Madre, aunque estás cerca,
Voy de un lado a otro, incapaz de conocerte.
Aunque tengo ojos,
Te busco, incapaz de verte.

¿Eres tú la hermosa luna
Que florece en el invernal cielo azul?
Incapaz de alcanzar el cielo, soy una ola
Que golpea su cabeza contra la costa.

A medida que comprendo la verdad
De que todas las comodidades mundanas no valen nada,
Anhelo conocerte,
Mientras lloro día y noche.

Unidad con Dios a través del Amor

Un devoto preguntó a la Madre: "¿De qué manera el amor por Dios culmina en unidad?"

Ella respondió: "Hijo, a medida que la mente se vuelve unidireccional mediante la práctica espiritual, las ondas del pensamiento disminuyen poco a poco. Y la mente, junto con los pensamientos, desaparece y se disuelve en la mente total. Nuestra mente no es sino una parte de la mente universal, de la mente cósmica. Los pensamientos son como un muro que se interpone entre nuestra propia mente y la mente cósmica; como dos habitaciones separadas por una pared. Si la demoléis y quitáis, sólo queda una habitación.

En el amor puro e inocente, no hay paredes. El muro de los pensamientos desaparece. La mente del que ama se hace una con la del amado. En el amor desinteresado, el que ama olvida todo. El pasado y el futuro desaparecen y sólo queda el amor. Tras este tipo de amor, no hay razones, salvo el deseo de hacerse uno con el amado. El recuerdo de Dios es constante. Y este recuerdo constante y unidireccional del amado hace que nos olvidemos del mundo.

Cuando Krishna abandonó Brindavan, las Gopis se volvieron locas de amor por él. Creían que iba a regresar, pero no lo hizo. Mientras recordaban a Krishna y su música divina, las Gopis se olvidaban por completo del mundo exterior, el cual, lentamente, desaparecía ante sus ojos. En ese estado de percepción, todo se convertía en Krishna. Cualquier cosa que veían era la encantadora forma de Krishna. Cualquier sonido que oían era la melodiosa música de su flauta. No veían las vacas como vacas, sino como su amado. No veían a sus maridos o amigos, sólo contemplaban la forma de Krishna. El sonido del viento al soplar y el murmullo de las aguas del río era como la divina música de su flauta. Cuando el amor ascendía a su punto álgido, ellas se volvían realmente locas de amor.

En una ocasión, una Gopi vio dos huellas profundas bajo un árbol en flor. De inmediato, pensó: 'Deben ser suyas, de los pies de mi amado Krishna.' Y siguió imaginando: '¿Por qué son tan profundas las huellas? ¡Ya sé! Alguna afortunada Gopi estaba con él. Seguro que deseó alguna de las flores de este árbol y, como no llegaba hasta las altas ramas, Krishna la subió sobre sus hombros para que alcanzase las flores. Eso es por lo que las huellas son tan profundas. Oh, ¡qué afortunada es esa Gopi! Es la más afortunada de todas las mujeres porque Krishna la subió en sus hombros.'

En ese estado se encontraban las Gopis. Relacionaban cualquier cosa que veían con Krishna. Su ardiente amor por él era tan grande, que su individualidad desaparecía. Este amor consumía sus mentes. La inspiración y espiración de su respiración, el latido de sus corazones y el palpitar de su sangre, todo se movía con el pensamiento de Krishna. Las devoradoras llamas del amor destruían el mundo de los pensamientos, el mundo de la diversidad. Ya no había pensamientos, sólo Krishna. Se olvidaban de comer y dormir. Se olvidaban de todo, a medida que se identificaban totalmente con su amado Señor. Locas de amor, las Gopis solían decirse: 'Querida amiga, mírame, soy Krishna. Mira la pluma de pavo real que adorna mi frente. Observa cómo camino. Mira mis manos y la flauta que sostengo. Mira mi piel azul oscura.' De esta manera, ebrias de amor, las Gopis se olvidaban de ellas mismas y se fundían en Krishna.

En esta fusión con la amada deidad, el pequeño 'yo' desaparece, pues la mente deja de funcionar. Al recordar al amado sin cesar, os convertís en él. Él se transforma en vuestro alimento y vosotros os lo coméis. En la actualidad, la comida que tomamos está formada por una serie de elementos variados. A través de los órganos sensoriales, disfrutamos de objetos placenteros: vemos cosas deseables con los ojos, escuchamos hermosos sonidos o palabras aduladoras con los oídos, olemos fragancias exóticas con la nariz, degustamos comida deliciosa con la lengua, y acariciamos o nos acarician a través de la piel. Todo ello es una forma de comer que hincha nuestro ego. Sin embargo, este modo de comer, este disfrutar de los placeres sensoriales deja de existir cuando os coméis a vuestro amado. Entonces, se detiene de inmediato el proceso que alimenta la mente con los placeres sensoriales que brotan de los órganos de los sentidos. En vuestro interior, tiene lugar un proceso constante de purificación espiritual gracias a otro proceso simultáneo en el que abandonáis lo que reclamáis como 'yo' y 'mío'. Esos objetos de placer dejan de ser objetos separados al comeros a vuestro Krishna, Rama, Devi, Jesús o Buda. Cuando ya no participáis de los placeres sensoriales y empezáis a comer a vuestra deidad a través de esos objetos, se acaba la diversidad.

Vuestro amado se convierte en vuestra comida. No importa lo qué comáis, es vuestro amado y, así, os hacéis uno con él, de manera que sólo existe la unidad.

Cuando dejéis de estar tan apegados al mundo, será posible recordar a Dios. Si os aferráis al mundo, no podéis recordar a Dios. Pero, una vez que os hayáis establecido en ese recuerdo, veréis y consideraréis todas las cosas como si fueran Dios. Una vez que Dios se ha instalado en vuestro corazón, la vida mundana deja de ser un obstáculo. Así pues, atadlo con la cuerda del amor. Si os olvidáis de vosotros mismos, todo lo que veáis, oláis, saboreéis y toquéis será él. De esa manera, os hacéis uno con él. Vuestro pequeño mundo de ego desaparece y os transformáis en el ser puro.

Hijos, ¿conocéis la historia de la esposa de Vidura? Este era el hermano del rey Dhritharasthra, era ciego, y ejercía como primer ministro en su corte. Cuando Krishna se disponía a visitar la casa de Vidura, hicieron todos los preparativos para recibirlo. La esposa de Vidura estaba, como es normal, muy emocionada. Dispuso lo necesario para una esmerada ceremonia de bienvenida y, cuando todo estaba listo, fue a darse un baño. De naturaleza impredecible, Krishna llegó antes de lo esperado y la esposa de Vidura fue informada al respecto.

Al oír que su Señor había llegado, se olvidó de todo; sólo podía pensar en Krishna. Su mente estaba absorta por completo en su Señor. En ese estado de ebriedad divina, cogió un plátano, lo peló, tiró la fruta y dio de comer a Krishna la cáscara. Olvidándose de sí misma y de las circunstancias, volvió a hacerlo una y otra vez. El Señor, sin embargo, disfrutó con las cáscaras, alegre y feliz.

El amor hace que uno se olvide de todo. Nuestro amor desinteresado e inocente es la mayor ofrenda que podemos hacer al Señor. Para Dios, es la comida más deliciosa. Esta historia revela la esencia del amor puro, el cual hace que uno se olvide de todo, incluso de nuestra existencia física. Ese olvidarse de uno mismo culmina en la unidad. El pequeño 'yo' desaparece cuando os identificáis con el amado. El amor puro es unidad."

La Madre dejó de hablar y siguió dando *darshan*. Los residentes cantaron un *bhajan. Adi Parashakti.*

Oh, poder supremo original,
Por favor, bendícenos, libéranos de la angustia.

Oh, diosa de dieciocho brazos,
Que cabalgas sobre un león,
Pétalos de loto veneran tus ojos,
Oh, tú, que tienes una dulce sonrisa.

Oh, diosa del universo,
Baila siempre en mi corazón;
Concediéndome todas las bendiciones,
Por favor, sé amable con éste que te suplica.

Mientras cantaban los versos finales, la Madre fue transportada a otro mundo. Cerró los ojos y permaneció inmóvil. Sus manos mostraron dos *mudras* divinos diferentes. La canción llegó a su punto culminante en el momento en el que todos cantaban y la cabaña del *darshan* vibraba con las palabras "Om Shakti, Om Shakti, Om."

La Madre regresó lentamente al estado normal de conciencia. La canción se apagó poco a poco y reinó el silencio. Ella siguió recibiendo a la gente, pues faltaban sólo unos pocos por bendecir. Tras bendecir a la última persona, se levantó de su silla, se postró en el suelo, como suele hacerlo para darnos ejemplo, y salió de la cabaña. Caminó hasta la orilla de los canales, donde pasó un rato antes de volver a su habitación. Después de haber saboreado el alimento espiritual de la Madre, los devotos se dirigieron al comedor, pues era la hora de la comida.

Capítulo 9

2 de mayo de 1984

El Joven de Rishikesh

Después de la meditación matinal, uno de los brahmacharis vio a un joven sentado delante del templo. Tenía barba y pelo largo, su aspecto emanaba calma y tranquilidad. El brahmachari se quedó muy impresionado por la actitud meditativa del joven y su serena apariencia. Después del habitual desayuno de papilla de arroz, que se sirve por igual tanto a los residentes como a los visitantes, el brahmachari volvió al porche del templo para ver si el joven había terminado su meditación, pero lo encontró todavía profundamente inmerso en ella. Tras media hora, el joven seguía sentado en el porche, pero, esta vez, con los ojos abiertos. El brahmachari le dijo: "¿Has desayunado? Si no es así, por favor, ven y toma algo." Él respondió con mucha educación: "No, no he desayunado, pero no quiero comer nada antes de ver a Amma."

El brahmachari se sentó a su lado y preguntó: "¿De dónde eres? ¿Dónde has oído hablar de Amma?"

El joven dijo que era de Rishikesh y pasó a compartir su experiencia sobre cómo había sabido de la Madre. "Yo también soy un *sadhak*. Por la gracia de Dios, llevo 15 años en el camino espiritual. Vivo en un ashram en Rishikesh, a poca distancia del Ganges. Cada día, paso un rato a la orilla del río, mientras recito mi mantra y medito.

Por supuesto que este río sagrado es el más apropiado para meditar, pero, de un tiempo a esta parte, me resulta difícil concentrarme porque mi mente no está tranquila. Hace dos semanas, mientras intentaba meditar, escuché cómo alguien me llamaba, y no sólo una vez, sino varias. No abrí los ojos, pues pensé que era producto de mi imaginación. Así que seguí sentado con los ojos cerrados, intentando concentrarme en el murmullo del Ganges. De nuevo, escuché la voz. Se trataba de una voz de mujer, y no dejaba de llamarme. Era tan claro el sonido que no me cupo la menor duda de que alguien me estaba llamando, así que abrí los ojos. Miré alrededor y, mientras lo hacía, oí la voz de nuevo. "Aquí, mira aquí." Parecía que provenía del mismísimo Ganges. Me senté, escudriñando la corriente y, mientras mantenía la mirada fija en ésta, lentamente, algo empezó a tomar forma sobre las aguas.

La forma se fue haciendo más nítida y se reveló como una mujer vestida de blanco inmaculado. A su alrededor, había mucha gente, con aspecto de santos y que mostraban, claramente, una gran reverencia y devoción por ella. Me froté los ojos y volví a mirar. No estaba soñando, era real. Tenía los ojos bien abiertos y pude ver a esa mujer y a todos los que se encontraban a su alrededor. Sin embargo, no reconocía a ninguno. Un aura divina la envolvía y no podía apartar los ojos de Ella.

Me sonrió amablemente, irradiando paz y felicidad. Muy despacio, dejé de percibir el mundo exterior. También desaparecieron los santos que la rodeaban. Sólo estábamos la dama de blanco y yo. El tiempo y el espacio no existían. Estaba completamente solo ante ella. Poco a poco, se fue haciendo cada vez más grande, tan grande como el universo y no existía nada más que ella. Un fuerte resplandor emanaba de todo su ser, y esa luz me envolvía por completo. De repente, la forma desapareció y sólo la pura luz llenaba todo el universo. Entonces, en una fracción de segundo, de repente, la luz se convirtió en un punto. Es todo lo que recuerdo. Volví al estado normal de conciencia mientras oía un pitido en mis oídos. Era la misma voz: 'Ven a mí. Ven a mí. Ven a mí.'

Poco a poco, fui recobrando la normalidad. Miré alrededor. Me quedé atónito al ver que ya casi era de noche. Mi reloj marcaba las ocho y media de la tarde. Eso significaba que habían pasado cerca de tres horas y media desde que me había sentado a meditar a eso de las cinco de la tarde. El murmullo del Ganges llenaba el aire. Todo lo demás estaba en silencio. Volví al ashram. Los residentes querían saber dónde había estado durante ese tiempo, pues no suelo pasar tantas horas fuera del ashram. Mi visita diaria al Ganges duraba una hora más o menos, nunca más de hora y cuarto. Ellos se dieron cuenta de que me había pasado algo por mi mirada y mi repentino ensimismamiento. Yo no dije nada. No tenía ganas de hablar. Había sido una experiencia abrumadora y plena. Aquella noche, no pude dormir. Me perseguía la visión de esa forma que se me había aparecido y tanto mi alma como mi corazón estaban inmersos por completo en ella.

Ese día supuso una gran transformación en mi vida. A la mañana siguiente, era otro hombre. Los residentes del ashram se percataron del cambio y no dejaban de hacerme preguntas. Sin embargo, mis pensamientos no dejaban de recrearse con la encantadora forma de la mujer que había visto en la visión y mi corazón rebosaba de felicidad por aquella experiencia. No es que quisiera evitar a los demás; es que seguía sin poder hablar.

Al cabo de un tiempo, los rumores sobre mi comportamiento llegaron a oídos de un swami que también vivía en el ashram. Él era un *sadhak* y muy buena persona. Me llamó y, con mucho cariño, me preguntó qué me había hecho cambiar. Sentí, que por alguna razón, quería revelarle mi experiencia. Se lo relaté todo, y también le dije que mi mente estaba absorta en la visión de aquella forma. Le pregunté si sabía algo de la mujer de blanco. Pude describirla con facilidad pues la visión era muy clara. Me escuchó con atención y me dijo que intentaría descubrir quién era.

Pasaban los días y mi anhelo se hacía más intenso. Parecía un loco. No podía dormir y había dejado de comer. Al cabo de unos días, el swami me llamó. Había una gran sonrisa en su cara y, sin mediar palabra, sacó una fotografía de su bolsillo y me preguntó si esa era la mujer que había visto. Empecé a dar brincos de alegría. ¡Era una fotografía de ella! Me la dio y me contó quién era y dónde estaba su ashram. También me dijo que mientras le contaba mi historia, había experimentado una inmensa paz interior y un fuerte sentimiento de que debía tratarse de una gran alma. Esto le llevó a preguntar sobre ella inmediatamente, hasta que conoció a otro swami de Kerala que vivía en Rishikesh. Este swami le habló de Amma."

El joven le mostró la fotografía al brahmachari y le preguntó, muy emocionado y con lágrimas en los ojos: "¿Podré ver a Amma hoy?"

El brahmachari le aseguró que vería a la Madre, diciéndole que ella siempre está a disposición de sus hijos y volvió a invitarle a comer algo.

Este respondió: "Hermano, llevo muchos días sin comer. No tengo ganas. No siento hambre. De todas formas, deja que vea primero a Amma. Si me pide que coma, lo haré. Hasta entonces, no insistas para que tome algo."

El brahmachari estaba a punto de irse, cuando vio que Amma bajaba las escaleras. "Aquí viene Amma", dijo en voz baja.

El joven dio un brinco y miró alrededor. Al igual que un pájaro que ansía beber agua y se apresura a recoger las gotas de lluvia al caer, así corrió hacia la Madre y cayó postrado a sus pies. La Madre lo levantó con dulzura y, tomándolo de las manos, lo llevó hasta el porche del templo. Sollozaba como un niño, mientras ella le expresaba su inmenso amor y compasión acariciando su espalda y frotando su pecho. Le secó las lágrimas y lo consoló colocándole la cabeza sobre su hombro. "¿Hijo mío, ¿por qué lloras ahora?", le dijo. "Has llegado hasta tu Madre, ¿no es así? Hijo, no llores. La Madre está aquí contigo." Estas dulces y cariñosas palabras consiguieron aliviarlo y, poco a poco, pudo controlar sus emociones. Se calmó enseguida y la Madre le dijo algo que sólo él podía comprender: "Hijo, la Madre no quería que saltaras a la 'otra cosa' que perturbaba tu mente. ¿Entiendes qué significa 'la otra cosa'?"

El joven miró a la Madre asombrado y asintió con la cabeza, mientras decía en voz baja: "Sí, Amma, lo entiendo."

La Madre siguió hablando: "La Madre quería fortalecer tu *vairagya* (desapego) y decisión. Pensó que una experiencia así te ayudaría a aumentar tu fe y devoción con el fin de abandonar esa idea para siempre. Hijo, tu destino habría sido muy distinto si no hubieras recibido esa visión. Los *sadhaks* que son sinceros no deberían desviarse de su camino, sin importar el lugar que pudieran ocupar en este mundo. La Madre sabe que eres muy sincero en tus prácticas espirituales y no quería que te desviases. El objetivo de la experiencia que tuviste era despertar tu devoción para intensificar tu anhelo. La Madre insiste, un *sadhak* sincero no debería desviarse del camino. Hijo, ¿comprendes lo que la Madre te está diciendo?"

El joven la miró asombrado. No podía hablar y, por ello, afirmó con la cabeza. Mientras los presentes se preguntaban qué era esa 'otra cosa', el joven volvió a llorar como un niño inocente y dijo entre lágrimas: "Ahora sé que fuiste tú quien se me apareció. Viniste a salvarme de un momento difícil. Amma, ahora sé por qué me concediste una visión tan maravillosa. Querías que cambiase de opinión, querías transformar mi vida. Sí, Amma, tienes razón. Si no hubiera tenido esa visión, no habría cambiado mis planes. Amma, me has protegido, has evitado que destruyese mi vida, que me enredase en *maya*. Amma, Amma, me lo has revelado todo."

Ninguno de los presentes podía comprender el significado de las palabras de la Madre y todos sentían curiosidad por saber qué había dicho Amma. Pero antes de irse del ashram, el joven habló con el brahmachari que había conocido primero: "No quería contar esta parte de mi historia antes de recibir el *darshan* de Amma. Sin embargo, ahora creo que sería una buena lección para todos los buscadores sinceros: la protección del gurú está siempre con ellos si su deseo de alcanzar el objetivo es auténtico."

El joven contó el resto de la historia. Estaba enfrentado a su familia por cuestiones matrimoniales. Era el mayor de dos hermanos y dos hermanas, y todos, padres y hermanos, insistían en que se casara. Aunque vivía en un ashram, pues había dedicado su vida a *brahmacharya* (celibato) y a la espiritualidad, visitaba con frecuencia a su familia. Ésta no estaba muy entusiasmada con su deseo de ser monje, y no dejaba de insistir en que se casara y de hablarle de diferentes chicas que podía conocer para elegir esposa.

A pesar de que se había mantenido firme en su decisión de llevar una vida espiritual alejado de los asuntos del mundo, su confianza había empezado a debilitarse a medida que su familia le insistía cada vez más. Sus ruegos y súplicas eran tan fuertes, que comenzó a pensar que tal vez no era tan mala idea llevar una vida espiritual mientras que, a la vez, vivía como padre de familia. Un día, al volver al ashram después de haber estado entre las vibraciones mundanas de su familia, pensó que incluso los santos y sabios de la antigüedad se habían casado y tenido hijos. Hasta empezó a soñar despierto con distintas chicas entre las que podía escoger a su prometida.

Mientras esto ocurría, también lloraba y rezaba por dentro, pidiendo a Dios que lo ayudase y protegiese. Se dio cuenta de que no era capaz de mantenerse firme en su decisión de ser monje, ya que sus fantasías y deseos lo corroían. Estos se hicieron tan insoportables que ya ni siquiera encontraba consuelo en las orillas del Ganges. Estaba tan nervioso y falto de paz mental, que iba a suicidarse saltando al río, cuando se le apareció la visión de Amma.

Terminó su relato diciendo: "Esta experiencia me devolvió el valor y la confianza en mí mismo. Me llenó de tal felicidad espiritual que pude superar con facilidad mi agitación mental y mi inestabilidad. Esto es lo que Amma quiso decir. Ella no quería que me enredase en la esclavitud del mundo. Por ello me concedió ese extraño regalo que me ha transformado por completo."

Así fue como el joven de Rishikesh concluyó su historia. Se despidió del brahmachari, y se fue del ashram alegre y entusiasmado.

La Naturaleza del Gurú

A las once y media de la mañana, la Madre seguía sentada delante del templo. Casi todos los residentes estaban allí. Uno de los brahmacharis hizo una pregunta sobre los buscadores sinceros: "Amma, ¿verdad que hay muchos buscadores auténticos en este mundo? Sin embargo, da la impresión de que Dios o el gurú sólo ayudan a unos pocos en situaciones peligrosas como ésta."

Amma contestó: "Hijo, en primer lugar, no hay situaciones peligrosas para un buscador sincero, puesto que él considera que todo es voluntad divina; todo es *prasad*, tanto lo negativo como lo positivo. La palabra 'peligro' carece de significado en su vida y se muestra siempre optimista, sin pesimismo. En segundo lugar, ¿cómo sabes que Dios ayuda sólo a unos pocos? Este joven es el único que conoces. Los *sadhaks* sinceros siempre encontrarán la forma de superar las dificultades, puesto que dependen de la gracia divina. Dios irá en su busca para ayudarlos y levantarlos.

Sin lugar a dudas, los *sadhaks* sinceros recibirán la gracia. La Madre lo dice incondicionalmente por experiencia propia. La sinceridad emana de lo más profundo de vuestro corazón. Eso no es superficial. Algunas personas son sinceras al hablar pero no al actuar y, como son superficiales, no reciben la benevolencia de la

Providencia ni la ayuda divina. Ningún *sadhak* sincero se desviará del camino, la Madre os lo puede asegurar. De una manera u otra, serán salvados. Ni Dios ni el gurú abandonan a esos *sadhaks*. Así como la gallina protege a sus polluelos bajo sus alas, los *sadhaks* sinceros siempre estarán bajo el cuidado y la gracia del gurú o de Dios. No importa dónde se encuentren, siempre estarán bajo las protectoras alas del Ser Supremo.

Con esto, la Madre no quiere decir que el gurú vaya a abandonar completamente a los *sadhaks* menos sinceros. Eso no va a pasar. También cuidará de ellos. Pero puede que, para enseñarles una lección, el gurú o Dios los dejen caer y los salven después.

Mirad a ese hijo de Rishikesh; claro que tenía deseos, pero la Madre sabe cuánto dolor soportó para superarlos. Lo intentó con todas sus fuerzas y le dolía el corazón. Él quería de verdad deshacerse de los deseos que se interferían con su anhelo de realizar a Dios. No se quedó quieto, sin hacer nada, sino que rezó y lloró pidiendo a Dios que le mostrase la manera de salir de su confusión y de sus dudas. Por eso, Dios tenía que ayudarlo. Dios debe ayudar a un verdadero devoto, es su responsabilidad. Cuando todos se hallan inmersos en la ciénaga de la ilusión y el deseo, el verdadero *sadhak* es el único que intenta emerger y conocer a Dios, poniendo su propia vida a sus pies. Él ansía sacrificar su cuerpo y su mente por su propia evolución espiritual y por la elevación del mundo. Dios está con cualquier persona que esté dispuesta a hacer esto. Ese fue el motivo por el cual él recibió la visión. Hijos, esta es una buena lección para vosotros."

Otro brahmachari preguntó: "¿Quién le dio esa visión? Yo no creo que fuera Dios, sino tú, Amma. Tú le concediste esa bendición tan poco común, pues él vio tu forma en la visión, no la de un dios."

Amma respondió: "Esa visión fue el fruto de sus oraciones, el resultado de las lágrimas que derramó, de su fe inocente, de su empeño y profundo anhelo."

Y siguió dando más detalles sobre la naturaleza del gurú: "El gurú es como el sol; simplemente, brilla. Él no puede ser de otra manera. Brilla y todo aquel que mantenga abiertas las puertas de su corazón recibirá la luz. Dios, simplemente, es. No tiene límites ni condiciones. Él da sin poner ninguna condición. Si la puerta de vuestro corazón está cerrada, Él no entrará. Esperará fuera, pero no entrará a la fuerza. Dios no agrede, porque es amor. Y el amor no utiliza la violencia. El amor es una corriente ininterrumpida e inquebrantable. La compasión es como un arroyo sin final. Nunca hace daño a nadie. Son los seres humanos los que hieren por naturaleza. Pero el amor y la compasión no hieren jamás. Nosotros hacemos daño a los demás porque tenemos ego. El ego se alegra cuando ve que otros son desgraciados, que se pelean y sufren.

El gurú ni tiene ego ni deja de tenerlo. Está mucho más allá, más allá de las nubes y del cielo. Él simplemente es. Podéis ver cómo vuestro sufrimiento y vuestra alegría se reflejan en el gurú. Sin embargo, él no se siente triste ni feliz. Él es como un espejo. Por el contrario, el ego no puede reflejar los sentimientos de los demás, porque el ego es como una nube, es turbio y polvoriento. No ve nada, pues está ciego. Es incapaz de ver a los demás. El ego sólo os ve a vosotros, a vuestro pequeño yo.

El gurú no es un ego, es el universo, lo es todo. Se puede adaptar a cualquier cosa. Vosotros veis su forma externa, pero no lo que está dentro, porque, internamente, es inaccesible. El gurú es impredecible. No podéis decir que es de una manera u otra. Ni siquiera podéis decir cómo es un ser humano normal y corriente, así que, mucho menos, cómo es un gurú. El gurú se sale de lo normal, pero también es normal. Es ambas cosas. No intentéis etiquetarlo o juzgarlo. Ni esperéis que sea de una manera determinada o se ajuste a un modelo específico. No admite estereotipos. No lo podéis juzgar con vuestro intelecto limitado. Cualquier juicio que emitáis sobre él estará equivocado porque no se puede explicar qué es un gurú. No se puede explicar ni reducir su ser mediante palabras. Sin embargo, cualquier cosa que digáis sobre él será verdad porque él lo es todo. Es la noche, pero también el día; es la oscuridad y también la luz.

Sri Krishna fue un gran maestro, una persona que representaba todos los papeles porque tenía cientos de máscaras. La gente lo confundía con sus máscaras y ningún comentario que hicieran sobre él era cierto, porque él estaba más allá de cualquier juicio. Los Kauravas y los Pandavas dijeron muchas cosas sobre él, pero todas equivocadas. Aquellos que llegaron a comprender un poco a Krishna se callaban, porque sabían que cuando hablaran de él se equivocarían. Ni siquiera sus esposas lograron entenderlo. Arjuna, su amigo y discípulo, sólo vio una parte muy pequeña de Krishna, lo mismo que Bhishma, Uddhava y Vidura (devotos de Krishna en los clásicos de la antigüedad). Otros lo vieron de una manera igual de limitada. Lo que Arjuna vio fue su forma cósmica, pero no pudo experimentar su aspecto sin forma. Muchos eruditos han intentado explicar a Krishna y muchos siguen intentando descifrarlo y describirlo, pero estos datos no revelan nada sobre él. Ni siquiera Vyasa, que escribió sobre su vida en el *Srimad Bhagavatam*, pudo ofrecer una explicación completa, porque todas sus explicaciones y descripciones dependían de las palabras. Y las palabras provienen del intelecto y de la mente, que son limitadas. Sin embargo, el gurú está más allá de la mente y de las palabras. Esa es la naturaleza de un auténtico gran maestro."

Todos se quedaron profundamente absortos en las palabras de la Madre, como si les hubieran dado a probar un bocado de la naturaleza del gurú. Las palabras de la Madre rebosaban autenticidad y poder. Sintieron que la Madre se había referido a ella misma aunque no hubiera hecho una alusión directa. Algunos brahmacharis entendieron que la Madre les había dicho: "Habláis mucho sobre 'mí', pero 'yo' no soy eso. Seguís hablando y no captáis la esencia, hijos. Siempre pasáis por alto lo que 'yo' soy." Permanecieron en silencio. La expresión de la Madre era majestuosa y mostraba con claridad su gloria y esplendor espirituales. Cuando se sentó en medio de los residentes y devotos, parecía estar separada de lo que la rodeaba. Puede que se acordara de su verdadera naturaleza. Tenía los ojos fijos en un punto concreto, pero era difícil decir dónde; y aunque los tenía bien abiertos, no se movían. Estuvo sin parpadear unos cinco o seis minutos. Sentada, con la columna recta, daba la impresión de que no respiraba. Sus manos reposaban en su regazo con las palmas hacia arriba. Pasaron unos cuantos minutos más antes de que la Madre saliera de ese estado. Volvió al plano normal de conciencia recitando su mantra preferido, "Shiva. Shiva", y haciendo remolinos en el aire con la mano derecha.

Un brahmachari necesitaba aclarar una cuestión: "Amma, has dicho que el gurú ni tiene ego ni lo deja de tener, que no es ni las nubes ni el cielo. Si estamos intentando librarnos del ego, ¿por qué has dicho que el gurú tampoco está libre de ego? Consideras que no es 'ni las nubes ni el cielo', pero si el cielo es la grandeza, ¿estás diciendo que el gurú no es grandioso? Sin embargo, nosotros entendemos que la grandeza es el estado final. Parece que todo esto es contradictorio. Amma, ¿podrías aclararlo, por favor?"

Amma procedió a explicarlo: "Hijos, ninguna cualidad puede existir sin su opuesto. Cuando decís que alguien es bueno, el concepto 'malo' también está presente. 'Bueno' no puede existir sin 'malo'. Al decir 'oscuro', también se sobreentiende la idea de 'no oscuro' o de luz. Si sólo hubiera oscuridad o sólo luz, no podríamos describir ninguno de los dos, ya que no habría contraste. Cuando decimos que 'la flor es bella', es que tenemos en mente algo 'no bello' o feo. Todas las cosas que decimos son así. Para decir 'bello', también debe existir su opuesto. Para decir 'bueno', su opuesto, 'malo', tiene que existir como concepto. Si no, no se puede comparar. En este mundo de nombres y formas, en este mundo de dualidades, sólo podemos pensar y hablar en términos de opuestos y contrastes.

Así, cuando decimos que el gurú ni tiene ego ni deja de tenerlo, entendemos que él está más allá del mundo de las dualidades. No se puede describir con palabras el estado en el que el gurú está establecido. 'Ni las nubes ni el cielo' no son más que palabras que indican formas. No importa qué palabras usemos, porque éstas siempre limitan; lo cual quiere decir que hay un límite. Podríamos usar la imagen del cielo como 'amplio y espléndido', pero esto es relativo, porque hace referencia a un cielo sin nubes en comparación con un cielo nublado. Y, con todo, el concepto 'cielo' indica un límite. Incluso decir que el gurú 'no tiene ego' es también una expresión que limita. Cualquier descripción, implica un límite y, donde hay límites, los contrastes son posibles. El opuesto debe existir.

La palabra 'expansión' también conlleva la idea de 'no expansión'; sin embargo, el estado supremo en el que habita el gurú, no admite comparaciones ni contrastes. En realidad, es imposible expresarlo en palabras. Pero, para nosotros, que sólo estamos familiarizados con nombres y formas, no hay otra manera de hacernos una idea sobre este estado inexplicable si no es usando comparaciones, contrastes y analogías. Y, a pesar de todo, el estado de unidad Suprema va mucho más allá de estos conceptos.

La dualidad no existe en el estado Supremo en el que el gurú está permanentemente establecido. No hay contrastes ni opuestos. Ese estado Supremo atraviesa cualquier límite. No se puede decir: 'Termina aquí', porque es infinito. Ahora bien, podríais decir que *maya* o, lo que es lo mismo, la ignorancia, es su opuesto. Sin embargo, *maya*, el mundo o la ignorancia, son sólo una proyección de la realidad Suprema. No puede existir sin Brahman. Nada puede existir sin Brahman, el absoluto. Brahman es completamente independiente, mientras que el mundo depende de Brahman para existir. Brahman es. Por lo tanto, en el Uno, el Todo, las comparaciones y contrastes de opuestos dejan de existir. Todo esto que estamos tratando está mucho más allá de la comprensión humana. No podemos decir nada sobre este asunto porque lo trasciende todo. Hay una contradicción aparente, pero sólo se encuentra en vuestra mente. Abandonad los razonamientos y veréis que no hay contradicciones de ningún tipo."

Otro brahmachari comentó: "Amma, has dicho que el gurú nunca hace daño a nadie, pero a veces nos riñes y nos sentimos heridos."

Amma explicó con detenimiento este tema: "Hijo, dices que la Madre te regaña, pero no dices por qué. ¿Os riñe la Madre por un pequeño error que sólo habéis cometido una vez? No, ella os señala y corrige los errores que repetís y que suponen un obstáculo grave para vuestro crecimiento. Puede que creáis que os riño, pero si la Madre lo hace es para fortaleceros. Los hijos de la Madre deberían ser fuertes para afrontar cualquier dificultad que la vida les presente, sin importar dónde estén. Este ashram es un verdadero *kalari*, un lugar donde los guerreros se entrenan en las artes marciales con espada y escudo. Deberíais convertiros en verdaderos guerreros, en unos guerreros realmente valientes.

La Madre os ama. No siente más que compasión por vosotros y es muy paciente. Pero esta expresión externa de amor, compasión, cariño y paciencia, no siempre os ayuda a crecer porque seguís siendo egoístas. Olvidáis el objetivo y empezáis a actuar indiscriminadamente. Tenéis celos y os peleáis por el amor de la Madre. Ella nunca os ha reñido. Al contrario, sólo intenta recordaros qué hacer, cómo hacerlo y cuándo hacerlo. La Madre sólo pretende que seáis más cuidadosos y estéis alerta. Es la expresión del amor que siente por vosotros.

Decís que os riño, pero la Madre os dice algo cuando repetís los mismos errores una y otra vez. Lo hace con el fin de corregiros si ve que seguís repitiendo algo que obstaculiza vuestro crecimiento. Pero ella no os riñe porque sí. Si la Madre cree que deciros las cosas con firmeza es la única manera de haceros conscientes de vuestro objetivo, entonces, lo dirá con firmeza para que se grabe en vosotros. De lo contrario, ¿de qué sirve vivir aquí, si no vais a cambiar vuestras costumbres y vuestra actitud pensando que así ampliáis vuestra visión de la vida? El objetivo con el que habéis venido aquí se perderá, si os empeñáis en seguir siendo los mismos, sin crecer espiritualmente.

Hijos, ¿sabéis cuánto riñeron a la Madre y por cuántas pruebas y sufrimientos tuvo que pasar? Damayanti Amma observaba minuciosamente todo lo que la Madre hacía. Si, después de que barriera el patio, quedaba algo de basura, Damayanti Amma le pegaba. Después de fregar, Damayanti Amma examinaba la vajilla, y si encontraba el más mínimo rastro de suciedad, regañaba a la Madre. Si, mientras barría el suelo, se soltaba una hebra de la escoba, Damayanti Amma no se lo perdonaba. Si mientras cocinaba, caía una mota de polvo o de ceniza en el puchero, Damayanti Amma la castigaba. Cuando la Madre recogía hierba para las vacas, Damayanti Amma la vigilaba desde lejos para ver si la Madre perdía el tiempo charlando con otros. Damayanti Amma pegaba a la Madre si se quedaba a hablar con alguien. La Madre no se sintió herida por que la riñeran, ni siquiera por los golpes físicos, pues consideraba que todas estas experiencias se debían a la bondad de la providencia. La Madre no guardó amargura ni resentimiento; en lugar de eso, su mente miró hacia dentro.

Hijos, el dolor que sentís cuando os riñen por un error no es culpa de quien os regaña. Tanto el placer como el dolor pertenecen al ego. Vuestro ego se siente herido y por eso, os duele. Queréis hacer algo a vuestra manera, pero alguien no opina igual y os lo dice. Entonces os sentís tristes o experimentáis dolor. No os paráis a pensar que es posible que lo que queréis, no está bien. Al no considerar los problemas que puede acarrear el hacer las cosas a vuestra manera, no pensáis en las consecuencias que puede tener vuestra conducta incorrecta. No tenéis en consideración a los demás, ni cómo se pueden sentir por vuestros actos egoístas que les causan dolor. No pensáis más que en vuestro dolor. Cuando os sentís heridos, es vuestro ego el que está herido.

Alguien ha señalado con el dedo a vuestro ego y no lo podéis soportar. Os sentís heridos porque vuestro ego ha sido cuestionado. Reaccionáis negativamente al sentir que vuestra importancia personal disminuye, y no podéis soportarlo. No sois capaces de ver más que vuestro pequeño ser egoísta y el reducido mundo que vuestro ego ha creado. Si alguien os interrumpe en vuestro diminuto mundo intentando corregiros, os enfadáis con esa persona, la maltratáis, la criticáis y le echáis toda la culpa. Pensáis que sois inocentes. Creéis que estáis intentando ser buenos chicos, limpios, puros, perfectos; y decís que el otro os hirió, que os regañó y que todo es por su culpa.

¿Qué pensáis de vosotros mismos? ¿Creéis que sois almas puras? No, no lo sois. No sois más que un ego limitado. Podéis alcanzar la perfección, pero para que eso ocurra, necesitáis que os guíen, que os corrijan, que os disciplinen. Este es el proceso que un discípulo tiene que atravesar. Si no permitís que alguien, y ese 'alguien' es el gurú, trabaje en vosotros, es muy difícil que haya una transformación.

Las reprimendas del gurú no deben ser consideradas como simples juegos de palabras, sino como bendiciones. Cuando el gurú os riñe, su gracia y compasión empiezan a fluir hacia vosotros. Se ha fijado en vosotros y quiere salvaros. Desea liberaros eternamente. El gurú no puede hacer daño a nadie. El río no os puede herir, ni el viento, ni el sol. Ellos, simplemente, son. Tan sólo, están presentes. El río no puede cambiar su naturaleza, ni tampoco el viento, ni el sol. De igual manera, el gurú no puede modificar su naturaleza.

El gurú ilumina. Así como el viento no puede dejar de soplar, ni el río de fluir, ni el sol de brillar; el gurú no puede dejar de ser lo que es. Una persona os puede hacer daño porque tiene ego y os ve como entes separados de ella. Tiene el sentimiento de 'el otro.' Su ego y el vuestro entrarán en conflicto. Pero el gurú no ve diferencias porque está más allá de cualquier diferencia. Él no tiene el sentimiento de 'el otro', ni tiene ego porque no es una persona. De hecho, ahí no hay una persona, en absoluto. Sólo hay conciencia y la conciencia no puede herir a nadie. Cualquier cosa que venga del gurú es por vuestro bien. Vosotros sois los que lo percibís como algo hiriente y, entonces, os quejáis diciendo que es culpa del gurú.

Los seres humanos cultivan flores aromáticas y pisotean la mala hierba. Dejan crecer los árboles que son beneficiosos y útiles, y cortan aquellos que no sirven. Matan animales salvajes y fieros, y crían animales domésticos y útiles. A sus espaldas, hay una larga historia de explotación. Esas matanzas son una forma de explotación, que proviene del egoísmo, no del amor. Cultivan flores y árboles frutales por la única razón de explotarlos para su propio beneficio egoísta. Comen la fruta para calmar su hambre y saciar su sed. Utilizan las flores para decorar sus casas y jardines. Si las plantas dejan de dar flores y los árboles fruto, las cortan o los arrancan y los tiran a la basura.

Ocurre lo mismo con sus animales domésticos. Necesitan leche para nutrir su cuerpo y por eso crían vacas. Pero en cuanto la vaca deja de dar leche, la convierten en carne. Si ya no sirve para un propósito egoísta, entonces la matan con otro propósito egoísta. Explotan la vaca y luego la destruyen. Crían gatos y perros para su propia diversión, no porque sientan un gran amor por ellos, sino al contrario. Los animales aman a las personas y estas necesitan el amor del animal. Si el perro los muerde o el gato les roba comida, el amor por el animal desaparece y se transforma en odio. Ocurre lo mismo entre los miembros de una misma familia. Las personas se explotan unas a otras. El padre y la madre se convierten en una carga cuando son viejos y débiles, y son enviados a una residencia de ancianos. Los hijos quieren a sus padres cuando dependen de ellos para conseguir comida, ropa y refugio. Pero cuando se hacen independientes, el amor desaparece y los conflictos y las discusiones ocupan su lugar. Hijos, así es la naturaleza del mundo.

Pero los *Mahatmas* no son así. Ellos son como el viento. Mientras que los seres humanos disfrutan del olor de las flores aromáticas y pisotean la mala hierba, el viento sopla con suavidad y acaricia tanto las flores como las malas hierbas. El viento nunca se detiene para oler el dulce aroma de la rosa o del jazmín, ni deja de soplar sobre el apestoso excremento, porque no tiene preferencias ni establece diferencias. Está más allá de cualquier diferencia. Lo mismo ocurre con un *Mahatma*. Él lo ama todo y lo acepta todo, tanto lo que nosotros llamamos 'bueno' como lo que consideramos 'malo'. Está más allá de lo que nos gusta y lo que no. Él, simplemente, es. Todo el que quiera beneficiarse de la presencia de un *Mahatma*, lo puede hacer. Aquellos que no quieran acercarse a él, no tienen por qué hacerlo. Pueden criticarlo, maltratarlo, insultarlo u ofenderlo si así lo desean. Pero no penséis que su actitud hacia ellos variará. Seguirá siendo el mismo y siempre será el mismo, porque no ve diferencias. Él ve a todos y todas las cosas como pura conciencia. Sin embargo, vosotros sois distintos, veis diferencias. Pero, recordad, si sois diferentes y veis diferencias es por vosotros. No tiene nada que ver con el gurú, puesto que él sigue siendo el mismo. No podéis dividirlo proyectando sobre él vuestro propio estado, en el que establecéis diferencias."

Todas las personas que escuchaban a la Madre, brahmacharis, devotos miembros de familia y visitantes, se sintieron enormemente inspirados por la claridad y profundidad de sus palabras. Estaban embelesados. Era una corriente continua de puro conocimiento, como la corriente del sagrado Ganges. Era tan clara y espontánea que disipó todas las dudas. Todos sintieron que la Madre hablaba de ella misma cuando se refería al gurú. Estaba compartiendo sus propias experiencias con quienes la escuchaban. Los devotos atesoran cientos de anécdotas sobre la ilimitada compasión y amor de la Madre. Ellos pueden contar muchos casos que muestran cómo ella está más allá de cualquier diferencia.

Cuando la Madre dejó de hablar, el brahmachari que había dicho que se sentía herido cuando lo reñían, estaba muy avergonzado de sí mismo y dijo con la voz cargada de remordimiento: "Amma, te pido perdón por haber hecho ese comentario. No estaba protestando. No quería decir que tus reprimendas fueran innecesarias." Se detuvo porque tenía un nudo en la garganta. Y siguió diciendo con lágrimas en los ojos: "Amma, por favor, no dejes de corregirme, sigue haciéndolo. Sólo quería decirte que, aunque sabía que me riñes para que crezca espiritualmente, sentía un pequeño dolor debido a mi ego. Perdona mis defectos, perdóname, Amma mía." Lleno de remordimiento, el brahmachari no pudo controlar sus emociones mientras intentaba secarse las lágrimas.

Lo que siguió a continuación fue otra muestra de la desbordante compasión de la Madre por su hijo, cuya inocencia también llenó de lágrimas los ojos de la Madre. Ella derramó sobre él su envolvente amor poniéndolo en su regazo y acariciándole la espalda con mucho cariño. La Madre le secó las lágrimas y, poco a poco, lo levantó de su regazo y le puso la cabeza sobre su hombro, tranquilizándolo: "Hijo, no había nada malo en tu pregunta. De hecho, a la Madre le agradó tu sinceridad. Se dice que a un gurú habría que hacerle las preguntas como si se estuviera ante una cobra. Una cobra tiene la piel del cuello plegada casi todo el tiempo. Pero si la golpeáis, desplegará de inmediato esta piel para parecer más grande. Y cuanto más la provoquéis, más piel desplegará. De igual manera, cuando hagáis preguntas al gurú, exigidle. Si hacéis preguntas provocativas, recibiréis respuestas más profundas.

Un buscador sincero y curioso hará preguntas espontáneas. No deberíais elaborar preguntas complicadas por el mero hecho de preguntar. Si es así, puede que no recibáis las respuestas adecuadas. El factor decisivo es la sed interior del que pregunta, en su ansia por saber. Esto también invocará al gurú, porque, por naturaleza, el gurú prefiere vivir en el Ser, en el silencio interior. Ponerse al nivel del cuerpo físico para comunicarse es algo que le cuesta mucho. Él no desea hablar sobre la verdad Suprema. Hablar distorsiona la verdad y él no quiere distorsionar la verdad porque sus palabras y su mente están establecidas en la experiencia interna de la verdad. Hablar requiere un ego. En el caso de un maestro perfecto, él debe crear un ego para hablar y enseñar. Pero cuando el gurú habla, habla por experiencia; eso es lo que expresan sus palabras. Y éstas, no distorsionan la verdad. Para hacer hablar al gurú, el discípulo o quienquiera que haga la pregunta, debería plantear preguntas sinceras. Deberían guiarse por el afán de conocimiento. Ante un buscador sincero, el gurú no puede quedarse callado; debe hablar."

La cabeza del brahmachari descansaba todavía sobre el hombro de la Madre. Ella se la levantó con suavidad y calmó su mente arrojando más luz sobre lo que había dicho: "Por lo tanto, hijo mío, no te preocupes por la pregunta que planteaste, pues fue sincera y espontánea. A una pregunta muy pensada le puede faltar sinceridad, ya que pierde espontaneidad. Las preguntas sinceras y espontáneas son, a menudo, verdaderas preguntas que salen sin ningún esfuerzo. No estés triste."

Las dulces palabras de la Madre consolaron al brahmachari. Entonces, otro brahmachari dijo: "Si uno puede descansar tanto tiempo sobre el hombro de la Madre, a mí también me gustaría hacer una pregunta sincera." Todos se rieron, al igual que la Madre, que rió encantada. Con sus risas, el ambiente se relajó.

Capítulo 10

3 de mayo de 1984

El Trabajo como Adoración

A las seis y media de la mañana, la Madre estaba barriendo las instalaciones del ashram. Al verlo, Gayatri, Kunjumol y algunos brahmacharis corrieron hasta ella e intentaron quitarle la escoba. "Amma, por favor, deja de barrer, ya lo haremos nosotros." Ella siguió barriendo con mucha concentración, inclinada sobre la corta escoba de caña. No levantó la vista, a pesar de los insistentes ruegos para que lo dejara. Algunos fueron a buscar más escobas, con la esperanza de poderla ayudar barriendo la otra parte del recinto. Cuando la Madre los vio llegar con escobas, dijo: "No se necesita ayuda. Llevaos las escobas." Ellos siguieron insistiendo hasta que, al final, la Madre dejó de barrer y se incorporó para amonestarlos: "Dejad de hablar. No hagáis ruido. Cuando la Madre trabaja, quiere hacerlo con concentración. La Madre considera que esto es una forma de adoración. Ella ve a Dios en el trabajo, no es sólo el hecho de barrer."

Después, la Madre siguió barriendo. Sin embargo, todos la siguieron, pero no dijeron nada más. Barría con rapidez y eficacia. El suelo estaba limpio y las cañas de la escoba dejaban un bonito dibujo sobre la arena. La Madre superó a todos los demás. Cada día, los residentes se turnaban para barrer el recinto y solían tardar, por lo menos, tres cuartos de hora. La Madre barrió todas las instalaciones del ashram en veinte minutos, en menos de la mitad del tiempo.

Cuando terminó, la Madre se sentó en la cara sur del templo. Aunque estaba sudando después de haber barrido con tanta energía, no se sentía cansada. El grupo que la había seguido se reunió a su alrededor, sin acercarse mucho, porque estaban un poco asustados. La Madre no dijo nada. Se quitó el sudor de la cara y las manos con una toalla que le ofreció Gayatri. Kunjumol le trajo un vaso de té, pero se limitó a sostenerlo en la mano, temerosa de ofrecérselo a la Madre para que lo bebiera. Al cabo de un rato, venciendo su miedo, Kunjumol le dijo: "Amma, es té." Ella respondió: "No, no quiero. Hoy no voy a comer, ni a beber."

A continuación, cuando la Madre empezó a hablar de la cuestión que había surgido, llegó el verdadero *satsang*: "A vosotros, hijos, os falta auténtico *sraddha*. Eran las seis y media de la mañana y nadie había barrido el ashram. ¿No sabéis que hay que terminarlo antes de que amanezca? ¿Acaso no sabéis que esto es un ashram, un lugar de adoración? ¿Cuántos brahmacharis hay aquí? ¿Cuántos? Y estas chicas también se han vuelto unas descuidadas. Es vuestro deber mantener el lugar limpio y ordenado. Nadie ha tenido ni el sentido común ni el discernimiento para hacerlo. ¿Os podéis sentar a meditar en un lugar desordenado, sucio y feo? No, no podéis. Para eso, es necesario que todo esté limpio y ordenado. Si no es así, la suciedad y el desorden afectarán vuestra mente y no podréis concentraros. Si no mantenéis limpio el entorno del ashram, los que vengan de visita creerán que quienes viven aquí son igual de sucios y desordenados.

La gente aprovecha cualquier oportunidad para juzgar a la Madre. Pensarán que ella no está educando bien a sus hijos. Si la Madre se preocupa por cómo la gente juzga el ashram, es por vuestro propio beneficio. Lo que ellos digan no va a afectar a la Madre. Ella puede vivir en cualquier parte, sin que le importe lo que la gente diga. La Madre está acostumbrada, pues ha entrenado su mente muy bien. Durante su periodo de *sadhana*, la Madre pasó mucho tiempo al aire libre, bajo la lluvia y el sol. Ella ha dormido sobre la arena, sobre el barro y entre la basura.

La Madre ha comido trozos de cristal, ha usado posos de café y hasta excrementos humanos. Ella lo hizo para trascenderlo todo. Ella tenía mucha *vairagya*. Hijos, no penséis que lo que la Madre dice o hace es por su propio beneficio, sino por el vuestro. La Madre no tiene nada que perder ni que ganar. Para ella, todo es lo mismo. Para vosotros, sin embargo, no todo es lo mismo; todavía veis diferencias entre unas cosas y otras. Os queda mucho camino por recorrer.

Además, ninguno de los que estáis aquí sabéis lo que es el dolor. Nunca habéis trabajado duro ni habéis logrado las cosas con el sudor de vuestra frente y, por eso, no sabéis las dificultades por las que otras personas pasan. La mayoría venís de familias acomodadas. No tuvisteis que preocuparos por nada, pues teníais la comida esperándoos cuando os sentabais a la mesa. No tuvisteis que hacer las tareas de la casa, ni siquiera lavaros la ropa. Crecisteis acostumbrados a que vuestros padres os dieran todo lo que queríais.

Pero la vida espiritual no es para personas así. Para llevar una verdadera vida espiritual, uno debe saber por propia experiencia qué es el dolor y el sufrimiento. Para una persona que ha crecido en la abundancia, no es fácil llevar una verdadera vida espiritual. Necesita bajar a tierra. Debe estar dispuesta a vivir la vida real, una vida de trabajo agotador. Necesita que se le dé la oportunidad de saborear y oler su propio sudor. Vosotros, hijos, no conocéis el valor del trabajo. El trabajo es Dios. La Madre solía rezar al Señor: "¡Oh, Señor, dame trabajo. Dame tu trabajo.'"

Un brahmachari habló y explicó que la persona que tenía que barrer había salido del ashram muy temprano para hacer un recado. Pero la Madre lo interrumpió: "Hijos, ¿sabéis que a los nueve años la Madre se tenía que levantar a las tres de la mañana para empezar su jornada de trabajo? Durante todo el día, estaba ocupada en diferentes tareas. Empezaba limpiando la casa y barriéndolo todo. Después, tenía que realizar mil tareas distintas: ir a buscar agua, cocinar tres veces al día, limpiar y dar de comer a las vacas, ordeñarlas, fregar los pucheros, lavar la ropa de toda la familia y moler las cáscaras de coco con un mortero de madera para hacer cuerdas. A veces, la Madre tenía que moler las cáscaras crudas, lo cual es más difícil. Incluso se le cayó el pelo de una parte de la cabeza por llevar constantemente jarras de agua y ollas de arroz caliente. Pero a la Madre no le importó.

La ropa de la Madre nunca estaba seca. Tenía que caminar por el agua para recoger la hierba de las vacas. Y siempre se empapaba parar ir a buscar agua y lavar la ropa de la familia. A la Madre le hubiera gustado tener la ropa seca, pero nunca se quejó. Aunque tenía tanto trabajo que hacer, siempre pedía a Dios más para que ella estuviera siempre ocupada en dedicar cada uno de sus actos a Él. A la Madre la reñían con dureza e incluso la golpeaban, pero todo esto le servía para volver su mente hacia dentro, en lugar de amargarse o resentirse.

Además de sus deberes domésticos, a la Madre la mandaban a casa de sus parientes para servirlos. En casa de su abuela, la Madre se ocupaba de cualquier tipo de tarea, incluso remaba para cruzar los canales y llevar a sus primos a la escuela."

La Madre hizo una pausa. Todos siguieron sentados, sin moverse. Después, continuó: "Hijos, la Madre estaba ocupada todo el día desde los cinco años hasta los veinte. Incluso, en la actualidad, a la Madre no le gusta estar sentada, sin hacer nada. Simplemente, no puede.

Si un *sadhak* no trabaja, está engañando al mundo y a Dios en nombre de la espiritualidad. Ninguno de vosotros ha sufrido como la Madre. Ni siquiera hoy tenéis problemas ni disgustos. No tenéis que pensar en nada, ni preocuparos por nada. Mirad a la Madre. Ella no necesita trabajar y, sin embargo, lo hace. Ella trabaja, pero no por propio beneficio, ni para ganar un sueldo, ni para forjarse un nombre o alcanzar la fama, ni tampoco para complacer a alguien. Y, sin embargo, el trabajo la colma de felicidad. La Madre no espera nada de nadie. Simplemente, trabaja porque le apetece hacerlo.

Hijos, en aquellos años de su niñez, en los que la Madre trabajaba tanto, había parientes a los que ella pudo haber pedido ayuda. Incluso, podía haber dicho: 'No puedo con todo este trabajo. Hay más niños, ¿por qué no les decís que hagan algo?' Pero no, ella nunca se quejó, ni pidió ayuda. La Madre lo aceptó todo como una muestra de la bondad divina. Nunca pensó que el trabajo fuera una carga. Al contrario, se sentía feliz al hacerlo porque lo consideraba trabajo de Dios, trabajo que provenía de la voluntad de Dios. El trabajo fue la *sadhana* de la Madre.

Cuando decís: 'Hoy le tocaba barrer a fulano, pero como no está aquí, nadie ha barrido', no estáis actuando con sinceridad ni conciencia. Especialmente, vosotros, que sois aspirantes espirituales, deberíais evitar actuar de esa manera. No habríais dicho eso, si se hubiera tratado de vuestra propia casa. 'Si es mío, lo haré; pero si es de otro, ya no me importa. No voy a hacer lo del otro.' Así actúa una persona egoísta que sólo piensa en sí misma y en lo suyo. 'No es asunto mío meter la nariz en la vida de los demás.' Esa es la actitud de la gente egoísta. Hijos, estamos intentando salir de esa visión tan estrecha. La actitud que queremos desarrollar es la de: 'Todo es mío; todo es de Dios. Yo no soy más que un instrumento en sus manos para hacer su trabajo aquí.'

Vosotros sois los que tenéis que elevaros hacia el extenso cielo de la espiritualidad. Y para lograrlo, necesitáis las alas del desinterés y del amor. Deberíamos ser capaces de hacer cualquier cosa con amor y sinceridad. Deberíamos considerar la oportunidad de amar y servir a los demás como un preciado don, una bendición de Dios. Deberíamos alegrarnos y agradecerle que nos dé esas oportunidades. Un buscador espiritual debería tener siempre una actitud positiva, sin abrigar sentimientos o actitudes negativos. Para ser positivo, se necesita fuerza y valor. Hace falta una mente que se atreva a abandonar las viejas costumbres y desarrolle otras nuevas, basadas en los principios espirituales. Es posible. Ese es el objetivo de la *sadhana*.

La gente sólo elige y hace el trabajo que le gusta. Los buscadores espirituales no deberían actuar así. Tendrían que ser capaces de hacer cualquier tipo de trabajo, en cualquier momento, sin pensar si les gusta o no. Aquí reside la grandeza."

Sin decir nada más, Amma se puso en pie y se fue. Como ya era casi la hora de la meditación matutina, todos se pusieron en marcha, arrepentidos, pero inspirados por las palabras de la Madre.

Dos Madres

Durante el *darshan* uno de los devotos hizo una pregunta a la Madre: "Amma, una vez te oí decir que hay dos Madres, la exterior y la interior. No entiendo qué quieres decir, ¿me puedes explicar el porqué de esta división?"

La Madre le contestó: "Hijo, hay dos aspectos diferentes de la Madre, el *maya rupam* (la forma ilusoria) y la Madre de la 'Mente de mentes'.[15] El *maya rupam* es la forma externa, el cuerpo. Para vosotros, la Madre es este cuerpo y así lo llamáis. Pero en las profundidades de la 'Mente de mentes,' hay otra Madre. Con los ojos, no podéis ver a la Madre que está en la 'Mente de mentes.' Sólo veis a la Madre exterior.

La Madre exterior, el *maya rupam*, se ríe, juega, habla, come, duerme y hace todo lo que los seres humanos hacen. Esta forma se mezcla y se comunica con vosotros. Esta forma cambia, envejece.

---

[15] Tomado del *Kenopanishad*, 'manaso manah,' o 'Mente de mentes,' que significa el Purusha supremo, la conciencia absoluta, la conciencia testigo.

Esta forma tuvo un nacimiento y, por lo tanto, debe perecer. Tiene un principio y un fin. A través de una asociación cercana con este cuerpo, podéis entender, hasta cierto punto, a esta Madre, a la exterior. Podéis hablar con esta Madre y hacerle preguntas. Sus hijos aman esta forma y la Madre también ama a sus hijos. A veces, podéis complacer a la Madre exterior. La hacéis feliz y hasta la hacéis llorar. Podéis darle de comer, servirla y decirle que descanse. Ella se lo pasará bien haciendo chistes. Se preocupará de sus hijos. A veces, mostrará apego y, en otras ocasiones, expresará lo que le gusta y lo que no. Hasta es posible que actúe de acuerdo con vuestros caprichos. Esta Madre exterior es importante, tanto como la Madre interior, porque sin ella, no conoceríais nada sobre la Madre interior.

La Madre interior, cuya verdadera naturaleza es infinitud y silencio, se manifiesta visiblemente a través de este cuerpo para que sus hijos puedan atisbar a la Madre que hay en lo más profundo. Este cuerpo es poderoso y es capaz de expresar el infinito poder interior. La razón por la que esta Madre exterior existe es para ayudaros a alcanzar a la Madre interior, a la Madre de la 'Mente de mentes.' La Madre interior no posee ninguna cualidad externa. Existe en silencio total y sin atributos en la 'Mente de mentes.' El silencio es el lenguaje de esta Madre interior. Todas las prácticas espirituales se hacen para complacerla a ella. Cualquier servicio que realicéis para la Madre exterior, el *maya rupam*, se hace para complacer a la Madre interior. En realidad, no se puede usar la palabra 'complacer' en el caso de la Madre interior. Cuando, a través de la práctica espiritual, os abrís, la experiencia de la gracia simplemente fluye hacia vosotros. Y entonces, está dentro de vosotros. Siempre estuvo ahí.

Ni siquiera podéis llamar 'Madre' a la silenciosa Madre interior, porque 'Madre' es un nombre y, en la 'Mente de mentes,' donde reside la Madre interior, no hay nombres ni formas. Esa

Madre interior no tiene ningún apego, ni gustos, ni siente aversión por nada. Para esa Madre no existen las emociones, ni la preocupación. Ella no duerme ni come, no ama ni odia a nadie. Simplemente, es. Todo lo que se expresa a través de este cuerpo, es para vosotros, para vuestro crecimiento espiritual. Sin el cuerpo, no podéis ver nada de la Madre interior. En realidad, esta Madre exterior no existe tal y como pensáis que la estáis viendo. Sólo existe la Madre interior. Esa Madre interior es tranquila, silenciosa, invariable, inamovible."

No acabó la frase. Antes de que pudiera decir algo más, la Madre empezó a reírse llena de felicidad. Su risa era sonora, pero no duró mucho tiempo. Acto seguido, la Madre hizo una respiración larga y profunda, y se quedó inmóvil. Se sentó a meditar adoptando una postura perfecta, con los ojos cerrados y la cabeza ligeramente levantada. Después de hacer una respiración inicial profunda, parecía que no iba a exhalar el aire. Pasaba el tiempo y todos empezaron a preocuparse. Era como si su respiración se hubiera detenido también. Algunos sugirieron sacar a la Madre de ese estado con una fuerte sacudida, pero cuando un Brahmacharin cantó una *sloka* sánscrita del *Soundarya Lahari*, descartaron esa idea.

En unión con Shakti, Shiva tiene
El poder de crear el universo.
De otra manera, ni siquiera es capaz de moverse.
Por lo tanto, quién, sino aquellos dotados
Con grandes dones, adquiridos en el pasado,
Pueden ser tan afortunados
De saludarte y alabarte, oh, Madre divina,
A ti, a quien incluso
Vishnu, Shiva y Brahman adoran.

Después, entonaron el *Karunalaye Devi*, en el que todos participaron con verdadero entusiasmo.

Oh, Diosa, morada de la compasión,
Que concedes todo lo que se desea,
Oh, Katyayani, Sauri, Sambhavi, Shankari.

Oh, esencia del Om, oh, Madre, Madre, Madre,
Tú eres la esencia del Om,
Tú amas el sonido Om,
Cuando oigas el mantra 'Om Shakti',
Oh, Madre, vendrás corriendo, oh, gran Maya.

La creación, conservación y destrucción
Del universo son todas obras tuyas,
Oh, Madre, todo es tú y tú lo eres todo.
No hay nadie más que tú, oh, Madre,
El ser de la dicha. Oh, ser dichoso,
Concédeme algo bueno.

Sus corazones se llenaron de alegría y casi todos sollozaban, incapaces de contener el llanto. Cantaban con las palmas unidas, en señal de reverencia y no dejaban de mirar a la Madre. El clímax llegó cuando el cantante principal cantó: "Amme…Amme… Amme…", mientras el coro respondía. Era como si un dique se hubiera reventado e, inspiradas por la Madre, se desbordasen las aguas del amor y la devoción. Cada uno fue transportado a niveles de emoción que no se pueden expresar con palabras.

Al oír cantar y llorar a esas horas de la mañana, algunos habitantes del pueblo se acercaron al ashram para ver qué estaba ocurriendo. Se mantuvieron a cierta distancia y observaron a la Madre y a los devotos, sentados en el porche delantero del templo, cantando más *slokas* del *Sundarya Lahari*.

El polvo de tus pies es la isla
De la que proviene la luminosa puesta de sol
De la iluminación espiritual,
Que se lleva la oscuridad de la ignorancia
De los corazones de los devotos.

Y forma los capullos de flores
De los que brota el néctar de la inteligencia
Que da vida a los adormecidos;
Es un auténtico collar de gemas que otorga deseos
A los afligidos por la pobreza. A los que
Están inmersos en el océano de samsara los eleva,
Como el colmillo de Vishnu (que levantó la tierra
Hundida en las aguas del pralaya
Cuando él se reencarnó como el jabalí cósmico).

¡Oh, consorte de Parabrahman! Los eruditos que conocen
El verdadero significado de las agamas (escrituras)
Te describen como Saraswati, diosa del conocimiento,
Y consorte de Brahman. Es más,
Hablan de ti como Lakshmi, nacida de un loto,
Consorte de Vishnu; y también como Parvati,
La hija de la montaña
Y consorte de Shiva.

Y, sin embargo, eres la cuarta,
Ese poder único que es la fuente
De las tres deidades mencionadas,
De majestuosidad inconcebible e ilimitada
El Mahamaya indeterminable
Que hace girar la rueda de este mundo.

¡Oh, Madre! El blasón de los Vedas
Lleva tus pies por corona.
Ojalá aceptes colocar esos pies
También sobre mi cabeza —los pies, el agua—
Ofrendas de las que se forma el Ganges
En los enmarañados tirabuzones de Shiva,
Y el luminoso tinte rojo que da
Brillo a las joyas de la diadema de Vishnu.

Por fin, percibieron un ligero movimiento en el cuerpo de la Madre. Todos la miraban fijamente, y en sus ojos había preocupación y miedo. Por eso estaban pendientes de cualquier movimiento que hiciera. Primero, movió las manos despacio y, después, empezó a balancear suavemente los pies de delante hacia atrás. Acto seguido, movió los labios con claridad, como si estuviera murmurando algo. Poco a poco, el movimiento de su pecho indicó que volvía a respirar. Todos suspiraron aliviados y la preocupación desapareció de sus miradas. Hacía unos diez minutos, más o menos, que la Madre había entrado en *samadhi* y, mientras salía de él, siguieron cantando con entusiasmo. Cuando la canción terminó, abrió los ojos. Entonces, hizo el familiar pero inexplicable gesto circular con la palma de su mano derecha mientras recitaba con suavidad el mantra: "Shiva...Shiva." En unos pocos segundos, la Madre había vuelto a su estado normal. Nadie se había percatado del paso del tiempo, pues ya era la una del mediodía y el *darshan* había comenzado hacía tres horas.

El tiempo siempre pasa muy rápido cuando se está en presencia de la Madre. Ella cautiva de tal manera que se pierde el sentido del tiempo y del lugar. Las escrituras dicen que quien alcanza el estado de perfección no está limitado por el tiempo ni por el espacio. Es verdad que se tiene la misma experiencia de no ser consciente del tiempo ni del espacio cuando se está en presencia de una alma Auto-Realizada. Los maestros perfectos pueden robar con facilidad las mentes de quienes van a verlos. Una vez que desaparece la mente, el mundo también desaparece. El concepto de tiempo y espacio sólo existe cuando hay mente, y se es consciente del mundo exterior. Así, cuando se trasciende esta conciencia del mundo exterior, también desaparecen el tiempo y el espacio.

Los *Mahatmas* poseen la cualidad innata de atraer la atención de los demás hacia sí mismos y hacer que se olviden del mundo exterior. Todos los *Mahatmas* auténticos lo hacen y la Madre sagrada, también. Su espontaneidad, sus palabras y acciones, así como su ardiente amor, nos hacen sentirnos tranquilos y en paz. En su presencia, desaparece el concepto tiempo. La gente siente que sólo han pasado unos cuantos minutos con la Madre, cuando, en realidad, han transcurrido horas. Eso es lo que ocurrió aquel día.

Sólo quedaban unas pocas personas en la cola del *darshan*, que ya estaba terminando. Nadie se había acordado de la comida, así que, cuanto el *darshan* finalizó, la Madre exclamó: "¡Oh, ninguno de mis hijos ha comido! ¡Que Madre más cruel soy!" Fue corriendo a la cocina y, después de poner los platos de arroz y curry en los recipientes adecuados, llevó la comida al comedor y empezó a servir a cada persona, con sus propias manos.

Primero, las palabras de la Madre habían proporcionado comida espiritual; ¡Y, ahora, llegaba el alimento para el cuerpo de sus propias manos! La alegría iluminó las caras de todos los presentes mientras saboreaban esta comida tan especial.

Cuando le preguntaron si iba a comer, la Madre respondió: "El estómago de la Madre se llena sirviendo la comida a todos sus hijos y viéndolos comer juntos." Después, se fue a su habitación, habiendo dedicado una sonrisa a todos y cada uno de ellos.

Capítulo 11

Amor Espiritual y Amor Mundano

Hoy, al responder a una pregunta que un devoto había planteado sobre la diferencia entre el amor espiritual y el mundano, la Madre ha dicho:

"Hijo, el amor es amor, pero la intensidad y la profundidad son distintas. El amor espiritual es tan profundo como un pozo sin fondo. No se puede medir su profundidad ni su amplitud. El amor espiritual no tiene límites, mientras que el amor mundano es superficial y poco profundo. El espíritu del amor mundano no es constante. Su ritmo fluctúa, va y viene. Al principio, nos parece bello y nos llenamos de entusiasmo pero, poco a poco, pierde belleza y emoción y acaba siendo superficial. En la mayoría de los casos, suele terminar en disgustos, odio y en un profundo dolor.

El amor espiritual es distinto. Al principio suele ser hermoso y tranquilo. Después, llega la agonía de la añoranza. A lo largo del periodo intermedio, continua la agonía, que se hace cada vez más intensa e insoportable. A ello le sigue un agonizante dolor que dura hasta poco antes de que se produzca la unión con el amado. Esta unidad es hermosa, incluso mucho más que al principio. La belleza y la paz de esta unidad en el amor duran por siempre. Un amor así no se agota ni disminuye nunca. Es constante, siempre vivo y, cada momento, se vive enamorado. El amor te traga, te devora por completo hasta que tu 'yo' desaparece y sólo hay amor. Todo tu ser se transforma en amor. El amor espiritual culmina en unidad. En ocasiones, una relación entre dos personas, si es pura, puede alcanzar esta unión. La Madre os va a contar una historia."

La Madre empezó a narrar una historia sobre el amor puro entre Manohari y Arun. La hija de un rey llamado Shaktivarman, Manohari, era una hermosa princesa llena de virtudes. Su madre, la reina, tenía muchos sirvientes. Uno de ellos era una piadosa mujer llamada Arundhati, cuyo hijo se llamaba Arun. Desde la muerte de su esposo, Arun era su única compañía. Cuando llegó a palacio para servir a la reina, Arun la acompañaba.

La princesa Manohari y Arun se hicieron compañeros de juego.

Como eran niños, nadie dio importancia al tiempo que pasaban jugando juntos. Transcurrieron los años y, a medida que crecían, continuaron siendo amigos íntimos. Se contaban lo que hacían y cómo se sentían. Cada vez que Arun se presentaba en palacio, Manohari se sentía ansiosa por contarle todo lo sucedido en su vida y en el palacio. "Queridísimo amigo, la reina ha ordenado construir para mí una hermosa cama con incrustaciones de piedras preciosas… esta túnica dorada que llevo ahora, me la regaló el rey… ¿Sabes que pronto la reina va a hacer que construyan un hermoso jardín para mí? Nosotros jugaremos juntos en ese jardín." Estas eran las cosas que le contaba. Arun siempre escuchaba entusiasmado las historias de la princesa y él, a su vez, hablaba sobre cómo su madre trabajaba duramente todos los días para poder criarlo. Manohari, que era un parangón de todas las buenas cualidades, sentía una gran compasión por la situación de Arun y su dura vida.

El tiempo fue pasando y, cuando se hicieron jóvenes adultos, su relación se afianzó más que nunca. Una cadena irrompible de amor los unía. Un amor que no se quedaba en la superficie, pues era un amor muy profundo. Por eso, les resultó muy difícil estar lejos el uno del otro, ya que empezaron a sentir la angustia de la separación. Además, cada vez era más difícil verse con tanta libertad y asiduidad como antes, pues ya no eran niños, sino un hombre y una mujer jóvenes. Sin embargo, se las ingeniaron para encontrarse en secreto y abrir sus corazones el uno al otro. En silencio, mirándose profundamente en los ojos del amado, se olvidaban del mundo exterior.

Aun en la distancia, ambos estaban ausentes y no hacían más que pensar en el otro. No dejaban de imaginarse una y otra vez dónde estaría el amado o qué estaría haciendo. El terrible dolor de la separación ardía en sus corazones. Cuando se reunían y estaban juntos, su encuentro se convertía en una meditación. Se sentaban uno enfrente del otro, mirándose a los ojos. No hacían falta palabras, pues sus corazones se comunicaban a través de los ojos. No había contacto físico y, sin embargo, experimentaban el calor y la profundidad del amor puro."

La Madre hizo una pausa y dio más detalles sobre el amor puro: "Hijos, donde hay amor puro, no hay deseo sexual. Donde está Rama, Ravana no puede desarrollarse. En otras palabras, donde hay un amor puro e inmaculado (Rama), no hay lujuria (Ravana). La Madre se acuerda ahora de otra historia.

Después de raptar a Sita, la consorte sagrada de Rama, y de llevarla a Lanka, Ravana, el rey de los demonios, intentó por varios medios conquistar el corazón de Sita. Pero todos sus esfuerzos fueron vanos. Sita no dejaba de cantar el nombre de Rama y siempre estaba pensando en él. Su corazón era uno con el de su Señor.

A pesar de que Ravana era malvado, su esposa era una mujer virtuosa y honesta. Dispuesta a complacer a su marido, le sugirió la forma de conquistar el corazón de Sita. 'Escucha, mi Señor –le dijo–, tienes muchos poderes. Eres capaz de asumir la forma que desees. Toma la forma de Rama y acércate a Sita así. Sin lugar a dudas, ella será tuya.'

Entonces, Ravana respondió: 'En cuanto me convierta en Rama, ya no tendré *kama* (deseo sexual). ¿Qué sentido tiene acercarse a Sita de esa manera?'

El amor puro trasciende el cuerpo, pues es un amor entre corazones. No tiene nada que ver con el cuerpo."

La Madre siguió narrando la historia de Manohari y Arun: "Los dos amantes perdieron el interés por cualquier otra cosa. Manohari se pasaba las horas en su habitación, experimentando el terrible dolor de la separación. Arun vagaba de un lado a otro, atormentado por encontrarse lejos de su amada. La llama del amor los quemaba y consumía. Sus corazones ardían como una vela. El rey y la reina se percataron del cambio experimentado por su hija y se preguntaban qué le estaría ocurriendo. Así que encargaron a unos espías que descubrieran qué hacía y a quién veía. No pasó mucho tiempo antes de que saliera a la luz toda la historia de la relación entre Manohari y Arun. Fue un escándalo en el palacio.

Inmediatamente, el rey exilió a Arun a una remota isla y dio órdenes a sus soldados para que lo matasen envenenando su comida y enterrándolo después. Los soldados así lo hicieron. Para evitar sospechas, no metieron a Arun en un ataúd, sino en una sencilla caja de madera donde lo enterraron a altas horas de la madrugada."

La Madre hizo una pausa en la historia, cerró los ojos y se sentó, absorta en su propio ser. De vez en cuando, se reía feliz. Después de un rato, abrió los ojos y, haciendo girar su mano derecha en el aire, cantó: "Shiva, Shiva. Shiva, Shiva."

Estuvieron en silencio hasta que alguien le recordó la historia. La Madre continuó: "Bien. ¿Dónde estábamos? Ah, sí. Los soldados enterraron a Arun en una lugar de la isla."

La historia seguía: "Dos ladrones, escondidos tras unos matorrales, observaban de cerca todo lo que estaba ocurriendo. En la oscuridad de la noche, no pudieron distinguir qué era lo que los soldados enterraban. Todo lo que habían visto era una gran caja que portaban sobre los hombros. Creyendo que era un tesoro, lo desenterraron nada más irse los soldados. Los ladrones estaban emocionados y felices, pues pensaban que Dios les había otorgado una gran fortuna. Todo su entusiasmo y alegría se vino abajo cuando, al abrir la caja, vieron que no se trataba de un tesoro enterrado, sino de un hombre.

Al principio pensaron que era un cadáver, pero se dieron cuenta de que todavía estaba vivo al ver cómo su pecho se movía. Aunque inconsciente, Arun respiraba. Se apiadaron del hombre que había sido enterrado vivo, le rociaron la cara con agua y lo sacaron de la caja. Cuando Arun volvió en sí, le dieron agua. Nada más terminar de beber, Arun comenzó a vomitar. Y siguió vomitando hasta limpiarse de todo el veneno.

Arun miró a su alrededor y se sorprendió de estar todavía vivo. Aunque los ladrones le hicieron muchísimas preguntas, él no contestó ninguna. No hablaba; simplemente, los miraba. Un sentimiento de compasión desconocido y misterioso por ese hombre se apoderó de los dos ladrones. Conmovidos por esa extraña compasión, no le hicieron más preguntas y lo dejaron marchar. Sintiéndose mejor físicamente, Arun empezó a caminar en la oscuridad, como alguien que hubiera sido transportado a otro mundo.

El rey había mantenido en secreto sus órdenes de exiliar y ejecutar a Arun. Los soldados y la reina habían jurado no decir nada. Aunque Manohari desconocía la suerte de Arun, en cuanto él desapareció, ella se sintió inquieta y experimentó un agudo y terrible dolor en su interior. Este dolor alcanzó su punto álgido en el momento en el que Arun fue enterrado vivo y su sufrimiento se convirtió en una profunda agonía. No recibía noticias de Arun y ya había pasado mucho tiempo desde que se habían visto por última vez, mucho tiempo desde que los dos amantes habían estado juntos.

Cada día estaba más delgada y languidecía de dolor. Dejó de comer y dormir, y sólo pensaba en su amado. La familia real se preocupó mucho. La salud de la princesa se deterioró con rapidez, hasta que, al final, quedó postrada en la cama. Fueron llamados eminentes médicos que probaron, en vano, varias medicinas y tratamientos. Nada le devolvía la salud a Manohari. Tenía la cara pálida y demacrada, y nunca cerraba los ojos. A pesar de su profundo dolor, en su rostro se reflejaba todo su amor y deseo por estar junto a su amado.

De manera misteriosa, aparecieron en su cuerpo extrañas heridas, hematomas y cortes. Nadie lo podía explicar, pues en su habitación no había ningún objeto peligroso. Los médicos estaban verdaderamente confundidos. A veces, se caía de la cama, como si alguien la hubiera tirado. Otras, la encontraban a gatas encima de la cama. En ocasiones, murmuraba extraños sonidos que parecían no querer decir nada. Sin embargo, a pesar de estos sucesos inexplicables e inquietantes, también había veces en las que estaba serena y en paz. Mantenía el porte de la princesa que, en realidad, era y todo parecía estar en orden, con la excepción de que no decía nada, ni se percataba de la presencia de las personas que iban a su habitación. Nadie podía imaginarse qué significaba todo aquello y continuó siendo un misterio para los habitantes de palacio.

Mientras tanto, Arun estaba solo, sin nadie a quien poder abrir su corazón. Vagó por colinas y llanuras, cruzó ríos y bosques en pos de su amada Manohari. A veces, tenía arrebatos de locura y su aspecto exterior era el de un hombre trastornado, con el pelo largo y enmarañado, igual que su barba. Estaba tan delgado y demacrado que parecía un esqueleto. Los ojos, hundidos en sus cuencas, todavía reflejaban el fuego del amor. No comía ni dormía y el nombre de su amada Manohari afloraba sin cesar a sus labios. Aunque parecía que se había escapado de un manicomio, tenía algo especial. Los habitantes de la isla se acostumbraron a él y a sus rarezas, y empezaron a sentir un gran cariño por él.

A medida que pasaban los días, el amor de Arun se hizo más intenso. A veces gritaba el nombre de Manohari. Incluso empezó a preguntar a las personas con las que se encontraba: "¿Dónde está mi amada? ¿La habéis visto?" Como pasaba la mayor parte del tiempo en el bosque, también preguntaba a los animales, pájaros, árboles, plantas, arbustos e incluso a los granos de arena si habían visto a su amada.

De nuevo, la Madre entró en un estado de embriaguez. Cerró los ojos y las lágrimas corrieron por sus mejillas. La manera en la que la Madre contaba la historia era tan conmovedora, que todos los que la escuchaban también lloraron. Cuando la Madre menciona algo sobre el amor puro, se ve transportada a otro mundo. El amor es su verdadera naturaleza; por ello, hablar sobre el amor debe suponer una prueba para la Madre, pues tiene que mantener su mente en un nivel de conciencia más bajo.

Después de un rato, la Madre volvió al plano normal de conciencia y prosiguió con el relato: el ardiente amor de Arun por Manohari prevaleció hasta tal punto que incluso los feroces animales salvajes se tornaban mansos ante él. Los leones y tigres se hicieron sus amigos. El amor los había domado de tal manera que se recostaban pacíficamente al lado de los ciervos y conejos. Sentían su tristeza y también lloraban cuando él lo hacía. Se unían a él cuando bailaba extasiado por la dicha del amor. Después, cuando el dolor atroz de la separación lo golpeaba, caía inconsciente.

A veces, cuando se caía o tropezaba, se hería con alguna piedra afilada o una rama, o chocaba contra un árbol. Ya lloviera o luciera el sol, siempre estaba al aire libre, ajeno por completo al estado de su cuerpo. Los dos amantes estaban tan compenetrados, que todo lo que le ocurría a Arun se manifestaba en el cuerpo de su amada. Ese era el misterio que se escondía tras las heridas, moratones y cortes que aparecían en el cuerpo de Manohari.

La princesa no salía de la cama y había entrado en coma. Su cuerpo se iba consumiendo. Yacía como un cadáver. A veces, sus labios se movían ligeramente y, si alguien prestaba mucha atención y escuchaba con cuidado, podía oír cómo decía: "Arun… Arun… Arun…" Salvo en estas ocasiones, apenas respiraba. Sus padres estaban sumidos en un profundo dolor y ya no tenían esperanzas de que se recuperase su hija. Los sirvientes de la princesa, que sentían un gran amor por ella, se lamentaban alrededor de su cama. Todo el reino estaba sumido en la melancolía. Hasta los campos dejaron de dar una buena cosecha.

En esas circunstancias, un día apareció en el palacio un hombre santo. Un aura de serenidad y profunda paz lo rodeaba. Al ver la aflicción del rey y la reina, que tanto sufrían por la extraña enfermedad de su hija, pidió ver a Manohari. Entró en la habitación de la princesa y vio a la muchacha en coma. Observó en silencio su lamentable estado, se sentó y se dispuso a meditar. Cuando abrió los ojos, llamó al rey y a la reina y les dijo: "Hay un modo de salvar a vuestra hija, pero." En ese momento se detuvo.

El rey suplicó inmediatamente: "Oh, venerable, dinos el remedio. Sea lo que sea, haremos todo lo que esté en nuestra manos. Por favor, dinos qué es."

El santo les contestó: "Vuestra hija ama profundamente a un hombre. Sólo él puede salvarla. No existe otra manera. De otra forma, pronto morirá. Haz venir al hombre aquí y deja que toque a la princesa. Él le devolverá la vida."

El rey, aturdido, cayó a los pies del santo. Le confesó toda la historia sobre cómo había exiliado a Arun a una isla remota y había ordenado a sus soldados que lo envenenaran y enterraran. El remordimiento golpeó la conciencia del rey, que empezó a llorar arrepentido, a los pies del santo.

Valorando lo que acababa de escuchar, el santo volvió a meditar. Después de hacerlo, sonrió y le aseguró al rey: "No se preocupe. El muchacho todavía está vivo y en la misma isla donde fue exiliado." Antes de salir de la habitación, acarició con suavidad y afecto a la princesa, como transmitiéndole la idea de que pronto se pondría bien.

Amma hizo otra pausa. En este corto intervalo de tiempo, uno de los brahmacharis nuevos estuvo a punto de hacer una pregunta, pero se contuvo, al recordar que no era apropiado interrumpir cuando el gurú estaba hablando. La Madre se dio cuenta de ello y le instó: "Hijo, vamos, no dudes. ¿Qué querías preguntar?"

"Amma," dijo, "dijiste que Arun preguntó incluso a los animales y pájaros sobre su amada Manohari. Esto no tiene sentido para mí. Hay que estar loco para hacerlo."

Amma respondió: "Tienes razón, hijo. Estaba loco. Loco de amor. Cuando una persona está loca de amor, no ve objetos con sus diversas formas. Sólo ve a su amada en todo lo que contempla. Todos los objetos palpitan de vida. No mira más que en una dirección. Está alerta y consciente. Su mente sólo fluye hacia un objeto, su amada. El resto deja de existir en este tipo de locura.

En un estado normal de locura mental, la persona pierde la concentración. La mente y el mundo se convierten en una confusión infernal. Pero, en el estado de locura que surge del amor puro, no se mira más que en una dirección. Todo el ser, cada poro del cuerpo se concentra por completo en un solo punto. En este caso, la locura es divina y divinamente purificadora.

Hijos, ¿qué hicieron las Gopis de Brindavan? Ellas también encontraron mensajeros en los objetos, ya fueran animados o inanimados. El dolor que experimentaban al estar separadas de Krishna era tan insoportable que incluso pensaron que una abeja podía ser un buen mensajero capaz de interceder por ellas ante el Señor Krishna. El mensaje de una de las Gopis fue: 'Oh, abeja, ruega a mi Señor que se ponga la guirnalda de mi adoración.' Otra Gopi dijo: 'Dile a mi amado que venga a iluminar la oscuridad de mi corazón.' El mensaje de Radha fue: 'Suplica a mi amado Señor que haga brotar verde hierba en las arenas desérticas del corazón de Radha para que sus pies puedan caminar sobre ella, ligeros y suaves.'

¿Qué hizo Rama cuando Ravana raptó a Sita? Él también preguntó a los árboles, plantas, pájaros y animales sobre su amada. Pero terminemos ya la historia.

La Madre continuó: El rey envió inmediatamente un destacamento de soldados a la isla para buscar a Arun. Los que lo habían enterrado condujeron a los demás hasta el lugar donde dejaron la caja. Cavaron en ese punto pero no encontraron nada. No encontraron ni rastro de que algo hubiera estado enterrado allí y, por supuesto, ni rastro de un cuerpo. Los soldados se dividieron en pequeños grupos encargados de rastrear el terreno en busca de Arun. Allá donde iban, preguntaban a los habitantes si habían visto al joven. Al cabo de un tiempo, oyeron hablar de un vagabundo loco y algo especial.

Continuaron con la búsqueda y, al final, llegaron al bosque en el que vivía Arun. Se quedaron atónitos cuando vieron a un hombre bailando, cantando, riendo y llorando entre leones, tigres, ciervos, ardillas, pájaros y otros animales del bosque. Los animales estaban muy tranquilos, con una actitud amistosa, y ninguno atacó a los soldados ni salieron huyendo de miedo ante ellos. Los soldados querían saber si ese extraño hombre era en realidad Arun. En verdad, no creían que pudiera ser la misma persona que solían ver en el palacio. ¿Cómo podían descubrirlo? Finalmente, alguien tuvo una gran idea. La mejor manera de saber si se trataba de Arun era repetir en alto el nombre de la princesa para que él lo escuchara. Así que un hombre se acercó a aquel loco y gritó: "Manohari… Manohari… Manohari…"

Al escuchar este maravilloso sonido, Arun sintió que un néctar de ambrosía inundaba su corazón. Se giró y caminó en dirección a las voces. Sus ojos se llenaron de amor mientras corría tras el nombre de su amada hasta que cayó en el lugar donde estaban los soldados. Ahora, no tenían ninguna duda de que se trataba de Arun. Lo subieron a hombros y emprendieron la marcha. Los pájaros y animales contemplaron la escena en silencio y lloraron al ver cómo se llevaban a su querido amigo y alma gemela.

Condujeron a Arun hasta el reino. Cuando se acercó al lecho de Manohari, todo su ser resplandecía. Su mera presencia insufló vida y energía al cuerpo de la princesa. La tocó y, como saliendo de un profundo sueño, se despertó suavemente. Creyó que estaba en trance y que podía ver a su amado. Se sonrieron y sus ojos bebían en profundas corrientes de amor. Era como si nunca se hubieran separado y, en cierto modo, nunca lo habían hecho.

El rey y la reina se sentían alegres y agradecidos porque su hija había vuelto a la vida. Con una gran sonrisa, los sirvientes de la corte se apresuraron a contar a todos que la princesa se había despertado y estaba bien. Pero no era la vida de la corte lo que los amantes deseaban. No querían nada del mundo. Sus corazones se habían unido mucho antes del exilio y su mundo era el del amor. Los dos eligieron vivir una vida espiritual. Renunciaron al mundo para hacerse *sannyasins* y sus corazones permanecieron por siempre unidos.

Así terminó la Madre la historia de los dos amantes, Manohari y Arun. Era un cuento maravilloso que había conmovido los corazones de todos los que escuchaban en profundo silencio. Emocionados y sin hacer el más mínimo movimiento, observaban a la Madre. En su corazón, cada devoto sentía que estaba ante la encarnación del mismísimo amor. A veces, tenían la sensación de que si la miraban fijamente, detectarían el secreto de lo que andaban buscando; pero, por supuesto, siempre se les escapaba. Al cabo de un rato, la Madre rompió el silencio con una canción, *Nin Premam*.

Oh, Madre,¡ haz que enloquezca con tu amor!
¿Qué necesidad tengo de conocimiento o razón?
¡Emborráchame con tu vino de amor!

Oh, Tú, que robas el corazón de tus devotos,
Sumérgeme en el profundo mar de tu amor.
Aquí, en este mundo, en este manicomio tuyo,
Algunos ríen, otros lloran, otros bailan de alegría.

Gauranga, Buda, Jesús y Moisés
Están ebrios con el vino de tu amor.
Oh, Madre, ¿cuándo me vas a bendecir
Para que me una a su feliz compañía?

Todos sintieron que la Madre expresaba la belleza y fragancia de su amor puro a través de sus palabras y de su canción. Hizo una pausa y se volvió a hacer el silencio. Todos miraban fijamente a la Madre, que había vuelto a cerrar los ojos. El impacto de su historia era tan conmovedor que parecía que todos los presentes estaban experimentando la silenciosa profundidad del amor puro. La fresca brisa marina que soplaba del oeste retiró el velo que cubría la cabeza de la Madre. Algunos mechones de su pelo danzaron en el fresco aire. La Madre abrió los ojos y volvió a cubrirse la cabeza.

Uno de los brahmacharis aprovechó para preguntarle: "Amma, ¿cuál es la conclusión?"

"Hijos –respondió Amma– ya se trate de amor espiritual o de amor mundano, el amor siempre es amor. La única diferencia está en la profundidad e intensidad. Aunque el amor tenga un toque mundano al principio, puede alcanzar el punto más alto de pureza si es unidireccional y desinteresado. El amor puro no tiene nada que ver con el cuerpo. El amor une el alma del amante con la del amado. Pero como la Madre dijo antes, el amor puro supone un enorme grado de autosacrificio. En ciertas ocasiones, puede provocar un intenso dolor, pero siempre culmina en eterna felicidad.

En ese estado final de unidad, aunque los amantes conserven sus cuerpos y existan como dos cuerpos, en la profundidad de su amor, son un único ser. Son como las dos orillas de un río, distintas desde fuera; pero, en lo más hondo, son una, pues están unidas en su profundidad. Lo mismo ocurre con los amantes auténticos. Aunque desde fuera parece que son dos personas, en lo más profundo, son uno, unidos en el amor."

Entonces, un devoto preguntó: "Amma, ¿por qué hay tanto sufrimiento y dolor en el amor puro?"

La Madre lo explicó: "Porque lo que es impuro debería purificarse. La impureza debería derretirse y desaparecer en el fuego del dolor de la separación y la añoranza. Esta forma de sufrimiento recibe el nombre de *tapas*. Las Gopis se identificaron por completo con Krishna a través de este dolor. Su dolor era tan terrible e intenso que su individualidad desapareció totalmente y se fundieron con su amado Krishna. La impureza es el sentimiento del 'yo' y de 'lo mío,' es decir, el ego. No se puede erradicar el ego a menos que lo coloquemos en este fuego del amor. El amor es calor y frío a la vez. Al principio, os consume, y este proceso es un poco doloroso. Pero, si sois capaces de soportar el dolor, podéis relajaros y experimentar el fresco alivio del corazón y la unidad del amor.

Dejad que la Madre os ponga el ejemplo de la Gopi Niraja. Ella provenía de otra provincia, pero se casó con un Gopa de Brindavan. Antes de ir allí, la habían advertido sobre Krishna. Pero cuando la Gopi lo vio por primera vez en la fiesta de Govardhana, se sintió atraída hacia él y entregó plenamente su corazón al Señor. Niraja pasó por pruebas muy duras debido a este apego espiritual, pero las soportó con gran valor. Cuando vio a Krishna por primera vez, el Señor tocaba dulcemente su divina flauta a los pies de la colina Govardhana. A partir de aquel momento, Niraja solía visitar con frecuencia el lugar donde lo había visto aquella primera vez, tan sólo para respirar el sagrado aire.

Cuando Krishna se fue de Brindavan a Mathura, Niraja no pudo soportar la separación de su amado Krishna. Durante años, sufrió en silencio. Al igual que las demás Gopis, pensaba que Krishna iba a regresar algún día. Niraja lo esperó día y noche en aquel lugar al pie de la colina.

Pasaban los años y Krishna no volvió. El dolor que Niraja sentía por la separación era terrible. Su agonía se hizo insoportable y, finalmente, un día, sufrió un colapso, incapaz de soportar más. Tumbada en el suelo, a punto de morir, Krishna apareció ante ella. 'He anhelado volver a escuchar tu flauta divina,' le dijo. El Señor contestó: 'No la he traído.' Pero para satisfacer su deseo, Krishna rompió una caña e hizo una flauta con la que tocó una melodía que derritió el corazón de Niraja. Mientras escuchaba la canción recostada en el regazo de su amado Señor, Niraja, auténtica amante y devota, se fundió con Krishna para siempre.

El amor puro elimina cualquier sentimiento negativo y destruye el egoísmo. No espera nada y lo da todo. El amor puro es una entrega constante de todo lo que os pertenece. ¿Qué os pertenece en realidad? Sólo el ego. El amor consume en sus llamas las ideas preconcebidas, los juicios y prejuicios, todo lo que surge del ego. El amor puro no consiste más que en vaciar la mente del miedo y despojarse de las máscaras. Muestra al ser tal y como es.

Para que el amante reciba y acoja sin reservas a su amado, el amor puro prepara la mente, persiguiendo a los enemigos del amor. El resultado se traduce en una corriente que fluye sin cesar del corazón del amante hacia el ser amado. La sed por beber en el amado no se puede saciar; el hambre por devorarlo, no se puede aplacar y la intensidad de convertirse en amor, no se puede medir.

Es la muerte del ego para vivir en amor. Una vez que se alcanza la unidad con el ser amado, ya no hay más que paz, amor, luz y silencio. Los conflictos desaparecen y brilláis con el resplandor del amor supremo. Para alcanzar este elevado tipo de amor, hay que sufrir un poco. Pero el sufrimiento no es tal si tenéis en cuenta la interminable corriente de felicidad que vais a conseguir cuando alcancéis el objetivo.

Para llegar a un destino, hay que viajar y es posible que tengáis que pasar algún apuro durante el trayecto. Puede que debáis pasar muchas horas en un avión o varios días en un tren sin dormir ni comer bien. Sin embargo, en cuanto llegáis a vuestro destino, ya podéis tumbaros y descansar. Un río tiene que recorrer muchos kilómetros antes de llegar al mar. Los beneficios vienen después de las pérdidas. De la misma forma, la paz eterna del amor llega después de algunas pruebas y dificultades. Para alcanzar la cota más elevada de felicidad, hay que purificarse. La purificación consiste en calentar la mente para eliminar las impurezas. Y es inevitable que este proceso duela. Incluso para conseguir algo material es necesario sacrificar algo.

La felicidad momentánea que se obtiene del mundo acaba por arrojaros a las garras del dolor interminable. Sin embargo, el dolor espiritual os eleva a la morada de la paz y felicidad eternas. En nuestras manos está que elijamos la felicidad temporal, que al fin y al cabo trae desdicha, o el dolor pasajero que culmina en la paz eterna."

Un devoto añadió: "El amor puro e inocente puede erradicar los problemas personales, tanto mentales como físicos. En esto consiste la vida de la Madre. Su amor universal concede paz y tranquilidad a todos los que se acercan a ella."

Amma prosiguió: "Hijos, el amor puede conseguir cualquier cosa, lo puede conseguir todo. Puede curar enfermedades, cicatrizar las heridas del corazón y transformar la mente humana.

Con amor podéis superar cualquier obstáculo. El amor nos puede ayudar a eliminar la tensión física, mental e intelectual y, de esa manera, conseguir paz y felicidad. El amor es la ambrosía que añade belleza y encanto a la vida. El amor puede crear otro mundo en el que sois inmortales.

El amor puro es la mejor medicina para el mundo moderno. Es lo que falta en todas las sociedades. La causa principal de cualquier problema, tanto personal como global, es la falta de amor. El amor es el lazo de unión. El amor crea el sentimiento de unidad entre las personas. Une a un país y a sus habitantes. El amor crea un sentimiento de unidad, mientras que el odio, divide. El egoísmo y el odio hacen añicos la mente. El amor debería prevalecer por encima de todo. No hay ningún problema que el amor no pueda resolver.

En la sociedad de hoy en día, la mente humana está seca. Tanto razonar ha estropeado la mente contemporánea. La gente usa el intelecto para todo. Han perdido el corazón y la fe. La belleza se encuentra en el corazón. La belleza está en la fe y la fe habita en el corazón. El intelecto y la razón son necesarios, pero no deberíamos dejar que acabasen con nuestra fe. No debemos permitir que el intelecto devore nuestro corazón. El intelecto es conocimiento y el conocimiento es ego. Saber demasiado implica un gran ego, que puede llegar a convertirse en una gran carga.

Si predomina el intelecto, una persona no puede disfrutar de la dulzura y la belleza. Es incapaz de atravesar la superficie de las cosas o de sumergirse en ellas, sólo percibe lo externo. Ante el mar, en lugar de disfrutar de la belleza de las olas y de la extensión del océano, se pondrá a pensar en cómo empezó a existir. Esos pensamientos no le permitirán sentir la caricia suave de la brisa marina, ni su grandeza e inmensidad. Una persona intelectual no podrá absorber y experimentar la magia y el hechizo de una noche de luna llena, porque no puede apreciar algo sin analizarlo.

Intentará analizar la luna como un cuerpo luminoso y buscará una explicación científica sobre su brillo. No es capaz de pensar en otros términos. Mientras bebe una taza de té o café, no deja de pensar en cómo conseguir una nueva especie de grano de café o de hoja de té. Es incapaz de saborear el té o el café. De esta manera, la persona intelectual, que no tiene amor en su interior, siempre se perderá la belleza y el encanto de todo lo que venga a él. Pensad en cómo debe ser la vida de alguien así. ¿Podemos llamar vida a esto? Es muerte, nada más que muerte. Si queremos vivir la vida lo mejor que podamos y que no se convierta en un desastre, necesitamos de todo en su justa medida, sin excesos ni deficiencias. En la actualidad, predomina el intelecto y no hay bastante amor. Por ello, debemos luchar para vaciar el intelecto de pensamientos inútiles y llenar el corazón de amor. Esa es la solución para la angustia y confusión de la sociedad moderna."

Alguien hizo una pregunta sobre el amor y la guerra: "Amma, dices que el amor debería prevalecer y que no hay problema que éste no pueda resolver; pero, ¿se puede aplicar esta idea al mundo moderno en el que cada país intenta aumentar su capacidad militar para atacar y conquistar otros países? ¿Cómo puede una nación seguir la teoría del amor y ponerla en práctica cuando el enemigo está en la frontera pertrechado hasta los dientes?"

La Madre explicó: "Hijos, en el amor puro no hay apegos. Para alcanzar el amor supremo, hay que trascender los sentimientos humanos insignificantes. Es decir, el amor aparece cuando no hay apego. Deberíais abandonar cualquier forma de apego, sea la que fuere, y la mente sólo debería mirar en una dirección. En este caso, el amor es el sujeto y el objeto. Ese amor no nace del apego, sino del desapego total. Por ello, si la nación está amenazada, debéis luchar por el país siempre que se trate de una buena causa, pero sin apego.

Luchar sin apego significa hacerlo, no contra el malhechor, sino contra el mal en sí. La batalla no se libra contra una persona egoísta del ejército enemigo, sino contra el ego, la fuerza destructiva. No lucháis movidos por el odio, sino por el desapego y el amor; es decir, el amor sin apegos.

Las guerras y conquistas surgen del ego; en la mayoría de los casos del ego nacional, del ego colectivo de la nación. Siempre que hay un conflicto, este enfrenta a dos grandes egos colectivos. Puede que cada bando grite a los cuatro vientos que está luchando por el bien común, para proteger la libertad del país, por la paz de la humanidad o por cosas parecidas. Pero si ahondáis en la verdadera razón, veréis que son sus egos los que pelean. Si algún país o gobierno amenaza a otro país o al mundo, poniendo en peligro a los demás países y a la humanidad, luchad, pero hacedlo con amor. Si vais a la guerra, luchad con amor por la humanidad; pelead contra el mal y la injusticia. Luchad sin apego, pues el amor de verdad nace del desapego.

El auténtico amor sólo surge cuando nos desapegamos de los individuos, los objetos y los intereses personales. Entonces, la batalla se convierte en un hermoso juego, en un servicio desinteresado que se expande a toda la raza humana por amor y compasión. No será vuestro ego el que luche en esa batalla, sino el amor para consumir al ego y transformarlo en amor.

El Señor Krishna era la personificación del amor, aunque luchase en la batalla épica que se describe en el *Mahabharata*. Él se alió con los honrados Pandavas, pero no odiaba a los malvados Kauravas. Los amaba, aunque odiaba el mal que los movía a la acción. En nombre de la justicia, quería salvar al país de la destrucción total. El ideal que defendía era universal. Si hubieran sido los Pandavas quienes hubieran actuado con maldad, Krishna se habría aliado con los Kauravas. Él no sentía apego por las personas. Al contrario, apoyaba el *dharma*. No sentía apego por nada, ni siquiera por su propia morada. Por eso fue capaz de sonreír aun cuando su ciudad, Dwaraka, desapareció bajo las aguas del océano.

Krishna luchó en la batalla sin apego porque su amor no estaba dividido. Su amor era uno. El amor puro es indivisible. El amor puro ve unidad; no distingue castas, credos, sectas o religiones. El amor puro puede luchar, matar o destruir y, sin embargo, no odia, sólo ama. Cuando el amor puro lucha, no se trata de una persona contra otra, sino de la naturaleza más elevada contra la más baja, porque el amor puro no tiene forma. Y si adopta alguna forma, sólo es para darle un nombre que lo identifique, como Krishna. Tras ella, está el amor sin forma, porque el amor la ha consumido en sus llamas.

Lo opuesto al amor puro es el ego. Son individuos ignorantes y limitados que luchan por un motivo malvado. Pero el amor no ve formas ni personas. El amor atraviesa la forma y quiere que el ego se consuma en su fuego abrasador. No hay odio por parte del amor porque el amor puro no tiene ego. Cuando sólo hay amor, una persona puede luchar y matar; pero, al mismo tiempo, es capaz de amar e, incluso, de alejarse intacto, porque ese ser, que es la personificación del amor, lo es también del desapego. Esa es la razón por la que Krishna podía luchar y amar. Rama luchó contra Ravana y, sin embargo, lo amaba. Jesús usó su látigo contra los mercaderes corruptos y, con todo, los amaba. Es por eso por lo que Krishna fue capaz de conceder la mayor bendición, la salvación, al cazador que le disparó con una flecha y acabó con su forma humana. Es por eso por lo que Jesús perdonó y rezó por quienes lo torturaron. Krishna, Rama y Jesús estaban desapegados y eran indivisibles. Al ser completos y puros, su amor trascendió cualquier forma de apego o aversión. Ellos no sentían más que amor y compasión. Para ellos, no existían individuos ni entidades separadas. Cada ser era parte de un todo.

Hijos, deberíamos tomarlos como ejemplo. Seguid sus pasos y luchad, si la sociedad lo pide; pero siempre que sea por una buena causa. Cumplid con vuestro deber de forma adecuada, pero no actuéis con apego. Sentid amor y compasión por todos los seres humanos.

En el mundo moderno, es muy difícil no tener apegos cuando surge una guerra, porque casi todos los países tienen sus propios intereses. Por eso, la Madre es consciente de que observar los principios mencionados es casi imposible. La mayoría de los soldados tienen la obligación de obedecer las órdenes que se les dan. Pero, incluso en ese caso, una persona verdaderamente leal al *dharma* no luchará por una causa injusta. Su punto de vista será universal. Pero si alguien se ve empujado sin remedio a una situación así, debe luchar, pues es un deber hacia su país. Pero, al mismo tiempo, debe rezar de corazón para que el Señor le libre de cualquier pecado que pueda cometer. No debe luchar con envidia ni egoísmo hacia el otro país."

El cielo resplandecía con tonalidades rojas y doradas sobre el mar de Arabia a medida que el sol se hundía en el horizonte poniendo punto final a otro día. Desde la esquina suroeste del ashram, se podía disfrutar de una vista panorámica de las aguas de color azul oscuro y del sol poniente. Las olas se levantaban y rompían con estruendo sobre la playa de arena negra. Grandes barcas pesqueras se alineaban en la costa, esperando salir a faenar en cuanto cambiase la marea. El rugido constante del océano resonaba por el ashram. La Madre sagrada se encontraba en la cara sur del templo, mirando hacia el oeste. Estaba sentada en una postura de loto perfecta, con los ojos abiertos. Permanecía inmóvil y absorta, mostrando una visible profundidad, irradiando una extraordinaria aura de divinidad.

La santa Madre se introdujo poco a poco en un estado de éxtasis, sin moverse y con los ojos medio cerrados. El hijo de su hermana Kasturi, Shivan, se acercó corriendo y permaneció ante ella, observando su rostro. Después de un rato, se sentó junto a ella, sin dejar de mirarla fijamente. Quién sabe si inspirado por el estado de la Madre, él también se sentó como un pequeño yogui y empezó a meditar. Cerró los ojos y cantó la sílaba sagrada 'OM'. La Madre continuó en su elevado estado un rato más. Mientras la marea bajaba, las olas rompían en la costa y los pescadores empujaban sus largas barcas hacia el mar. Estaban entusiasmados porque el tiempo era favorable para una buena pesca y cantaban felices sus rítmicas canciones tradicionales, creando con ellas un marco adecuado para el estado intemporal de la Madre.

A medida que la Madre iba abriendo los ojos poco a poco, continuaba mirando al oeste. Entonces, se giró y miró a Shivan, que seguía repitiendo el 'OM'. Feliz de ver al muchacho, la Madre lo llamó: "Shivan-*mon*, Shivan-*mon* (hijo)." Él abrió los ojos y acto seguido preguntó con inocencia: "Ammachi, ¿por qué me llamas? Estaba meditando." Esta inocencia emocionó profundamente a la Madre, que sonrió de felicidad. Se acercó a él, con la mano derecha le acarició la cabeza con suavidad y dijo: "Buen chico. Ya has meditado mucho tiempo. Es suficiente por hoy, ¿de acuerdo?" Shivan asintió con la cabeza. La Madre lo tomó de la mano y dijo: "Ahora, levántate, hijo. Ven con la Madre." Señaló a la orilla del canal y prosiguió: "Nos sentaremos allí." Cogidos de la mano, caminaron juntos hacia el sur. La Madre se sentó durante un rato con Shivan a su lado.

El *bhajan* de la tarde empezó a su hora habitual. Los brahmacharis y devotos empezaron a cantar y, en mitad de los *bhajans*, la Madre sagrada se unió a ellos mientras cantaban *Idamilla*.

Aquí soy un vagabundo sin hogar.
Oh, Madre, dame refugio, llévame hacia ti,
No dejes que me ahogue en las profundas aguas
Extiende tu mano amiga, llévame a la costa.

Igual que mantequilla que han arrojado al fuego
Mi mente arde en este mundo,
Al menos, un pájaro puede caer al suelo,
Pero para un ser humano,
¿Quién, sino tú, eres su apoyo?

Después de esta canción, hubo una pequeña pausa. Todos esperaban que la Madre cantase el siguiente *kirtan*. Ella cantó *Kali Maheshwari*.

Yo saludo a Kali, consorte sagrada del Señor Shiva,
Que es la verdadera madre del universo.
Oh, Madre, qué gran poder mágico
Tiene este mundo,
Que bloquea por completo la mente para pensar
Y contemplar tu forma y nombre divinos.

Oh, gran diosa Kali,
Se ha proclamado que tú eres
El origen de este mundo,
Que no tienes pies ni cabeza,
Ni alfa ni omega,
Y mezclas, de esa manera, la verdad y la mentira.

Oh, Kali, oh, gran poder ilusorio,
¿Puede alguien encontrar una razón
En esta obra universal que tú representas?
Realmente es una obra loca,
Oh, tú, que estás ebria
Por beber la dicha de la eternidad.

Oh, Kali, que provocas la disolución final,
Tú tejes metros y metros
Del paño de maya que no tiene principio,

Qué extraña visión
Ver cómo llevas varias manos
De tus enemigos alrededor de la cintura .

A veces, la Madre lloraba y, otras, se reía extasiada. En un momento dado, se quedó totalmente absorta en su interior y los brahmacharis dirigieron la canción. Los gestos de la Madre eran los de un niño inocente que suplica a su madre. Con las dos manos levantadas, gritaba: "Amma... Amma... ¿Dónde estás?" "¡Kali... Kali! Ven aquí."

En cada manifestación corporal de suprema devoción de la Madre, aparecían, desaparecían y volvían a aparecer distintos aspectos y capas de la conciencia Suprema. Posados en las alas de la divinidad, los presentes pasaban de lo ordinario al maravilloso mundo del amor y la devoción Supremos. Mientras cantaba, se la podía ver secándose las lágrimas de vez en cuando.

Siempre que habla del camino de la devoción, Amma dice: "Mirad, hijos, la Madre sabe muy bien que los nombres y las formas son limitados y que Dios no tiene nombre, ni forma, ni atributos. Con todo, el dulce y feliz sentimiento que se tiene al cantar las glorias del Señor es una experiencia incomparable e inexplicable. Mientras la Madre canta al Señor, le resulta difícil controlar la mente y bajarla a este plano. En esas ocasiones, puede volverse loca de amor divino. Mantener la mente abajo es una verdadera lucha. Por eso, la Madre se pone un velo provisional que se puede quitar en cualquier momento. Este velo es el que ayuda a la mente a mantenerse en el plano físico. La Madre se lo puede quitar siempre que lo desee. Hijos, el amor inocente puede llevarnos con facilidad a esa experiencia inexplicable. Por lo tanto, intentad desarrollar ese tipo de amor en vuestro corazón."

El *bhajan* terminó a las ocho y media de la tarde. Incluso después del *arati*, la Madre seguía sentada en el mismo lugar, con la mirada fija en el más allá. Su mano derecha descansaba sobre la mejilla derecha. Los codos se apoyaban en la rodilla de la pierna derecha, que estaba doblada en posición vertical. Sus ojos, inmóviles, no parpadeaban. La Madre siguió así, absorta, durante media hora y no se fue a su habitación hasta las nueve.

Capítulo 12

11 de mayo de 1984

La Experiencia de un Devoto con Kali

Un devoto estaba relatando a uno de los residentes una visión maravillosa que había tenido la noche anterior durante el *Devi Bhava*. Estaba inquieto y necesitaba ver más claro lo que le había ocurrido. Mientras los residentes cantaban inmersos en los *bhajans*, su mente desbordaba amor y devoción por la Madre. La canción hablaba de ella *Entinanamme Hara*.

Oh, Madre, ¿por qué estás de pie
Con los pies sobre el Señor Shiva?
Y, ¿qué has probado
Para que saques la lengua así?

Oh, la omnisciente, siempre andas por ahí
Como una chica normal y corriente que no sabe nada;
Pero dentro de mí sé que así es como eres,
Oh, tú, que todo lo sabes.

Aunque feroz, qué agradable y compasivo
Es tu rostro, oh, Madre.
Mi anhelo por dormir en tu regazo
Es cada vez más intenso.

Oh, Kali, la encantadora,
La gente dice que vas por ahí ebria,
Porque has bebido mucho.

Oh, verdad eterna, ¿quién sabe
Que lo que bebes es el néctar de la inmortalidad?

Al poner tus pies sobre el pecho de tu padre,
Oh, Madre, nos enseñas que tus pies sagrados
Sólo se pueden alcanzar mediante la cualidad de Sattva,
Llenando la mente con cualidades bondadosas.
Oh, Madre, otorga esa cualidad
También a este humilde devoto.

El devoto miraba fijamente el rostro de la Madre. De repente, todo desapareció de su vista y se desmaterializó en un remolino, a pesar de que seguía con los ojos bien abiertos. Dejó de ver el templo, la gente y los alrededores. No oía la canción. El universo entero, con su dualidad y naturaleza variada, se desvaneció. Perdió su propia individualidad y ni siquiera veía la forma de la Madre. Aunque quería gritar, no podía moverse ni hablar. Sintió que salía de su cuerpo. Experimentó que era distinto de su cuerpo. Después, vio el universo entero inundado por una brillante luz. Sus ojos no podían soportar el resplandor.

Poco a poco, la luz se solidificó en una forma. Mientras intentaba ver con mucha dificultad, el resplandor se convirtió en la feroz pero encantadora forma de la Madre Kali, bailando sobre el pecho de Shiva. Poseía la infinita gloria espiritual y el resplandor de la gran Madre, con la lengua fuera, los ojos rojos y saltones y las armas divinas que sostenía en sus numerosas manos. Aunque inspiraba temor, el devoto permanecía tranquilo y feliz, y el miedo que antes había sentido, desapareció. Explicó esta experiencia de la siguiente manera: "Era tal su aspecto, que hasta el Señor Shiva habría temido acercarse a ella. Sin embargo, la compasión, el amor y la dicha espiritual que sentí eran como ambrosía que calmaron mi corazón y disolvieron mi miedo y falsas creencias."

Poco a poco, todo volvió a la normalidad y el devoto fue arrojado de nuevo al reino del tiempo y el espacio. Cuando recuperó el estado normal de conciencia, se desmayó y cayó hacia atrás. Los devotos que lo asistieron vieron que sudaba mucho y que su respiración era irregular. Después, tomó aire unas cuantas veces y dejó de respirar durante un rato. A medida que el tiempo pasaba, la gente empezó a preocuparse sin saber qué le ocurría.

La Madre, que lo contemplaba todo con una sonrisa maliciosa, cogió una rosa de la guirnalda que llevaba, la arrojó hacia ellos y les indicó que la sostuvieran cerca de la nariz del devoto. En cuanto le acercaron la rosa, este empezó a respirar con normalidad. Después, abrió los ojos y se sentó derecho. Su cara reflejaba serenidad y alegría. Como si hubiera regresado de otro mundo, el devoto miró a su alrededor para orientarse. Al final, miró fijamente a la Madre. Una sonrisa especial y dulce, de una alegría inexplicable, iluminó su cara y se sentó a meditar durante toda la noche, hasta que terminó el *darshan* del *Devi Bhava*.

A la mañana siguiente, todavía estaba pletórico de paz y felicidad, y confesó: "No puedo controlar esta felicidad espiritual que estoy sintiendo y que viene de muy dentro. Es una experiencia poco común que Amma me ha concedido." El brahmachari que lo escuchaba sintió envidia de este hombre de mediana edad que había sido bendecido con la visión de la Madre Kali.

Más tarde, en la cabaña del *darshan*, el devoto volvió a ver a la Madre sagrada mientras ella daba *darshan* a la gente. Éste le suplicó: "Amma, no me cabe la menor duda de que no eres otra que la Madre Kali. También tengo claro que fuiste tú quien se me apareció como Kali. ¿Quién, sino, podría darme el *darshan* de Kali? Pero, Amma, tal vez sea por mi ignorancia, pero todavía necesito oír de tus labios: 'Yo soy Kali. Yo te di el *darshan*.' Como mi gurú e *Ishta Devata*, debes decírmelo. Por favor, Amma, te lo ruego."

La Madre no dejó de mirarlo con una expresión de amor maternal y compasión inmensos. La Madre siguió así un rato, en silencio y sin apartar los ojos de este devoto. Entonces, empezó a sollozar como un niño pequeño. Se tapó la cara con las manos y se echó en el regazo de la Madre. La Madre le frotó la espalda con mucho amor e intentó consolarlo diciéndole: "Hijo… hijo… No llores, no llores." Pero él no podía dejar de llorar. A continuación, lo puso cariñosamente sobre su hombro y le susurró algo al oído. Él comenzó a reírse, henchido de felicidad. Se puso en pie de un salto y empezó a bailar. Reía y lloraba al mismo tiempo. Por las mejillas le rodaban lágrimas de alegría y gritaba: "¡Kali! ¡Kali! Mahakali. Kali es mi gurú y mi *Ishta Devata*. ¡Kali! ¡Kali! Kali." Siguió así hasta que la Madre le puso la palma de su mano derecha sobre el pecho para que se calmara y volvió a la normalidad.

Más tarde, contó que este estado de felicidad le duró unas dos semanas y confesó que, en verdad, la Madre sagrada le había susurrado al oído que ella le había dado el *darshan* y que ella era Kali. Esa fue la razón de su inmensa alegría.

No Juzguéis a Nadie

Mientras la Madre estaba dando *darshan*, uno de los devotos mencionó el nombre de otra persona y le preguntó a la Madre por él: "Amma, ¿por qué le dejas entrar aquí? Es muy desagradable y tiene mal carácter."

La Madre contestó: "Hijo, Dios baja a la tierra por el bien de las personas que viven en la ignorancia. Ellos necesitan transformarse. ¿Cómo puedes juzgar a alguien si tú mismo estás hundido en la ignorancia? ¿Acaso no sabes lo mucho que esa persona ha cambiado? ¿No sabes que se arrepiente de su pasado? Las personas como él son las que más atención necesitan. Cuando alguien así cambia a mejor, la sociedad se beneficia mucho.

Para eliminar una pequeña mancha, basta con aplicar un poco de quitamanchas, pero si la mancha es mayor y más densa, hay que utilizar más cantidad. De la misma forma, las personas que ya tienen una inclinación espiritual no necesitan mucha atención ni dedicación. Sin embargo, alguien que ha echado su vida a perder, viviéndola sin principios ni valores, necesita mucha atención y dedicación personal para ser reeducado y poder vivir así una vida mejor. El café suave sólo necesita un poco de leche. El café fuerte necesita más. La Madre está dispuesta a volver a nacer las veces que haga falta para ayudar a esas personas. ¿Cómo va la Madre a abandonarlos? ¿Quién va a cuidar de ellos?

Si a esa persona se le impide visitar a la Madre por tu juicio de valor, entonces al que hay que echar es a ti. Deberías recibir el mismo trato, pues serías más ignorante que él. Al menos, él reconoce abiertamente sus errores y expresa remordimiento, mientras que tú ni siquiera sabes cuánta negatividad llevas en tu interior. ¿Te crees una alma perfecta? En absoluto.

¿Estás pidiéndole a la Madre que abandone a las personas que viven en la ignorancia? ¿No es el cuerpo un producto de la ignorancia? ¿Acaso no lo abandonamos? Este mundo no es sino ignorancia, *maya*. ¿Por qué intentamos poseer cada vez más cosas aun sabiendo que todo es una ilusión? Cada uno cree que sólo él es bueno y que el resto son malos. Eso no es verdad. Si fueseis buenos, si hubiera bondad dentro de vosotros, veríais la bondad en todas las cosas. Veis lo malo de los demás porque en vuestro interior hay mal. Hijos, intentad poner en práctica esta verdad. No señaléis las faltas y errores de los demás. Ved los vuestros e intentad corregirlos. Que vuestros errores, vuestro ego, sean una carga para vosotros, no para los demás.

Sólo cuando seamos conscientes de nuestro propio ego, podremos eliminar nuestras faltas. Por ahora, no podemos cargar con el ego y los errores de otra persona. Con los nuestros, basta.

Hoy en día, pensamos: 'Mi ego es bonito, pero el de esa persona es feo.' Debemos abandonar esa actitud. Hijos, intentad ser humildes. Estamos aquí para ver a Dios en los demás, no lo malo que hay en ellos ni su ignorancia. Eso es lo que deberíamos practicar porque para ver lo malo no necesitamos ni un gurú ni un ashram. Hijos, ¿para qué venís aquí? ¿Cuál es vuestro propósito? ¿Qué objetivo tenéis? No hay duda de que se trata de eliminar los viejos hábitos y las viejas tendencias, de llevar una vida más elevada basada en principios espirituales. No lo olvidéis. Recordad vuestro objetivo. Si veis la ignorancia y los fallos de los demás, os olvidaréis del objetivo por el que acudís aquí.

Deberíamos eliminar el concepto de 'el otro'. Ese concepto surge del ego. Intentad ver la unidad, el todo. Si veis las partes, estáis mirando con el ego. Pero si contempláis el todo, no hay ego. Cuando vemos las ramas, las hojas, la fruta y las flores como entidades separadas, nos olvidamos del árbol. El ego percibe las ramas, las hojas, la fruta y las flores por separado. La perfección consiste en ver el árbol como árbol, como un todo. El ego ve las manos, las piernas, los ojos, la nariz y las orejas como partes diferentes. La perfección es ver el cuerpo como un todo. Pero el problema es que no podemos ver el todo. Sólo prestamos atención a las partes. Nos fijamos en la división, en 'el otro', separado de nosotros. La Madre no ve partes, sólo ve el todo. La Madre sólo ve a Dios, el Atman supremo. La Madre no lo puede hacer de otra manera. Hijos, si nos fijamos en 'el otro', nos dividiremos. Sin embargo, si contemplamos el todo, nos elevaremos a un estado indivisible. Por lo tanto, intentad actuar sin ego; intentad ser humildes."

El devoto se sintió culpable por sus desconsideradas palabras y dijo arrepentido: "Amma, siento haber hecho ese comentario. Amma, por favor, perdóname por ser tan ignorante. Tú sabes qué es lo mejor para cada uno. Mi ignorancia es tan grande que me olvidé de que lo sabes todo y dije esas palabras tan desconsideradas."

Con la compasión de siempre, la Madre le dio unas palmaditas cariñosas en la espalda y le dijo: "No pasa nada, hijo. Suele ocurrir. Esa es la naturaleza de la mente. Piensa en las veces en las que un niño se cae y se hace daño antes de aprender a andar bien. Cometer errores es muy humano, pero intenta no repetirlos. Intenta aprender una lección de cada error que cometas y procura no volverlo a repetir. Si ocurre sin querer, no pasa nada. No te preocupes. Pero repetir el mismo error conscientemente es una tendencia de los instintos más bajos. No lo hagas. Trata de superar esa debilidad, porque si persiste, te arrojará a una oscuridad en la que no hay salida."

La Madre se levantó y caminó hacia los cocoteros. Empezó a andar bajo los árboles con las manos detrás de la espalda. Después de un rato, se sentó en la sombra, con la mirada fija en el vasto cielo. Al ver a la Madre sola, el brahmachari Nealu pensó que tal vez ella no quería estar con nadie durante un rato y puso un cartel en un cocotero, no muy lejos de donde la Madre estaba. En él se podía leer: "Por favor, no molesten. Amma quiere estar un rato a solas."

Nealu siente un gran amor por la Madre. Él siempre pensaba que ella trabajaba demasiado y que necesitaba soledad y mucho descanso. Estaba muy preocupado por la salud de la Madre. Por eso, cada vez que tenía una oportunidad, intentaba servirla de esta manera. A veces, mientras la Madre descansaba, él montaba guardia en la puerta de la habitación y no dejaba que absolutamente nadie entrara. Sin embargo, si la Madre descubría su empeño por procurarle 'paz y tranquilidad', hacía lo que podía para estropear sus planes. A pesar de que sus intentos pasados habían fracasado, Nealu seguía actuando de la misma manera. Era muy ingenioso y se le ocurrían ideas nuevas para que la Madre descansase algo. Esta era una de ellas.

Después de poner el cartel en el árbol, Nealu se sentó a unos metros de distancia para detener a cualquiera que se atreviera a pasar. Tras unos minutos y sin motivo aparente, la Madre llamó a un brahmachari y empezó a conversar con él. Al poco tiempo, la Madre estaba rodeada otra vez de devotos, residentes y brahmacharis. El pobre Nealu no sabía qué hacer. Frustrado y desanimado, quitó el cartel, mientras murmuraba para sus adentros: "¡No hay manera! Amma no quiere ni soledad ni descanso."

Sentada bajo los cocoteros y rodeada de devotos, la Madre cantó una canción *Hamsa Vahini*.

Oh, diosa, que montas sobre el cisne
Madre Saraswati (diosa de la sabiduría).
Ella es la luna de todo el universo
Que vive en la montaña Sringeri
Que juega en la dicha de la música.

La Madre tiene su propia forma de hacer las cosas. Es una tontería intentar hacer algo en contra de su voluntad. No se pueden ver límites en *Mahatmas* como la Madre. Están más allá de los límites. No se les puede encajar en una estructura de normas y reglamentos, ni se les pueden poner condiciones. Esos límites son para los mortales normales y corrientes. Pero una vez que trascendamos el mundo de la dualidad, nuestras palabras y actos serán ley. Entonces, nada nos limitará.

Capítulo 13

22 de junio de 1984

La Muerte es Inevitable

En una ciudad llamada Alleppy, situada a unos sesenta y cuatro kilómetros al norte del ashram, se iba a celebrar una recepción para la Madre, seguida de un programa de *bhajans*. Mientras la furgoneta que llevaba a la Madre y a sus hijos iba por la autopista, pasaron al lado del cadáver de un muchacho que había sido atropellado por un coche. La Madre les advirtió: "No miréis. Puede que esa imagen os ronde durante la meditación." Todos permanecieron en silencio mientras pasaban por el lugar del accidente.

Después, la Madre siguió hablando: "Si nos damos cuenta de que nosotros seremos los siguientes, comprenderemos qué poca cosa es esta vida. Ser realmente conscientes de que vamos a morir, nos ayudará a tener menos apegos. La muerte nos sigue a todas partes como una sombra. Ya que sabemos que la muerte es inevitable, deberíamos esforzarnos mucho para vivir la verdad eterna antes de que el cuerpo perezca. Nadie sabe quién es el siguiente. Nadie lo puede predecir."

Uno de los brahmacharis citó a un gran erudito y alma realizada que escribió el *Srimad Bhagavatam* en malayalam basado en el original sánscrito: "Incluso cuando alguien ve cómo se muere un ser querido, sigue teniendo esperanza y expectativas sobre la vida. ¡Ay! No piensa que, un día, la muerte vendrá por él. Y si por casualidad lo piensa, está convencido de que eso no sucederá en los próximos cien años."

Amma respondió: "Ese gran ser tenía razón. La Madre se acuerda de una historia. Había una vez un rey que quería saber cuándo iba a morir. Para ello, convocó a un eminente astrólogo capaz de predecir el futuro. Después de estudiar su horóscopo y de hacer algunos cálculos astrológicos, descubrió que el rey iba a morir ese mismo día al anochecer. Os podéis imaginar el disgusto del rey al oírlo, pues él no quería morir. Se preguntaba cómo podía escapar de la muerte. Bien, eso no resulta extraño. ¿Quién no intentaría salvar la vida si estuviera en peligro o si supiera el momento exacto en el que iba a morir? El rey actuó con rapidez. Sin perder tiempo, convocó a todos los grandes eruditos del reino y les ordenó encontrar el modo de vencer a la muerte.

Los sabios se reunieron y empezaron a hablar y debatir. Buscaron en muchos textos de las escrituras la manera de salvar la vida del rey. Cuando algún erudito hacía una sugerencia, ya fuera un rito o un mantra, otro erudito lo rebatía y proponía un método distinto. Continuaron así sin alcanzar ninguna conclusión. Cayó la tarde y no habían conseguido nada. El rey se inquietaba y les gritaba: '¡Daos prisa, daos prisa! ¡Rápido! Se está haciendo tarde.' Pero los eruditos, como es normal, estaban atrapados en las palabras de las escrituras. No podían salir de la retórica y de su discusión. Finalmente, un anciano de la corte le susurró al rey: 'Señor, no confiéis en estas personas. No van a encontrar una solución. Si deseáis salvar vuestra vida, coged el caballo más veloz que tengáis y alejaos del palacio tanto como podáis antes de que caiga la noche. No perdáis tiempo. Partid ya. ¡Id rápido!'

Al desesperado rey le pareció una buena idea. Acto seguido, galopaba veloz sobre el mejor caballo de los establos reales. Antes de que anocheciera, se encontraba a cientos de kilómetros del palacio. Estaba exhausto y quería descansar. Por eso, desmontó y se tumbó bajo un árbol. Empezó a pensar en lo que había ocurrido durante el día y estaba feliz por haber engañado a la muerte abandonando la corte antes del anochecer. Como se sentía seguro, se quedó dormido. Cayó la noche y, de repente, la muerte surgió de la nada. Sus sedientos ojos miraron al rey mientras decía victoriosa. 'Sabía que vendrías aquí. Te he estado esperando en este árbol. Ya me estaba preocupando, pues creía que no llegarías a la hora prevista. Pero aquí estás, justo a tiempo. Gracias.' Después de decir esto, el indefenso rey cayó en las garras de la muerte."

La Madre terminó de contar la historia. La furgoneta seguía adelante. Ella volvió a hablar: "Hijos, ¿quién puede escapar de la muerte? Cuando nacéis, la muerte viene con vosotros. En cada instante de vuestra vida, os acercáis un poco más a ella. La gente no es consciente, pues están tan enredados en los placeres de este mundo, que se olvidan de ello. Cuando la muerte no existe, no hay tiempo. De hecho, siempre estamos en sus mandíbulas. Los sabios son conscientes de que la muerte es inevitable y tratan de trascenderla.

Mientras está 'en vida', una persona sabia adquiere la fortaleza mental y espiritual para vivir también 'en muerte' o para vivir eternamente más allá de la muerte. Muere para su ego. Una vez que alguien muere a su ego, no hay persona y, de esta forma, no hay nadie que tenga que morir. Esas personas están tan llenas de vida, que no conocen la muerte. La han trascendido y sólo conocen la vida, la vida que late en todas partes. Ellos se convierten en la mismísima esencia de la vida. La muerte es un fenómeno desconocido, pues no existe para ellos. La muerte tal y como nosotros la conocemos, la muerte corporal, no es más que un cambio para ellos. No temen la muerte del cuerpo. Tanto en la vida como en la muerte, seguirán existiendo como esencia de vida que asumirá otra forma, si así lo desean.

Las olas no son más que agua. Después de formarse una ola se rompe, y las mismas aguas del océano forman otra ola en otro lugar. A pesar de la forma que puedan adoptar, no son más que el agua del océano. De manera parecida, el cuerpo de una alma perfecta puede morir como muere el cuerpo de un ser humano normal y corriente. Mientras que el ser humano mortal se considera a sí mismo una entidad separada, diferente de la conciencia Suprema, como una ola aislada del resto del océano; una alma perfecta es plenamente consciente de su unidad con el absoluto. Sabe que no es una ola aislada, sino el océano, aunque haya adoptado una forma humana. Por eso, no teme a la muerte. Es consciente de que es un fenómeno natural, un simple cambio. Sabe, sin lugar a dudas, que así como una ola se forma, muere y vuelve a formarse en otro lugar, también el cuerpo debe pasar por el nacimiento, la muerte y, de nuevo, otro nacimiento. Los *Mahatmas* saben que son el océano, no la ola. Son el *atman*, no el cuerpo. Pero una persona normal y corriente cree que es el cuerpo, una ola aislada y que su vida termina para siempre cuando muere el cuerpo. Esto lo llena de miedo porque no quiere morir. Por eso, sufre cuando piensa en la muerte. Quiere huir de ella."

Un devoto que viajaba en la furgoneta con la Madre parafraseó con sus propias palabras una cita del *Bhagavad Gita*[16] en la que Krishna le dice a Arjuna que no sufra por la muerte: "Arjuna, la muerte debe llegar tras el nacimiento y el nacimiento debe seguir a la muerte. Así, no sufras pensando en este fenómeno inevitable. No tiene ningún sentido." Lo que Amma acababa de decir era una hermosa interpretación de las palabras de Krishna.

Un swami, autor de un libro espiritual muy conocido, viajaba también en la furgoneta. Estaba sentado justo delante de la Madre. Durante todo el viaje, no había dejado de mirar la imagen de la Madre reflejada en el espejo retrovisor. De repente, dijo como un niño: "Veo la imagen de Amma en el espejo." La Madre se rió y replicó: "Cuando la mente esté limpia de su impureza y

---

[16] Capítulo 2, versículo 27: "La muerte es segura para aquello que nace; el nacimiento es seguro para aquello que está muerto. Por lo tanto, no deberíais lamentaros por lo inevitable."

se convierta en un espejo claro, vas a poder ver a Dios en todas partes."

Un brahmachari, que se acordaba todavía del accidente que habían pasado, le preguntó a la Madre: "Amma, dijiste que quien no tuviera la suficiente fortaleza mental no debería mirar el cadáver del muchacho atropellado porque la imagen le perseguiría durante la meditación. ¿Por qué dices eso?"

Amma le respondió con una sonrisa: "Hijo, es la naturaleza de la mente. Aquello sobre lo que no queremos pensar nos vendrá a la mente en primer lugar. Deja que la Madre os lo explique con otra historia. Un rey que estaba calvo anhelaba tener la cabeza cubierta de espeso y negro pelo. Era tan sensible a su calvicie, que siempre llevaba un turbante. Había probado distintos tipos de medicamentos y había seguido varias clases de tratamientos, pero sin resultado. Se sentía tan triste y desesperado que, al final, llamó al médico más eminente y de más renombre de su reino. Le ordenó inventar una medicina que hiciera crecer el cabello. 'Si fallas, –lo amenazó– te cortaré la cabeza.'

Esta orden le puso al médico en una encrucijada. Aunque sabía, sin lugar a dudas, que no existía un medicamento contra la calvicie, no se lo podía decir al rey. Si lo hacía, sería el fin de sus días. Por lo tanto, el médico decidió abordar el asunto con diplomacia, esperando que, de alguna manera, pudiera salvar la vida. Inclinándose humildemente ante el rey, le dijo: 'Majestad, es para mí un gran privilegio elaborar esa medicina. Me siento muy honrado; pero, señor, tenga a bien concederme dos semanas para crear este raro medicamento.' Como no le parecieron demasiado dos semanas, el rey aceptó.

Transcurrido ese tiempo, el doctor apareció con el remedio especialmente preparado para el rey. Le enseñó la medicina en los aposentos reales privados. El rey estaba pletórico, pues sentía que su sueño de tener una negra y espesa cabellera se iba a hacer realidad por fin. El médico se aclaró la garganta y dijo: 'Señor, este es un aceite muy valioso y poco común. Lo he preparado especialmente para su majestad. No me cabe la menor duda de que va a surtir efecto en muy poco tiempo, pero.' El médico se detuvo. Con gran curiosidad, el rey saltó de su asiento y preguntó: 'Pero. ¿qué? ¡Habla!' El médico prosiguió: 'No es nada serio. Se trata de un detalle insignificante. Mientras se aplique la medicina en la cabeza, no piense en ratas. No es más que eso. Todo saldrá bien.'

El rey se recostó en el asiento y se relajó. Pensó: 'No es nada. No tengo que pensar en ratas mientras me aplico el aceite.' Despidió al médico después de haberle dado la recompensa prometida.

Al día siguiente, el rey, feliz, se levantó temprano y sacó la medicina del armario con mucha reverencia. Después de rezar una oración, vertió un poco en su palma derecha y, cuando estaba a punto de aplicárselo, ¿qué le vino a la cabeza? Ratas, ratas enormes. ¡Una larga procesión de ratas!" Todo el autobús se rió a carcajadas. Cuando se calmaron, Amma terminó la historia: "El rey estaba horrorizado y volvió a meter el líquido en la botella. Sin embargo, no estaba dispuesto a rendirse tan fácilmente. Probó en varias ocasiones a lo largo del día, fuera del palacio y en el jardín, pero cada vez el número de ratas era mayor. Se exasperó tanto, que acabó tirando la botella de aceite por la ventana."

La historia terminó con más risas y, cuando estas se aplacaron, la Madre siguió hablando: "Hijos, esa es la naturaleza de la mente. Cualquier incidente, objeto o idea que queramos olvidar nos perseguirá allá donde vayamos, sin importar la hora ni lo que hagamos por olvidarlo. *Sraddha* y devoción son las únicas cuerdas con las que podemos amarrar esta mente.

Hemos vivido una vida incontrolada durante mucho tiempo. Cualquier cosa que ahora oímos o vemos se nos graba con facilidad y se cuela en la mente sin invitación. Costará tiempo controlar la mente. Para conseguirlo se necesita práctica y paciencia."

La Madre miró a cada uno de los que estaban en la furgoneta con una sonrisa radiante y empezó a cantar. *Sri Chakram*. Todos se unieron en la respuesta.

En la rueda mística Sri Chakram
Habita la diosa Sri Vidya,
Esa Devi, que es la naturaleza del movimiento,
El único poder que mueve la rueda del universo.

A veces montada sobre un león,
Se manifiesta como el poder del creador,
A veces, sobre un cisne,
Oh, Madre guías y controlas
La divina trinidad,
¿No es la diosa Katyayani
Otra más de tus formas?

Estos devotos obedecen tus formas
Para aliviar su sufrimiento.
Oh, Madre, ¿quién entre los seres humanos,
Cautivado por maya, entiende la verdad
De que este cuerpo humano es despreciable?

Oh, Madre, tú que montas un tigre,
¿Cómo puede un ignorante esperar ensalzar
tu más elevada majestad?

La furgoneta se acercaba al lugar donde se celebraría el programa. La Madre dejó de cantar y se sentó con los ojos cerrados el resto del trayecto, profundamente absorta en su propio ser. La mayoría de los bramacharis también meditaron o repitieron su mantra hasta que llegaron al templo donde estaba prevista la recepción. Después de la recepción, hubo *satsangs* y *bhajans* hasta las diez de la noche. Entonces, la Madre empezó a dar *darshan* a las miles de personas que se habían congregado en el templo para recibir su bendición. La Madre dio *darshan* hasta las dos de la madrugada, momento en el que abrazó a la última persona.

Capítulo 14

23 de junio de 1984

Recordad a Dios Mientras Coméis

Durante la comida, dos brahmacharis servían los alimentos mientras otro dirigía el canto del decimoquinto capítulo del *Srimad Bhagavad Gita*,[17] al que sólo respondían unos pocos. El resto permanecía en silencio. Inesperadamente, la Madre sagrada entró en el comedor. Se enfadó un poco al ver la falta de *sraddha* de los brahmacharis.

"¿Por qué nadie canta el *Gita*?" preguntó. Y, entonces, ella pronunció unas palabras llenas de sabiduría: "Podemos adquirir paciencia si pensamos en Dios incluso ante un plato de comida. La comida es siempre un punto débil de los seres humanos. Cuando tenemos hambre, no podemos pensar en nada más. Nos olvidamos de lo que nos rodea y empezamos a comer sin pensar en los demás. Cuando el hambre nos domina, perdemos la paciencia.

El hambre se lleva la paciencia. Una persona hambrienta ni siquiera se inmutaría si Dios se apareciese ante él. Si observamos a una familia en su casa, vemos cómo el padre, el hijo o la hija se enfadan si la madre se retrasa un poco en servirles la comida después de llegar hambrientos del trabajo o la escuela. Esta falta de paciencia provocada por el hambre es una debilidad. En momentos así, podemos perder la capacidad de discernimiento

---

[17] En los ashrams de la India es costumbre recitar parte del capítulo 15 del *Bhagavad Gita* antes de comer. Este capítulo encierra la quintaesencia del *Vedanta* y habla también de los procesos digestivos y de las energías vitales que entran en juego.

y pelearnos con cualquiera. Un buscador espiritual no debería sucumbir a esta debilidad. Debería pensar en Dios y mantener la calma y el equilibrio mental ante un plato de comida, aunque tenga muchísima hambre. La mente humana está muy apegada a la comida. Ésta alimenta al cuerpo y, como estamos muy apegados a él, también lo estamos a la comida. El ansia por la comida es enorme. En general, la comida es un punto débil para los seres humanos. Por lo tanto, mantener la paciencia y pensar en Dios cuando nos encontramos ante nuestro plato favorito, nos ofrece una buena oportunidad para reducir el apego al cuerpo.

Además, pensar en Dios antes de comer es una buena manera de tomar conciencia de que comemos para conocer a Dios, de que esos alimentos que nutren el cuerpo son un instrumento para servir a Dios, para rezarle y para postrarnos ante Él. De nuevo, nos vendrá el recuerdo del principio Supremo. Nos olvidamos de Dios constantemente; por eso, debemos hacer lo posible para acordarnos de Él en todo momento. Debemos intentar pensar en Dios en cualquier situación, hasta que no nos cueste ningún esfuerzo hacerlo. Cuando os sentéis a comer, consideradlo como una excelente ocasión para pensar en Él.

Hijos, sed conscientes y no olvidéis que estáis aquí para realizar a Dios, no para realizar el ashram. El *Gita* se canta antes de comer para que os acordéis de Dios, no porque sea una mera costumbre del ashram.

Vuestra mente, cuerpo e intelecto se purificarán si coméis después de haber ofrecido esos alimentos a Brahman, el principio absoluto. Las vibraciones negativas de la comida, si las hay, serán eliminadas si cantáis el *Bhagavad Gita* y los mantras de purificación con este objetivo en mente. Al hacerlo, también se disolverán las impurezas del ambiente."

A pesar de que la Madre está más allá de cualquier cosa, había utilizado la máscara del enfado para enseñar a los residentes. Un maestro necesita esas máscaras. Sin embargo, un brahmachari se rió mientras la Madre hablaba, pensando que tras esa máscara se escondía la 'persona real', la que no se identifica en absoluto con la máscara del enfado, (en realidad, no hay ninguna 'persona'), y pensaba: "Para la Madre esto también es un juego."

Ella se volvió hacia él y le amonestó: "No te rías. ¿De qué te ríes? ¿Crees que la Madre está bromeando? ¿Qué bien te hace pensar que es sólo otra de sus máscaras con la que ella no se identifica? No te sirve para nada considerarlo como otro de los *lilas* de la Madre. Si piensas que no es más que otra máscara, te lo estás tomando demasiado a la ligera. Esto no es ninguna tontería. Deberías darle más importancia."

El brahmachari se quedó de piedra al ver cómo la Madre le había leído el pensamiento. Antes de que pudiera expresar su sorpresa, la Madre prosiguió: "Hijos, ¿sabéis cuánto vale la comida? ¿Sabéis cuántos miles de personas hay en el mundo que ansían un simple grano de arroz con el que calmar su hambre, mientras vosotros os reís y disfrutáis ante un plato de comida? Incluso, hoy día, la Madre llora antes de comer algo pensando en aquellos que viven en medio de la pobreza y el hambre, sin ni siquiera un poco de arroz aguado con el que aplacar su hambre. Y aquí estáis vosotros, riéndoos. ¿Cómo podéis? Es como reírse de los que se están muriendo de hambre. Hijos, pensad en ellos. Que vuestra mente se llene de compasión y amor hacia ellos. Entonces, no os reiréis. Debéis aprender a llorar por ellos. Debéis preocuparos de verdad por ellos y ser capaces de compartir su dolor. ¿Cuándo vais a conseguir ese nivel de entrega? Hijos, la comida es Dios. Mostradle el debido respeto."

La Madre hizo una pausa. Después, se volvió hacia el devoto que estaba a su lado y le dijo: "Estos muchachos no han experimentado la dureza de la vida. No han vivido la vida real. En sus casas, cuidaron muy bien de ellos. Eran los reyes de sus hogares, sólo daban órdenes y no aprendieron a obedecer. Ahora hay que entrenarlos bien para que se conviertan en buenos servidores del mundo. Y para hacerles comprender la seriedad de la vida, la Madre se enfada."

Entonces, se levantó, fue a la cocina y volvió con unos trozos de raíz de tapioca cocinada. Dio un pequeño trozo a cada uno. Su estado de ánimo era diferente. De nuevo, otra máscara, la hermosa máscara de la Madre amorosa y atenta.

Las palabras de la Madre sobre cómo llora cuando piensa en los que están sumidos en la pobreza y mueren de hambre remiten a un incidente que sucedió a principios de 1980. Un día, la Madre no quería comer. Todos los intentos por hacer que tomase algo fracasaron. No había ninguna razón aparente para que ayunara y nadie sabía por qué no comía. Ni siquiera bebió un vaso de agua. Aunque intentaron descubrir el motivo, la Madre no decía nada. Parecía estar muy absorta en sus pensamientos y, a veces, lloraba, sentada a solas a la orilla del canal. Por fin, a las diez de la noche, comió algo.

La Madre explicó la razón de su ayuno. Dijo que unas cuantas familias vecinas se estaban muriendo de hambre. No tenían qué comer y no habían podido pescar ese día. Al enterarse de su angustia, a la Madre no le apetecía comer. Deseaba enviarles algo de comida, pero esas familias no sentían ninguna simpatía por el ashram. De hecho, lo odiaban. Unos años antes, en la época en la que los pocos residentes del ashram no tenían apenas qué comer, la Madre envió verdura y arroz a esas familias, pero no aceptaron la comida. Por eso, esta vez la Madre dijo: "A pesar de su actitud hacia el ashram, la Madre les habría enviado algo de comida. Sin embargo, la Madre sabe que no la habrían aceptado y, al rechazar la comida que se les ofrece, habrían creado karma negativo. La

Madre no quiere que esto ocurra. No importa qué actitud tengan hacia el ashram. Ellos también son hijos de la Madre, ¿no es así? La Madre debe ser paciente con ellos. ¿Quién más tendrá paciencia si la Madre no la tiene? No abriguemos odio ni ira hacia ellos. Recemos a Dios para que crezcan espiritualmente. De todas maneras, ahora tienen algo de comer. Por eso, la Madre también ha comido un poco, para compartir su alegría."

A las tres de la tarde, la Madre se estaba preparando para ir a Quilon a visitar a un devoto. Algunos devotos iban a ir con ella y, esta vez, la Madre no le había pedido a Gayatri que la acompañara a pesar de que ella siempre viajaba con la Madre allá donde fuera. Nadie sabía por qué no le había dicho nada y la Madre no dio ninguna explicación. Gayatri se sintió muy dolida y se quedó desconsolada en la orilla, mientras la Madre y los devotos cruzaban el canal en barca. Al llegar al otro lado, la Madre estaba a punto de montarse en el coche cuando, de repente, le dijo a un devoto: "Vete a buscar a Gayatri. Está muy abatida. ¡Qué pena! Esta Madre cruel no la ha llamado. Cómo puede una Madre amorosa olvidarse de un hijo desconsolado. Su dolor es también el de la Madre. No nos iremos sin ella." De esa manera, el corazón de la Madre expresaba amor y compasión por su hija. En unos pocos minutos, apareció Gayatri. Estaba muy feliz. Todavía lloraba, pero ya no de dolor, sino de alegría, al ver lo rápido que la Madre había respondido a la oración de su corazón dolido.

A las cuatro, la Madre llegó a Quilon. Los miembros de la familia estaban muy contentos por tener a la Madre en su casa. Tan inmersos estaban en su amor hacia la Madre, que se olvidaron de la manera adecuada de recibir a un *Mahatma*[18] y se

---

[18] Cuando un gran ser llega al umbral de una casa, es costumbre en la India mostrarle el debido respeto lavándole los pies, poniéndole una guirnalda y ondeando la llama de alcanfor ante él.

quedaron mirándola fijamente. Los hijos abrazaron a la Madre y ella los acarició y les preguntó con cariño sobre sus estudios y otras cuestiones. Después, se dirigió a cada uno de los miembros de la familia y a los vecinos y amigos presentes. La Madre los hizo felices a todos: a uno le daba una afectuosa palmada en la espalda, a otro le frotaba el pecho, a otro le decía unas palabras amables.

En el *bhajan* de la tarde, participaron los miembros de la familia, los amigos, los vecinos y otras personas que habían llegado de los alrededores. Una de las devotas pidió a la Madre que cantara *Amme Bhagavati Nitya Kanye Devi*.

Oh, Madre divina, la virgen eterna,
Me postro ante ti por una mirada amable.

Oh, diosa del mundo
Para ti es un juego crear el mundo
Y salvarlo, deshaciéndolo.

Oh, tú, cuya naturaleza es como la sombra de lo real,
La causa de la vida, oh, tú, que estás llena de maya,
Me postro ante ti.

Mientras la Madre cantaba en éxtasis, la joven que había pedido la canción empezó a llorar, pues no pudo contener su gran amor.

Después de cenar, alrededor de las diez y media, la familia quería que la Madre viera un video que mostraba historias y experiencias de grandes devotos de la Madre divina. Para satisfacerles, la Madre aceptó ver la película con ellos y, mientras lo estaba viendo, entró en un estado incontrolado de amor divino. Una historia hablaba de un pescador que sentía un amor puro e inocente por la Madre divina. Era analfabeto pero deseaba fervientemente ver a Devi en carne y hueso. Al ver este episodio, el ánimo de la Madre cambió por completo. Se levantó de su asiento y empezó a bailar y a cantar. En este estado de éxtasis, emitía unos sonidos que no se pueden transcribir en palabras. Con una risa extática, la Madre abrazó y besó a algunas de las chicas y a la anciana que estaba a su lado y se volvió a sentar.

Después de ver el video un rato más, la Madre se levantó y se dirigió a su habitación. Cuando se fue, seguía muy exaltada. Parecía que no quería ver más por miedo a que la película la transportara a un estado totalmente incontrolado.

Capítulo 15

27 de junio de 1984

Un Milagro en un Juicio

Eran casi las doce del mediodía, cuando un hombre de mediana edad se acercó al templo. Brahmachari Balu lo saludó y el hombre, el señor V., dijo: "He estado aquí en dos ocasiones. Después de las dos primeras visitas, ha pasado mucho tiempo. Pero, todavía, mi devoción por Amma es muy grande. De hecho, sin su gracia y ayuda, ahora estaría en la cárcel." Hizo una pausa. Brahmachari Balu le preguntó si podía traerle algo de beber y el hombre pidió agua. Cuando Balu trajo el vaso de agua, lo encontró sentado en el porche sur del templo.

Después de beber, el señor V. continuó: "Estaba en un gran aprieto cuando vine a recibir el *darshan* de Amma por primera vez. En realidad, vine a verla para pedirle que me guiara y me diera su bendición para salir del serio problema en el que estaba atrapado."

El hombre contó su historia. Al parecer, uno de sus parientes le había acusado de fraude. Como la familia de esta persona tenía mucha influencia, amañaron las pruebas necesarias para acusarlo. El señor V. sabía que si lo declaraban culpable, su vida se desmoronaría. Tenía mujer y tres hijas y sus vidas también caerían en desgracia. Con la reputación de su familia arruinada, sabía que ningún hombre sería tan generoso como para casarse con alguna de sus hijas. Para él, se trataba de un asunto de vida o muerte, ya que sentía que, si perdía el caso, no tenía otra alternativa que suicidarse. Y, si lo hacía, su mujer e hijas lo seguirían, pues no tendrían ningún futuro. El señor V. no reveló ningún detalle sobre el caso, pero Balu dedujo por sus palabras que habría sido un verdadero desastre para él y su familia.

El señor V. dijo que la gente creía en su inocencia y que sus enemigos, motivados por intereses personales, intentaban destruirlo a él y a su familia deliberadamente. Sin embargo, habían fabricado pruebas tan firmes y convincentes contra él, que no había modo de rebatirlas o de defenderse. Tampoco podía tomar ninguna vía legal para evidenciar que las pruebas eran falsas. Le dijo a Balu: "Así que no tenía ninguna posibilidad de salvar mi vida ni la de mi familia de la inminente catástrofe, pero mi fe en Dios, en la Madre Kali, era muy fuerte."

"Un día," prosiguió, "uno de mis amigos me habló de Amma. Incluso me contó algunas de sus experiencias personales con ella. Sus palabras llenaron mi corazón roto y dolorido, de fe y confianza. Esta convicción y fe de que Amma era la mismísima Madre Kali me dio fuerza y valor. Eso es lo que me trajo aquí para ver a Amma por primera vez. Ella conquistó mi corazón y me aseguró que ganaría el caso. Estoy convencido de que Amma es Kali y, posteriormente, me lo ha demostrado con claridad a través de las experiencias que he tenido desde que la conocí." El hombre hizo una pausa.

Balu preguntó: "¿Se resolvieron sus problemas?"

El señor V. pasó a contar cómo no dejó de rezar a Amma aunque, en cada vista, su abogado tenía más problemas para rebatir los puntos de la acusación que se le imputaban. Todos pensaban que iba a perder y, en poco tiempo, su confianza y valor se debilitaron. Empezó a preguntarse: "¿No se van a cumplir las palabras de Amma? ¿Es que me ha abandonado?" Sin embargo, su fe en Amma se mantuvo impasible. Todos los días, rezaba y suplicaba a Amma. Mientras, los juicios se endurecían y nunca sabía qué iban a hacer sus adversarios. Por fin, cuando se llegó a un veredicto, él ganó el caso.

"Yo sabía que iba a ganar porque, ¿quién puede rebatir a Amma, su frase clave fue la llave que cerró las puertas de mi inminente condena?" dijo. Las palabras se ahogaron en su garganta y el señor V. empezó a llorar. Controló el llanto a duras penas y se secó las lágrimas. Balu se sentó y esperó, mientras se preguntaba qué quería decir la última parte sobre la frase clave.

Cuando se calmó, el señor V. se aclaró la garganta y dijo: "Sé que tienes curiosidad por saber cómo ocurrió. Amma lo hizo posible." Entonces, contó lo que había pasado una noche, ya muy tarde, cuando su familia y él se encontraban en el salón de su casa, al borde de la desesperación.

"Me quedé dormido en el sofá. Después de un rato, me despertaron una luz intensa y una fragancia divina que invadían toda la habitación. Mis hijas y mi mujer dormían sobre el suelo de cemento. No parecían darse cuenta de lo que me estaba pasando. Quería despertarlas, pero no podía hablar ni moverme. Sobrecogido, contemplé cómo la luz tomó la forma de Amma… ¡en carne y hueso! Se me acercó y me acarició con cariño. Me sonrió y, con voz suave, dijo dos frases. La primera era un punto del caso que habían ocultado y al que yo llamo la 'frase clave'. Después me dijo: 'Vete a contarle esto a tu abogado ahora mismo, en cuanto yo me vaya.' Me dio ceniza sagrada como *prasad* y desapareció sin decir nada más."

Cuando el señor V. recobró la conciencia, vio que estaba en el sofá y que su familia seguía durmiendo en el suelo. Con la mente más clara, vio que tenía la ceniza sagrada en las manos. Era la prueba de su visión. Despertó a su mujer e hijas, les contó lo sucedido y les mostró la ceniza. Ellas también percibieron la fragancia divina, parecida a la del jazmín, que todavía impregnaba la habitación. Miró la hora y vio que eran las dos y media de la madrugada.

"Cogí la moto –siguió contando el señor V. a Balu– y fui a casa de mi abogado que está a cinco kilómetros de distancia. Cuando le mencioné el punto que habían ocultado y que Amma me había contado en la visión, su cara resplandeció. Le relaté todo lo referente a la aparición de Amma. La creyó por completo, pues él también creía en Dios. Al día siguiente, en el juicio, mi abogado basó el caso en ese nuevo punto que, al final, me salvó."

Como ya casi era la una del mediodía, Balu le pidió al señor V. que fuera a comer al comedor. Él rechazó el ofrecimiento amablemente diciendo: "No, ahora no. No podría comer antes de recibir el *darshan* de Amma." Y se dirigió a la cabaña del *darshan* donde se sentó a esperar.

La Madre llegó allí sobre las dos y media. El señor V. era el primero en la fila del *darshan*. Ella lo recibió exclamando: "Ah, hijo, la Madre sabía que vendrías hoy. Ganaste el caso, ¿verdad? La Madre se siente feliz." El señor V. cayó a sus pies y lloró. Abrazó y besó los pies de la Madre y, luego, los puso sobre su cabeza. Literalmente, lavó los pies de Amma con sus lágrimas. Igual que un niño llama a su madre llorando, el señor V. no dejaba de gritar: "¡Amma… Amma… mi querida Amma! ¡Oh, Amma! Has salvado a este desdichado del infierno."

Tan conmovedora escena emocionó profundamente a los que se encontraban allí, que no pudieron contener las lágrimas, aunque no sabían todo lo que este hombre había pasado en los últimos años. Inclinándose, la Madre lo levantó y le puso la cabeza sobre su regazo. Lo tuvo ahí un buen rato. Poco a poco, el señor V. se calmó y la Madre le hizo sentarse a su lado, donde permaneció en actitud meditativa hasta que terminó el *darshan*.

Mientras la Madre recibía a sus hijos para darles *darshan*, los brahmacharis cantaron *Samsara Dukha Samanam*.

Oh, Madre del mundo,
Que disipas el dolor de la transmigración,

El refugio de tus benditas manos
Es nuestro único amparo.

Tú eres el refugio de las almas ciegas que se han perdido.
El recuerdo de tus pies de loto
Protege a todos del peligro.

Para aquellos que están engañados
Y sumidos en la densa oscuridad,
Meditar en tu nombre y forma
Es la única solución para su deplorable estado.

Mira mi mente
Con tus hermosos y brillantes ojos,
Oh, Madre, tu gracia es el único medio
Para alcanzar tus pies de loto.

Entonces, la propia Madre cantó una canción *Govardhana Giri Kutayakki.*

Oh, pastor de vacas,
Tú has convertido la colina de Govardhana en un paraguas,
Tú has hecho de Radha un amigo querido.
Oh, Krishna, tú has transformado mi corazón
En Golukam

Oh, encantador flautista,
Tu música divina convierte las sombras
En luz de luna de color azul plateado,
Tu amado nombre, oh, Giridhara,
Llena la mente de buenos augurios.

Oh, Madhava, tus diferentes estados de ánimo transforman
El dolor del corazón en néctar,

Tu hermosa y agradable forma
Llena la vida de desbordante amor.

En mitad de la canción, la Madre entró en éxtasis. Tenía los ojos totalmente cerrados, la cabeza ladeada hacia la derecha y no se movía. En su regazo, había una devota, que levantó la mirada para ver la cara de la Madre. Al darse cuenta de su elevado estado espiritual, retrocedió con suavidad y se sentó en actitud respetuosa con las palmas de las manos unidas.

Aunque los brahmacharis y devotos han visto a la Madre ascender a planos extáticos mientras canta *bhajans*, da *darshan* o recita el nombre divino, cada ocasión es una experiencia nueva. Ellos se sientan a meditar, la miran como a su *Ishta Devata* o esperan con expectación.

La Madre permaneció en ese estado divino un tiempo y, cuando volvió al plano normal de conciencia, continuó dando *darshan* a los demás devotos.

Una Pregunta sobre Tantra

Mientras el *darshan* continuaba, uno de los devotos preguntó: "Amma, los seguidores de la *sadhana* tántrica piensan que pueden obtener resultados rápidos. También piensan que, como todo es divino, no hace falta renunciar a nada. Ellos no condenan el cuerpo como lo hacen los *vedantins*.[19] En su opinión, el cuerpo es la morada de *Tripura Sundari*[20]; por lo tanto, consideran que es puro. Amma, por favor, di algo al respecto."

---

[19] La sadhana tántrica es el camino para alcanzar el estado de unión de Shiva y Shakti aceptando todo como divino. Los vedantins o seguidores del camino de la filosofía no dual, la filosofía de la unidad o Vedanta, se caracterizan por su énfasis en la renuncia como medio para negar la dualidad.

[20] Un aspecto de la Madre divina.

La Madre dijo: "Cualquier camino espiritual, sea el que sea, implica renuncia. Sin ella, no conseguiremos el beneficio que deseamos. La Madre no cree que un maestro perfecto que guíe a los *sadhaks* tántricos les permita hacer con sus cuerpos lo que quieran. Aunque consideren el cuerpo puro, no es motivo para actuar sin discernimiento ni autocontrol.

Cualquier camino puede traer resultados rápidos si se practica adecuadamente y con sinceridad, así como con *lakshya bodha*, no sólo el camino del *tantra*. Para conseguir resultados rápidos no hace falta dominar técnicas complicadas. La senda de la devoción es el método menos complicado. Sin embargo, todos los caminos conducen al mismo objetivo y todos consideran que es indispensable practicar con devoción y amor. Incluso en el camino del *tantra*, el amor juega un papel muy importante. ¿Quién puede progresar sin amor?

Respecto a condenar el cuerpo. Ningún camino condena el cuerpo o el mundo. La *sadhana* vedántica no condena el cuerpo. Después de todo, ¿quién es capaz de realizar prácticas espirituales sin un cuerpo? Es ridículo pensar que el cuerpo no es importante. Lo que hace falta es educarlo y domarlo, no torturarlo. Un principiante no puede decir: 'Todo es divino, incluso el cuerpo y, por eso, voy a disfrutar y hacer lo que quiera.' De esa manera, no va a alcanzar el objetivo. Es imprescindible cierto autocontrol. De lo contrario, ¿qué diferencia existe entre un *sadhak* y una persona que sigue abandonándose a placeres sensuales? La realización no va a llegar así.

La realización llegará si nos concentramos por completo en el propio ser, olvidando lo demás y sin dejar que entre un solo pensamiento. Hasta para conseguir un cuerpo muy musculoso, se necesitan años de práctica diaria. ¿Cuánto esfuerzo supone llegar a ser un buen profesor de kárate o de lucha? ¿Cuánto esfuerzo se necesita para llegar a ser un buen músico? Nunca nadie ha conseguido nada en este mundo sin hacer algún sacrificio que suponga renuncia y esfuerzo constante. Todo lo que hacemos implica alguna regla. Así pues, ¿por qué dicen que no hay que renunciar a nada para alcanzar el objetivo más elevado que es la Auto-Realización? La Madre no está de acuerdo en ese punto. Dicen que son el ser y que Dios está dentro de ellos. Puede que digan: 'Tú eres Eso. Tú eres divino,' y cosas parecidas; pero, aunque lo digan durante miles de años, no va a pasar nada.

Juntad a tantas personas como queráis para que os apoyen y os aclamen diciéndoos que sois Brahman, eso no os permitirá la Auto-Realización. Seguiréis siendo la misma persona de antes. Pensad en aquellos que han alcanzado la Auto-Realización y en la vida de los grandes santos y sabios. Ellos fueron ejemplos de renuncia, hicieron *tapas* y se esforzaron mucho por alcanzar la Auto-Realización. Los que la han logrado no hablan. No van por ahí diciendo: 'Lo he conseguido. Soy Brahman.' Tampoco les oiréis decir: 'No hace falta renunciar a nada. Ya sois Eso. Está dentro de vosotros.' La gente que habla así es superficial y a la gente superficial le gusta hablar, pero no lo hace desde la experiencia. Ellos no han experimentado la profundidad, porque donde hay profundidad, no hay palabras. Sólo hay silencio. Si aquellos que están Auto-Realizados hablan, sus palabras llegan al corazón y purifican y transforman a quienes les escuchan. Sus palabras van directas al corazón del oyente. Sin embargo, cuando hablan los que dicen que Dios está en su interior, sus palabras permanecen durante un cierto tiempo en la superficie, en el intelecto de quienes les escuchan, y desaparecen hasta la próxima vez que las oigan de nuevo.

La Madre dice que la *sadhana* tántrica es uno de los caminos que peor se ha entendido e interpretado. En su nombre, la gente se dedica a beber, a tener relaciones sexuales y se comporta de manera licenciosa e irresponsable. Dicen que lo ofrecen a la Madre divina pero, en último término, se abandonan a esos placeres. Su ignorancia sobre lo que es la verdadera *sadhana* es cada vez mayor, y por eso dicen que cualquier cosa que hacen es correcta. El culto tántrico consiste en una ofrenda. Es decir, el principio que está detrás del culto es lo que hay que ofrecer. Esta ofrenda no es externa, sino interna. Se ofrece la individualidad, o el ego, a lo divino. Es más, las referencias del culto a la unión sexual no deben entenderse como algo entre un hombre y una mujer. Se trata de la unión final, de la unión del *jivatman* (el ser individual) y del *Paramatman* (el Ser Supremo). Es simbólico. Simboliza la unión o la integración de las cualidades femeninas y las masculinas; la unión de *Purusha* y *Prakriti*, la fusión de la mente con la realidad Suprema. El *sadhak* alcanza el equilibrio perfecto entre su naturaleza interna y externa. Se trata de experimentar la omnipresencia y de establecerse en ella, lo cual resulta de la unión de Shiva y Shakti.

En ese estado, el *sadhak* lo trasciende todo y se funde con el principio Supremo. En la *puja* tántrica, la unión sexual representa esa unidad Suprema. Esta unión de lo masculino y lo femenino ocurre dentro de vosotros. No es externa. Esta unión de Shiva (la conciencia Suprema) y Shakti (la energía primordial) tiene lugar cuando el semen purificado del *sadhak*, que se ha transformado en *ojas* (energía vital pura), alcanza el punto más alto en la cabeza, en el que está situado el loto de mil pétalos. En la *sadhana* tántrica, el empleo de imágenes sexuales como símbolos es una representación externa y figurativa de esta transformación interior. La unión sexual es el símbolo más cercano que puede transmitir la idea de esta unión eterna de Shiva y Shakti. Los dos aspectos, la conciencia Suprema y la energía primordial, se encuentran dentro de nosotros.

Todos los seres humanos son sexuales y, por lo tanto, todos han experimentado el deseo sexual, el anhelo de la unión con el sexo opuesto. Así, al utilizar algo que todo el mundo puede entender; es decir, los términos y símbolos de la unión sexual para expresar la cualidad esencial y el proceso de la unión eterna, los sabios han intentado darnos una idea sobre el proceso de dicha unión. Pero la mente humana es tan primitiva y baja que lo malinterpreta todo y lo lleva a un nivel vulgar, haciendo mal uso de ello o tomándolo como excusa para un comportamiento licencioso y actos ilícitos que pueden hacer daño a los demás y a sí mismos. La *sadhana* tántrica no se debe practicar sin la guía de un maestro perfecto."

Hacia las cuatro de la tarde, la Madre subió a su habitación y volvió a bajar una hora después para ir a meditar a orillas del mar. Meditar al lado del mar en la presencia divina de la Madre sagrada siempre era una experiencia maravillosa. Todos los residentes y devotos que estaban de visita siguieron sus pasos hasta el mar, en una larga procesión. La Madre se sentó, inmóvil, mirando al océano, mientras los demás se sentaban a su alrededor y se disponían a meditar. El sol, después de haber hecho su recorrido por el cielo, estaba a punto de tomar su baño diario en el océano. Las olas llegaban con suavidad a la orilla y, lentamente, volvían al océano, tarareando una nana constante. Era difícil decir si la Madre estaba concentrada en el océano, las olas, la puesta de sol, el horizonte o el infinito o si se había sumergido en la profundidad de su verdadero Ser. Por el aspecto tranquilo y sereno de su rostro, se podía deducir que estaba viajando por su propio mundo de soledad, un mundo sobre el que los demás no sabían nada.

Todos meditaban. La Madre no cerró los ojos; los tenía bien abiertos, pero no parpadeó ni un momento. Su postura era perfecta, sentada, inmóvil, con las manos sobre las piernas. En su cara radiante, había una sonrisa de felicidad.

Como era habitual, los hijos de los pescadores del pueblo se agruparon en torno a la Madre sagrada, de pie y observando desde una distancia respetuosa. Esperaron, mientras miraban a la Madre y a sus hijos en absoluto silencio. Era extraño que estos niños, normalmente ruidosos y activos, a los que les gustaba correr y gritar cuando jugaban con la arena y las olas de la orilla, siempre se quedaban en silencio cada vez que la Madre salía a meditar. Por supuesto que la Madre nunca se olvidaba de darles unos caramelos antes de irse. Esta vez también les hizo felices con unos dulces. Uno a uno, se acercaron a la Madre para recibir su caramelo. A veces, por timidez, algún niño no se atrevía a acercarse a la Madre. Entonces, ella, con una radiante sonrisa de bienvenida, lo animaba a venir. Siempre vencían los niños su timidez y aceptaban alegres el caramelo.

Como ya eran casi las seis y media de la tarde, la hora de los *bhajans*, la Madre y el grupo emprendieron la vuelta al ashram. De camino, la Madre se detuvo en el lugar en el que solía recibir a los primeros devotos en Krishna Bhava. En este lugar hay un pequeño santuario hecho de hojas de cocotero. Incluso hoy en día, los habitantes del pueblo encienden una lámpara de aceite dentro. Al lado de este pequeño templo, crece un árbol no muy grande. En una de sus finas ramas, la Madre solía asumir la *Anantasayana* (la famosa postura del Señor Vishnu en la que se apoyaba sobre la serpiente Ananta). En el interior del diminuto santuario, se han colocado cuadros de Kali y Krishna. La Madre se inclinó y miró dentro mientras les hablaba del templo a los devotos.

Después, retomó el camino hacia el ashram y se encontró con una pescadora que volvía del mercado cruzando el río. La Madre se paró a hablar con ella, como una chica de pueblo normal y corriente charla con otra. Un gatito las seguía. Era muy interesante observarlas, pues la Madre se expresaba con las mismas palabras que la mujer y hacía sus mismos gestos.

Entonces, tal vez con la intención de aclararles las ideas a algunos devotos que podían estar sorprendidos o que podían tener alguna duda sobre la manera en la que la Madre se había comportado, ella dijo: "Los habitantes del pueblo no se sentirían cómodos si les hablásemos desde nuestro nivel. No entienden la actitud de un *sadhak*. Si la Madre pasa de largo sin hacerle caso, la mujer pensaría que la Madre es una arrogante o demasiado orgullosa para hablar con ella. A la Madre no le importa lo que piense, pero ellos se sienten felices y contentos cuando la Madre les dice algo. Por eso, hay que hacerlo a su manera; de lo contrario, hablar no sirve de nada. Debemos bajar a su nivel para que se sientan felices. Son ignorantes y si filosofamos, intentando imponerles nuestras ideas espirituales o presentando el tema con un lenguaje muy refinado y hablando como eruditos, no les impresionaremos. Habladles en su lenguaje, actuad como ellos y lo valorarán."

En cuanto la Madre terminó de decir esto, oyeron, a unos metros de distancia, cómo la mujer le decía a otra en voz alta: "Todavía es muy cariñosa. No ha cambiado." Los devotos sonrieron y se miraron unos a otros. Era como si la Madre estuviera demostrando sus palabras con actos.

La Madre empezó los *bhajans* de la tarde cantando *Sri Lalitambike Sarvashakte*.

Oh, omnisapiente Madre Lalita,
Este humilde niño se postra
A tus auspiciosos pies sagrados.

Victoria para la Madre
Que es la encarnación de la belleza,
Y que es una parte inseparable del Señor Shiva.
Victoria, victoria para la Madre.

Que es, en verdad, el absoluto Brahman personificado,
Victoria, victoria para ella

Que es muy querida por el Señor Vishnu.
Oh, Madre, yo te saludo, Madre de toda la creación.

Oh, Madre, este hijo tuyo
No conoce ningún método de meditación;
¿No me ves vagando en la oscuridad?
Oh, Madre Ambike, ven a vivir para siempre
En el loto de mi corazón. No me abandones,
Ni siquiera para parpadear.

Se me ha concedido este nacimiento humano
Después de haber atravesado
Miles y miles
De nacimientos. Oh, Madre, deja que te ofrezca
Este raro don que es la forma humana
Ante el altar de tus pies de loto.

Oh, Madre, puede que haya cometido muchos errores,
Y tal vez sea el más sentenciado
De entre tus hijos.
Aún entonces, oh, Madre, tú que eres la encarnación
De la compasión y el amor, perdóname, por favor,
Por mis faltas y defectos,
Disuelve mi debilidad mental.

La meditación con la Madre en la orilla del mar, seguida del canto devocional hizo que todos cantasen y bailasen en las alas del puro amor. La Madre sagrada dice: "Para acordarse de Dios, hay que olvidarse del mundo. Recordar no es otra cosa que olvidar." Esto es lo que les ocurre a los devotos y discípulos cuando la Madre canta. Se olvidan de sus preocupaciones y problemas, y beben en la dulce felicidad del nombre divino.

Mente y No-Mente

Después de los *bhajans* y el *arati*, la Madre se sentó en la parte delantera del templo y los residentes y devotos que se encontraban de visita se agruparon a su alrededor. En su regazo tenía a un niño pequeño, el hijo de uno de los devotos. El chico se sentó tranquilamente en el regazo de la santa Madre mientras su madre decía, llorando y riendo de alegría a la vez: "¡Qué afortunado es mi hijo por estar en el regazo de Amma y que la divinidad lo toque y acaricie!" la Madre sagrada intentaba darle al niño un trozo de plátano. Cuando terminó de comerlo, siguió lamiendo y mordiendo el dedo de Amma. La madre del niño comentó: "Amma, te quiere comer."

"La Madre se lo quiere comer a él," respondió ella.

Entonces, siguió hablando de los niños y de su inocencia: "Los niños están libres de *maya*. Su inocencia conquista el corazón y el alma de cualquier persona. ¿Quién es capaz de no querer a un niño? Hasta la persona más despiadada, querrá a un niño. Este sentimiento amoroso se debe a la inocencia infantil." La Madre divina devolvió el niño a su madre.

"Mirad en los ojos de un niño y veréis a Dios. Podéis ver a vuestro Krishna, a Jesús o a Buda, en los ojos de un niño. Pero, una vez que los *vasanas* latentes empiezan a manifestarse, la inocencia desaparece. Un niño tiene *vasanas*. No se manifiestan, pero están ahí y, un día u otro, saldrán al exterior. Esa es la diferencia entre un niño y un yogui. Aunque un niño sea inocente, tiene *vasanas* aletargados que están esperando a manifestarse en cuanto llegue el momento. Un yogui erradica los *vasanas* por completo a través de la práctica espiritual. Este alcanza la inocencia total y no queda dentro de él ningún *vasana* latente. El yogui no tiene *vasanas* que manifestar porque acaba con su fuente. Corta los *vasanas* de raíz y, de ese modo, dejan de existir. Está limpio y puro. Fluye como un río por cualquier lugar, sin obstáculos, impasible y sin hacer diferencias.

La mente debe desaparecer. Deberíais alcanzar el estado de la 'no-mente'. Una persona que se encuentra en ese estado puede vivir en el mundo de la diversidad, pero, en realidad, está en Dios. Puede que lo veáis actuar y hablar, pero no hace ninguna de las dos cosas. No actúa, ni habla; está pasivo y callado en cualquier circunstancia. Pero vuestra mente le impondrá una mente y un cuerpo, y palabras y acciones. Vosotros estáis divididos; por lo tanto, intentaréis que esa persona también lo esté. Sin embargo, podéis intentarlo a lo largo de vuestra vida, podéis reunir todas vuestras fuerzas y pedir ayuda al mundo entero; pero no conseguiréis dividirlo. Acabaréis agotados y os vendréis abajo intentando lo imposible.

Las personas indivisibles son extrañas en este mundo. La gente normal y corriente no las dejará vivir en libertad para contar la verdad. Intentarán atarlas o encadenarlas. Pero no se las puede atar ni encadenar. El mundo no comprende a los grandes maestros. Y la gente quiere destruir todo lo que no entienda, todo lo que esté más allá del nivel normal de inteligencia, porque lo consideran extraño, irrazonable e ilógico. Sus egos no lo soportan. El hecho de no tener ego es algo desconocido para ellos y, por eso, se quieren librar de estos fenómenos sin ego. Tienen miedo. Temen que personas así destruyan sus egos y los de los demás. Si todo el mundo deja de tener ego, entonces, ya no existirán los egos grandes y arrogantes. Quieren que el ego y el mundo existan para siempre porque, sin ellos, no pueden poseer nada, ni adquirir, ni disfrutar, ni satisfacer sus deseos. Para estas personas la vida es para eso, no para erradicar el ego. Sabed que los *Mahatmas* no están aquí para destruir sino para crear, para crear una actitud positiva, sana e inteligente hacia la vida. Ellos os permiten vivir y disfrutar, pero también os enseñan a vivir y disfrutar de la vida.

Las personas normales y corrientes ansían tener un nombre y ser famosas; por eso, quieren luchar contra los santos puros e inocentes que no tienen ego. Por este motivo, algunos de los que están establecidos en el estado de Auto-Realización y que eligen permanecer en un cuerpo, crean un ego con el que 'defenderse'. Sin embargo, este ego no es más que una sombra, un espejismo. Parece un ego, pero en realidad no hay ego. Si observáis de cerca, veréis que no tienen ego. Os daréis cuenta de que carecen de él aunque aparenten tenerlo para asustar y amenazar a los egos grandes y arrogantes.

Krishna es un buen ejemplo, pues guardó las apariencias hasta el final. Lo hizo así para poder vivir entre vagabundos y gente malvada. Cada vez que lo necesitaba, empleaba su ego como un arma para contraatacar. ¿Cómo habría podido, si no, llevar a cabo la gran labor de restaurar la rectitud en declive? Incluso su esfuerzo por instaurar la paz fracasó debido al inquebrantable ego del rey ciego y de sus hijos. Al final, incluso intentaron encadenar a Krishna y por eso se defendió con su ego universal, con la mente cósmica. Entonces, les reveló su forma universal para que comprendieran: "No juguéis conmigo, pues yo soy todo. Soy fuego, soy el universo entero. Tened cuidado, ya que no os perdonaré la vida si seguís con vuestro juego." Para decir esto necesitaba de un ego, el mayor de todos los egos, el sustrato de todas las mentes, es decir: 'Yo soy todo. Soy la mente universal.' Para advertirlos, amenazarlos y desarmarlos, tuvo que mostrarlo. Si no lo hubiera hecho, no le habrían permitido trabajar para continuar la misión de su vida: establecer el *dharma*. De otra forma, el verdadero propósito por el que asumió una forma humana habría fracasado.

Por lo tanto, para enseñar al mundo, disciplinar a las personas y poner las cosas en su sitio, los grandes maestros tienen que crear un ego aparente. Sin embargo, están mucho más allá. En lo más profundo, nada les afecta, son puros, inocentes y silenciosos."

La Madre hizo una pausa. Los que estaban presentes absorbían la sabiduría que fluía de la Madre. El niño que había abrazado estaba dormido en el regazo de su madre. Amma lo miró con dulzura durante unos instantes con una hermosa sonrisa. Extendió la mano y le acarició la cara con ternura. Cuando la Madre hizo esto, el niño sonrío inocentemente en sueños. Al verlo, la Madre divina dijo: "Está sonriendo. A lo mejor está teniendo un bonito sueño." La madre del niño comentó: "Ese bonito sueño debes ser tú, Amma."

Glosario

Acchan: Padre.

Agamas: Escrituras.

Amma Bhrant: Locura por la Madre.

Ammachi: La Madre. *Chi* es una palabra que indica respeto.

Anantasayana: La imagen del Señor Vishnu sobre la serpiente Ananta que representa el tiempo infinito.

Anoraniyan Mahatomahiyan: En sánscrito: "Más sutil que lo más sutil, más grande que lo más grande." Una descripción de Brahman, la realidad suprema.

Aparigrahyam: "Incomprensible", un epíteto para Brahman.

Arati: Hacer círculos con el alcanfor ardiendo, que no deja ningún residuo, mientras suena la campanilla al final de la ceremonia de la *puja* (adoración) para representar la aniquilación total del ego.

Archana: Un modo de oración que consiste en repetir cien, trescientos o mil nombres de la deidad.

Arjuna: El tercero entre los Pandavas y un gran arquero.

Ashraman: Ermita o residencia de un sabio.

Ashwamedha Yagña: Un complicado sacrificio védico en el que se ofrece un caballo.

Atman: El Ser.

Avadhuta: Una alma realizada que ha trascendido todas las convenciones sociales.

Avatar: Encarnación. Grandes almas que son plenamente conscientes del propósito de su nacimiento y de su identidad con Dios.

Balavat: Comportamiento infantil, aludiendo a la naturaleza de una alma realizada.

Bhadrakali: Véase *Kali*.

Bhagavad Gita: Las enseñanzas del Señor Krishna a Arjuna al principio de la guerra Mahabharata. Es una guía práctica para el hombre de a pie en su vida cotidiana, así como la esencia de la sabiduría védica. *Bhagavad* significa "lo que es del Señor" y *Gita*, "canción", en concreto, un consejo.

Bhagavatam: El libro sobre las encarnaciones del Señor Vishnu, sobre todo Krishna y sus travesuras infantiles. Defiende la supremacía de la devoción.

Bhagavati: La diosa de las seis virtudes, a saber: prosperidad, valor, buena fortuna, conocimiento, imparcialidad y señorío.

Bhajan: Canto devocional.

Bhakti: Devoción.

Bhava: Ánimo, modo, apariencia.

Bhava darshan: La ocasión en la que Amma recibe a los devotos en el elevado estado de Madre universal.

Bhava Roga: La enfermedad del nacimiento y la muerte.

Bhrantavat: Comportarse como un loco, refiriéndose a la naturaleza o apariencia de algunas almas realizadas.

Biksha: Limosnas.

Brahman: El absoluto, el todo.

Brahmachari(ni): Un estudiante célibe que está bajo la instrucción de un gurú.

Brahmacharya: Celibato.

Brahmatvam: El estado de ser Brahman, el absoluto.

Chara: Espía.

Darshan: Audiencia con una persona sagrada o deidad.

Deva(ta): Semidios, ser celestial.

Devi: La diosa.

Devi Mahatmyam: Un himno sagrado en alabanza a la diosa.

Dharma: Rectitud.

Dhyanam: Meditación.

Gita: Véase *Bhagavad Gita.*

Gopa(s): Muchacho(s) pastor(es) de vacas, compañeros del Señor Krishna.

Gopi(s): Muchacha(s) pastora(s), conocidas por su devoción suprema a Krishna.

Grihasta: Cabeza o miembro de familia.

Grihastashrami: Cabeza o miembro de familia que lleva una vida recta.

Gunas: Buenas cualidades. También, las tres cualidades de la naturaleza: Sattva (claridad), Rajas (actividad) y Tamas (inactividad, embotamiento).

Gurú: Maestro espiritual, guía.

Gurukulam: Escuela residencia de un gurú.

Hanuman: Un gran sirviente devoto del Señor Rama que cruzó el mar saltando sobre él gracias al poder que le daba el recuerdo constante del nombre de Rama.

Hari Bol: "Alaba al Señor".

Hatha Yoga: Conseguir el dominio del cuerpo como medio para la Auto-Realización.

Ishta Devata: Deidad elegida o amada.

Japa: Repetición de una fórmula mística (*mantra*).

Jivanmukta: Alma liberada.

Jivanmukti: Liberación.

Jivan: Fuerza vital.

Jivatman: Alma individual.

Jñana: Sabiduría espiritual o divina.

Kalari: Templo. También, campo de entrenamiento para las artes marciales.

Kali: La Madre divina. Representada de muchas maneras. Su forma auspiciosa se llama *Barda Kali*.

Kali Yuga: La oscura época actual del materialismo.

Kalli: Ladrona.

Kama: Deseo o lujuria.

Kanji: Sopa de arroz.

Kanyakumari: La punta sur del subcontinente indio donde se encuentra un templo de la Madre divina representada como una virgen.

Karma: Acción.

Karma Phalam: Resultado de las acciones.

Karma Yoga: El camino espiritual de la acción desinteresada, dedicando todos los frutos de nuestros actos a Dios.

Katala: Garbanzos.

Kauravas: Los cien hijos de Dhritarashtra, enemigos de los Pandavas, que lucharon en la guerra Mahabharata.

Kenopanishad: Uno de los principales Upanishads o textos sobre la filosofía del no-dualismo, que forma parte de los Vedas.

Kirtan(am): Himnos.

Krishna: Encarnación principal del Señor Vishnu.

Kundalini: Energía espiritual representada como el poder de la serpiente enrollada al final de la columna vertebral que asciende hasta la cabeza mediante prácticas espirituales y conduce a la liberación.

Lakh: Cien mil.

Lakshmana: Hermano del Señor Rama.

Lakshmi: Consorte del Señor Vishnu y diosa de la riqueza.

Lakshya Bodha: Conciencia constante y fija en el objetivo.

Lalita Sahasranama: Los mil nombres de la Madre universal en la forma de *Lalitambika*.

Lila: Juego divino.

Lokam: Mundo.

Mahabharatam: Gran epopeya escrita por Vyasa.

Maha Kali: Una forma de la Madre universal.

Mahatama: Una gran alma.

Manaso Manah: En sánscrito "Mente de mentes", refiriéndose a la conciencia testigo o Brahman.

Mantra: Fórmula sagrada, mediante cuya repetición se pueden despertar energías espirituales y conseguir los resultados que se desean.

Marga: El camino.

Maunam: Voto de silencio.

Maya: Ilusión, engaño.

Maya Rupam: Forma ilusoria.

Mole: Hija, (vocativo).

Mone: Hijo, (vocativo).

Mudra: Un signo de la mano que indica verdades espirituales místicas.

Mukta: El liberado.

Namah Shivaya: El mantra Panchakshara que significa: "Saludos a la auspiciosa (Shiva)".

Namavalis: Canciones que son los nombres de Dios.

Narayana: El Señor Vishnu.

Narayaneeyam: Himno devocional sobre las encarnaciones del Señor Vishnu, condensación poética del *Srimad Bhagavata*.

Nishkama Karma: Acción que se realiza sin esperar resultados.

Ojas: Energía sexual transmutada en energía espiritual mediante prácticas espirituales.

Pada Puja: Adoración de los pies del gurú. Como los pies sostienen el cuerpo, es la verdad Suprema la que sostiene la base del gurú. Por eso, sus pies representan simbólicamente esa verdad.

Palum Vellam: Leche diluida con agua.

Pandavas: Los cinco hijos del rey Pandu y héroes de la epopeya *Mahabharata*.

Parabrahman: El Absoluto Supremo.

Paramatman: El Ser Supremo.

Prakriti: Madre naturaleza o naturaleza primordial.

Pranayama: La práctica de controlar la mente mediante la regulación de la respiración.

Prarabdha: Responsabilidades o cargas. También, los frutos de acciones pasadas que se manifiestan en la vida presente.

Prasad(am): Ofrendas consagradas que se distribuyen después de la *puja.*

Pravrittika: Alguien que actúa.

Prema: Amor divino.

Puja: Adoración.

Pundit: Erudito. *Pundit-mon* es como la Madre llama cariñosamente a los devotos eruditos. Literalmente, significa "Hijo erudito".

Purana: Epopeya.

Purusha: El Ser Supremo. También significa "varón".

Puttu: Arroz y coco molidos cocidos al vapor en una cazuela cilíndrica.

Raja Yoga: El camino real de unión con el supremo.

Rama: Héroe de la epopeya *Ramayana.* Una encarnación de Vishnu y el ideal de rectitud.

Ramayanam: La epopeya sobre el Señor Rama compuesta por el sabio *Valmiki.*

Ravana: El malvado del *Ramayana.*

Rishi: Un gran sabio o vidente.

Sada: Siempre.

Sadachara Pravrittikayai Namah: Un nombre de la Madre divina que significa "La que hace cumplir la buena conducta…"

Sadhak(an): Alguien dedicado a alcanzar el objetivo espiritual, que practica *sadhana* (disciplina espiritual).

Sadhana: Prácticas espirituales.

Sadhu: Mendigo.

Sahasranama: Himnos que consisten en los mil nombres de Dios.

Samadhi: Estado en el que se está absorto en el Ser.

Samsara: El mundo de la pluralidad, el ciclo del nacimiento y la muerte.

Samskaras: Tendencias mentales acumuladas por acciones pasadas.

Sankalpa: Resolución esencial y creativa que se manifiesta como pensamiento, sentimiento y acción. El sankalpa de una persona normal no siempre cosecha los frutos correspondientes. El sankalpa de un sabio, sin embargo, siempre produce los frutos deseados.

Sannyasin: Asceta que ha renunciado a las ataduras mundanas.

Saptaswaras: Las siete notas de la escala musical de la India.

Saranagati: Entregarse a Dios.

Sari: Un trozo de tela de 5 metros que visten las mujeres hindúes.

Satguru: Maestro espiritual realizado.

Satchidananda: Existencia, conciencia, felicidad: los atributos de Brahman, el Absoluto.

Satsang: Compañía de los sabios o virtuosos. También, discurso espiritual de un sabio o erudito.

Sattvic: puro, bondadoso.

Shakti: El aspecto dinámico de Brahman como Madre universal.

Shiva: El aspecto estático de Brahman como principio masculino.

Sita: Esposa de Rama.

Sloka: Estrofa sánscrita.

Sraddha: Fe. Amma utiliza este término haciendo hincapié en la atención, estar alerta además de mostrar un cuidado amoroso hacia el trabajo que se está realizando.

Sri Gurú Paduka Panchaka: Himno de cinco estrofas a las sandalias del gurú.

Sri Rama: Véase *Rama. Sree,* o *Sri* es una marca de respeto.

Srimad Bhagavatam: Véase *Bhagavatam. Srimad* significa "buenos augurios".

Sundarya Lahari: Himno devocional de Sri Sankaracharya dirigido a la Madre divina.

Tantra: Un sistema de la filosofía hindú que enseña a considerar toda la creación como manifestación de lo divino.

Tantra Sadhana: La práctica de las disciplinas tántricas.

Tantric Puja: Rito realizado según los principios tántricos.

Tapas: Literalmente "calor". Práctica de austeridades espirituales.

Tapasvi: Alguien que hace penitencia o practica austeridades espirituales.

Tapovan: Ermita, lugar apropiado para hacer meditación y *tapas.*

Tattva: Principio.

Tattvartha Svarupini: Un nombre de la diosa que significa "La personificación de todos los principios espirituales y de su significado".

Tattvattile Bhakti: Devoción enraizada en el conocimiento discriminatorio entre lo eterno y lo efímero.

Trimurti: La divina trinidad de Brahman el creador, Vishnu el conservador y Shiva el destructor.

Tripura Sundari: Un nombre de la diosa que significa: "La bella de las tres ciudades (las tres cualidades de la naturaleza)."

Tyagi: Renunciar.

Upanishads: La parte final de los Vedas que trata de la filosofía del no-dualismo.

Upasana Murti: La forma de Dios en la que uno está meditando o a la que está adorando.

Vairagyam: Imparcialidad, desapego.

Vanaprasta: La tercera fase de la vida dedicada a las austeridades y a una vida de reclusión.

Vasana: Tendencias latentes.

Veda: Lit. "conocimiento", las escrituras de los hindúes.

Veda Vyasa: Véase *Vyasa.* Como fue él quien dividió el *Veda* en cuatro partes, también se le conoce como *Veda Vyasa.*

Vedanta: La filosofía de los Upanishads que declaran la verdad final como "El que no tiene un segundo".

Vedantin: Seguidor de la filosofía Vedanta.

Vedic Dharma: Mandamientos sobre la forma recta de vivir, tal y como los Vedas prescribieron.

Vishnu: El omnipresente. El Señor que todo lo sustenta.

Vyasa: Un sabio que dividió el Veda en cuatro partes y compuso 18 Puranas y el *Mahabharata* y el *Bhagavatam.*

Yagña: Sacrificios rituales.

Yoga: Unión con el Ser Supremo. Popularmente usado como ejercicios para preparar al cuerpo y la mente para la práctica espiritual.

www.ingramcontent.com/pod-product-compliance
Lightning Source LLC
Chambersburg PA
CBHW071951100426
42736CB00043B/2765